The Intense Experience of Family Therapy

原生家庭问题背后的心理真相

The
Family Crucible

热锅上的家庭

李瑞玲 译 李松蔚 清流 作序

[美] 奥古斯都·纳皮尔 卡尔·惠特克 著

Augustus Y. Napier | Carl A. Whitaker

北京联合出版公司
Beijing United Publishing Co.,Ltd.

此书谨献给我的父母

奥古斯都和玛丽·埃瑟尔·纳皮尔

推荐序一　在一个崭新的世界里

家庭治疗诞生于20世纪50年代。在那个群星璀璨的岁月，"卡尔·惠特克"无疑是最为光彩夺目的名字之一。作为来自美国威斯康星大学的精神医学教授，他和世界各地最具好奇心、最有探索精神、最大胆的心理学同行一起，以非凡的勇气与智慧，为临床心理学打开了一扇崭新的大门——家庭治疗。

那时候，世界大战刚刚结束，学术热情正如井喷般涌现。个体心理治疗方兴未艾，精神分析和行为主义你方唱罢我登场，在探索个体内心世界的道路上高歌猛进。而家庭治疗则另辟蹊径，从根本上开拓了一个完全不同的世界：解决问题不需要对个人的深入分析，只需要改变他和身边人的互动，随之启动了闻所未闻的尝试——全家人同时坐到一个房间里，共同接受心理治疗。

家庭改变了，病人的症状往往会不药而愈。

今天或许已经习以为常，但以当时的眼光看，这绝对是一套"疯狂"的理念。卡尔·惠特克，留给后人最著名的标签也是"疯狂"的心理治疗师。从亚特兰大到威斯康星，从20世纪50年代到90年代，惠特克持续地实践、总结、推广家庭治疗，在惠及无数家庭的同时也桃李遍天下，用毕生心血奠定了一个学派的基石。

围绕他的传奇有很多，比如那些神出鬼没的干预，不按常理出牌的招法，时而温和时而狂野的脾气。他说，家庭治疗"就像爱丽丝的奇幻之旅一样，是在梦的国度欣赏他人并表现出来"。惠特克是一个梦幻般的大师。而你拿在手里的这本出版于40年前的《热锅上的家庭》，是他最负盛名的精神遗产。

这本书的写作者奥古斯都·纳皮尔，是惠特克的学生之一。惠特克认为，要教一个人做治疗，无法通过讲授，只能让学生和他一同坐在治疗室里，亲身接触家庭。惠特克的培训是通过身教而非言传来进行的，学生都是他的助理治疗师。或许是出于对老师的认同，纳皮尔在这本介绍家庭治疗的书里，也仅仅只是描述他和惠特克的临床实践，以一个案例贯穿始终，大量的对白、动作、细节描摹，节奏张弛有致，创造出身临其境般的体验。理论只是少量地夹杂其间。

惠特克写过一篇有趣的文章，题目叫《理论对临床工作的妨碍》。认为过多的理论阐释反而是心理治疗的绊脚石。他的干预也是由故事、隐喻、幽默，加上天外飞仙般的奇思妙想构成的。这些都可以通过纳皮尔的记叙而窥见一斑（不过他自己也承认，他不能传达老师的全部"疯狂"）。然而，适当了解一点理论，对于欣赏惠特克的工作也不无裨益。我在这里给大家提供一些思路。

家庭治疗是和一家人一起做的。家庭治疗师从不认为哪一个人有"问题"。事实上，围绕问题是什么，是谁的问题，这些讨论导向的正是家庭治疗的核心。正如我们在家庭中经常看到的：爸爸觉得孩子的成绩是问题，孩子觉得妈妈过于挑剔是问题，而妈妈则抱怨爸爸回家太少，对孩子的成长参与不够，祖父母也许指责两口子的婚姻关系不好，影响了孩子……谁说得对呢？都没错。家庭治疗师必须放下对错的概念，他们需要认同每一个人的观点，同时在如此复杂的关系和观念冲突中展开工作，小心翼翼，避免偏向或疏远任何一方。

有人问，那岂不是也要认同"病人"啰？

确实如此。家庭治疗还会刻意地模糊对"病"的界定。"病"是某种立场下被定义的产物。当我们把某种情绪或行为命名为病态的同时，也在无形中强化了某一种立场或是偏见。家庭治疗师不但不治病，有时还会说："你病得很好啊，多保持一阵！"这是在更高的维度上反其道而行之，把生病看成一种独特的心理品质、一个沟通的渠道，或具有重大意义的家庭选择。如果父母吵架的同时，孩子头疼，父母暂时搁置矛盾一起照看孩子，孩子的"病"同时就可被视为父母婚姻关系的调节器。家庭治疗师就可能（当然，以某种有技巧的方式）鼓励孩子："先不要忙着治好你的头疼，万一爸爸妈妈以后再吵架呢？"

敏锐的读者大概已经察觉到了：这是一个全新的世界！其路数与任何传统的心理学流派都迥然有别。对于每个人的痛苦、困难、障碍，传统心理治疗往往是从当事人的眼睛观察："你这是怎么了？"这叫内部视角。而家庭治疗师关注的则是完全不同的角度："你这样，别人会怎么做？"这叫外部视角。

举个例子来说，如果一个人看到另一个人正在哭泣，问："你在哭什么？"这是一个传统的心理治疗师。他关心哭泣者本人："你"为什么哭？因为不开心，不开心的时候"你"怎么办？……接下来是对问题更深入的分析和解决。而假如这个人问的是："你哭的时候，你妈妈会做什么？爸爸会做什么？你更希望他们谁看到你哭？"这个人多半就是家庭治疗师。他关心的不是哭泣者内心世界发生了什么，而是把哭泣看成一个信号，观察它在外界引起的连锁反应。

你看，这种视角下的世界是不是既新奇又古怪？

在家庭治疗师的眼中，家庭成员无时无刻不在沟通，"病"也是一种奇特的沟通方式。家庭治疗师很少说一个人有病，只是说他"被描述成了一个病人"。被谁描述？可能是家里的某些人，可能是整个社会的标签。贴这样的标签有什么用呢，治疗师就会继续关心："当他被描述成病人以后，家里其他人有哪些变化？谁是最不能接受的？谁相对不在乎？谁甚至可能是高兴的？"——怎么，生病还有人高兴吗？有的，也许没那么明显。但你在这本书里会看到，当女儿克劳迪娅生病时，爸爸、妈妈、弟弟，乃至整个家庭，都获得了潜在的好处……

有些时候，家庭治疗师甚至不解决问题。在他们看来，"解决问题"造成的麻烦反而更超过"问题"本身。问题不是问题，其他人对问题的不接纳、对抗，或执着于解决问题，才构成了真正的"问题"。比如在中国，孩子超过一定岁数不结婚，在家里就是"问题"，引起周而复始的争执和痛苦。但单单"不结婚"并不会造成这些痛苦，造成痛苦的是全家人对"不结婚"的态度。——包括父母如何执着于改变孩子，也包括孩子如何执着于改变父母的"执着"。

关于这些理念及其实践的效果，这本书里都有更详尽的阐释。

把这些理念应用于实践的家庭治疗师，犀利、跳脱，有时充满智慧，也有时显得"不正经"。对于习惯了一板一眼的人，刚接受起来会有一定挑战。在中国尤其如此。传统的中国家庭习惯了由权威发号施令，家长发现问题、定义问题、解决问题，这种秩序延续了上千年。步入新的世纪，家庭权力结构渐渐由单一的权威向多元转变。对于边界，对于自主，对于人生方向，年轻一代有不同的思考，也喜欢发出"不正经"的挑战。无论接不接受，一个崭新的世界正在向我们打开。哪怕从来没有接触过家庭治疗的家庭，也常常因为彼此观念的不一致陷入僵局。这时候，促进多元化沟通的家庭治疗就显得尤为重要。

时间过得真快。遥想20世纪80年代后期，家庭治疗第一次传入中国，德国治疗师现场演示与一个疑病症孩子的家庭一起工作，那时中国学员还不能理解"外部视角"，不明白为什么孩子生病不"治"孩子，而一直和父母讨论他们的观念。负责翻译的老师是一位精神科医生，在理念的颠覆上首当其冲。当德国同行说出"你病得很好，请继续保持"之后，翻译老师的内心秩序崩塌了。他翻译完德国人的话，悄悄补了一句："别听他鬼扯。回头挂我的门诊，我给你开药。"

这是30年前的事，现在已经像是一个笑谈。

而家庭治疗发展到今天，总共也只有六十多年。社会的变化已经超出想象，用天翻地覆形容也不为过。经济的发展、技术的爆炸、获取信息的门槛极低……造成了生活的主张更自由、更多元。即使是非专业人士，今天看待一种"疾病"的角度也不再唯权威马首是瞻了。人们有自己的偏好——不同的解释角度、不同的评价、不同的处理方法。没有谁一定是正确的。有些被定义出来的"问题"，也可以用一种利大于弊的方式保持下去。这都是几十年前难以想象的。

社会在发展，我们的观念也在不知不觉中走了很远，再也无法回到单一权威的家庭结构中。我们回头再看40年前的这本

《热锅上的家庭》，才会感叹这是一个多么具有前瞻性的学派：年轻、勇敢、生机勃勃、对"正确"时刻警醒、对新生事物充满好奇。它在新的世界还会继续发展壮大，以其独有的幽默、轻松、不拘一格的视角，影响越来越多的人。

很高兴为这本书写序。40年前的书至今还有旺盛的生命力，足以证明它的价值。虽然这本书已经成为学习家庭治疗的"经典"，但我总觉得，纪念它最好的方式就是不把它看成经典。惠特克一定不希望后人诚惶诚恐地捧读他的理论。对他来说，治疗就是"玩"。让我们记住这个好玩的人说的话：精神疾病的本质是丧失了幽默和放松的能力，家庭需要重新学会让生活变得好玩。

李松蔚
2019 年 12 月

推荐序二　家庭治疗之前世今生

　　我在美国主修的并非家庭治疗，但美国几乎所有心理咨询教育中都包含家庭治疗的课程，有时候作为主修课程，有时候可以由学生自主选修。不仅如此，美国还有许多专门教授婚姻与家庭治疗的硕士项目，婚姻与家庭治疗师更是继心理学家、精神卫生工作者（对应中国的"心理治疗师"和"心理咨询师"）和社会工作者之后，精神卫生和心理咨询方面的第四主要执业领域——这就足见家庭治疗在心理治疗中的重要地位。

　　家庭治疗能够成为一个独立执业领域的主要组成部分，除了它在操作上需要全家人参与的特点以外，还与它独特的治疗哲学有关。相比西方大多数主张个人主义的心理治疗和咨询的流派及方法，家庭治疗将注意力从个人身上扩展开来。家庭治疗师们意识到个人并不能够单独存在于天地间，而需要作为家庭甚至社会中的一个成员存在。每个人的行动和思维都不仅仅受他自己支配，还强烈地受到他所在的家庭的影响。

　　考虑到人在家庭中受到的巨大影响，以及家庭成员互动的复杂性和关键性，家庭治疗师提出，在心理咨询和治疗中，如果希望从本质上去疗愈一个人，就不能把某个人从家庭中割裂出来处理，而要将他的家庭作为一个整体去干预，去疗愈家庭中的每一个人和每一段关系——它们都是导致问题形成的因素之一，也都有可能帮助问题改善。

家庭治疗的这种整体哲学与中国以家庭为核心、注重集体主义的观念有异曲同工之妙。事实上，家庭治疗所提出的许多观点恰恰反映了国内家庭的客观事实。由于传统儒家和农耕文化的影响，中国的亲子、家庭关系在各个方面都较西方更为紧密，而且家人、亲戚之间的互动对彼此的社会和个人生活都影响巨大，很多时候甚至远远凌驾于某个个体的主观意愿之上——对于生活在复杂的家族关系网络中的中国人来说，有时候个人即使想要做出改变也是身不由己，而只有整个家庭决定改变，改变才能真正发生。

在中国人普遍重视的儿童和青少年问题的干预方面，家庭治疗的成绩尤其突出。比如本书中所描写的案例家庭，最初会选择家庭咨询，就是为了解决16岁女儿的离家出走和自杀风险问题。但随着治疗师的剥茧抽丝，问题的核心逐渐指向了家庭中父母的婚姻关系，至于3个子女（包括16岁女儿）的各种行为，相当程度上只是孩子面对父母紧张的婚姻关系所做出的天然反应。当父母的关系问题解决后，家庭中子女的行为问题也就迎刃而解了。

这样的情况在儿童治疗和青少年治疗中屡见不鲜。一些孩子的心理行为问题突出、屡教不改，大多与孩子的本质并无关系，而与孩子所在的家庭结构、关系以及父母的个性、行为模式关系更密切。只有当父母参与到孩子的心理治疗中来，甚至成为心理治疗的主体时，才能从根本上解决孩子的问题，同时也能解决父母自身和家庭的问题。从这一点上看，家庭治疗可以说是许多中国问题家庭、问题孩子的福音。

不幸的是，这样一种先进而又适合中国文化的疗法，在中国的推行相比其他许多心理咨询和治疗手法来说却缓慢很多，这其中有很多非常现实的原因。既然要将家庭作为一个整体来干预，家庭治疗就经常需要家庭成员在咨询中全员到场。且不说在如今忙碌的社会工作生活中，要把一家人的时间全部排开，凑在一起有多么不容易。客观来讲，中国大多数中老年人对心理咨询和治疗本身的接受度很低，一般不愿参与到咨询中来，这导致家庭治疗理念虽然早已随其他许多心理咨询和治疗理念一起进入了中国，但在实际操作方面却依然举步维艰。

而随着新一代的"80后""90后"逐渐走上社会、成为社会主流，情况逐渐发生了变化。这些人在成长过程中接受了更多西方文化，并在各类影视文学作品中耳濡目染，因此对心理干预不再有老一辈人的误解和抵触情绪。不仅如此，由于长年的独生子女政策，中国的传统家庭支持系统也在不断解体，而独生子女们在组建家庭、抚养子女的过程中，就更需要社会、心理和教育方面的支持。家庭治疗正可以成为心理工作者对当代中国家庭支持的重要一环，为当代中国人和他们的下一代的健康生活和成长做出贡献。

值此时刻，能看到像《热锅上的家庭》这样家庭治疗方面的重要书籍在中国出版，实在是一大幸事。虽然作为一本写作于20世纪70年代的心理治疗书，书中的许多干预手法与今日国外流行的家庭治疗手法并非完全一致，但作为心理咨询的介绍普及读物，本书生动活泼的案例故事，和对家庭治疗理念和技术的清晰介绍，一定会成为更多心理专业人员了解和学习家庭治疗的契机，也可以为大众更多地了解家庭治疗这一优秀的治疗手法铺平道路。

清　流

留美心理咨询师

推荐序三　经得起考验的家庭

存在主义者高呼，只要有"我"在，宇宙间的一切事物就有意义。但系统理论学者却反对说，个人仅仅是系统中的一小小部分而已，它的意义乃由包容着它的更大的系统所决定，例如大部分的人都出生在一个特有的家庭里；他的诞生固然给他家人带来了大的变数，但发生在他身上的许许多多事情却逃不掉家人的左右；犹如水可载舟亦可覆舟，一个家庭可助其成员也可害其成员，而一个家庭对于其成员究竟是有助还是有害，要视那到底是个什么家庭而定。

热衷于系统理论的临床心理学家，和坚持存在主义或精神分析观点的临床心理学家，对于个人心理失调症状的看法或态度颇为迥异。后者试着跳进患者最深的潜意识里，企图在那里寻找病因，但前者则不断地扫瞄围绕着个人的大环境，相信大部分的病因隐藏在生活环境里。目前，大家都知道，心理失常的原因不但可以在患者的潜意识里找，也可以在他的外界环境里寻觅。

古谚也说：不但英雄可以创造一个大时代，一个时代也可以创造一名大英雄。这句话的意思是，整体与部分之间经常存在着极其密切、互为因果的关系；这个关系会不断地拉着整体和部分往某一个方向演变下去；若这个关系是不和谐的，整体与部分双方则会互害，关系愈演变愈糟；如果这关系是和谐的，二者则会互惠，关系愈变愈好。具体言之，二者的关系如果是和谐的或互补的，则双方各蒙其利，如果是不和谐的、对抗的、互相冲突的，或背道而行的，则双受其弊。诚如前文所云：水既可载舟，亦可覆舟，家可助人亦可害人。

家对于其成员施展的多面影响，可归纳为如下几点：（一）提供保护；（二）提供安慰、鼓励；（三）提供教导；（四）提出要求或限制。以上四点又可进一步分为两大类，第一大类是家庭和成员分别扮演提供者和接受者的角色；第二大类是家庭扮演要求者而成员扮演提供者的角色。如果，成员和家庭间的"提供者—接受者"互补角色是和谐的，家庭则安乐，成员则适应良好；倘若是不和谐的，成员间容易产生适应不良反应，而家中的乱象则不断。在下述几种条件下，家庭与成员的关系会变为和谐或不和谐：

（一）一般情形是，成员尚幼时，家庭与成员主要分别扮演提供者和接受者的角色，而成员和家庭的关系会在和谐的气氛里顺利运作。

（二）当然，无可避免地，也有少数情况是较特别的，即父母由于本身的健康、心理、社会等问题缠身，无法可圈可点地达成父母的任务，提供给子女保护、安慰、鼓励、教导等。换言之，他们不能为子女提供一个健康的心理环境，此时家庭与子女的关系则不和谐。

（三）家庭里的年幼成员由于能力还未充分发展，处处尚显得无知、无能、无助，一旦遇到现实难题则不知所措，而唯一能做的便是盼望父母能及时伸出援手，给他安慰鼓励，以及意见上、技术上、经济上的具体协助；此时，家长若能让子女如愿以偿，则子女与家庭的关系可保持和谐，子女可以安然地应对挫折。

（四）当子女适应有困难时，如果父母或因不知子女之需要，或因本身也处在极大的心理、社会压力下，伸不出援助之手，而任凭子女自力处理适应上的困难，则家庭与成员的关系会处于不和谐的状态，成员就很难安然应对挫折，而挫折就会变为危机，不是转机，更不是契机。

（五）年幼的家庭成员虽然很需要保护及关爱，但这种需要的强度并不是永远不变，而会依他们的成长逐渐变化；原有的需求可能会消失无踪或减弱，原来没有的需求可能会出现，而且变强大，而以前微弱不显眼的需求可能会变得非立刻得到满足不可。因此，父母最好经常注意子女成员的需求或能力的改变，随着改变调整自己提供的保护、关爱、教导与限制，不然本来已建立好的双边和谐关系，可能会在不知不觉间松动，甚至腐蚀，而变得相当不和谐，终于引发家庭与成员间的互相攻击与伤害。

以往的精神医学相信一个"精神失常"患者的病因全在他个人身上。但深受上述部分与整体互动关系的系统理论思考影响之后，许多精神病学家再也不认为病患家庭中的人际关系良莠与个人心理不健康没有关系。他们已认清一个事实，那就是心理不健康者往往来自不健康的家庭心理环境，尤其是充满冲突、冷漠的家人互动关系。目前，精神卫生从业人员都懂得家人间的互相关怀、接纳、了解与诚实是促进家庭成员心理健康的最主要催化剂，而家人间的冷漠、不关心、拒绝、不了解、欺骗与不诚实是引发家庭成员心理疾病的主要导火线。

虽然家庭人际环境对于家庭成员的心理健康影响之巨大，早已备受精神卫生从业人员所瞩目，但实践上，直接以调整家人关系来改善成员个人精神症状的具体做法，却在不久以前才由一群心理医师着手尝试。这一群心理医师偶然发现一位精神分裂症患者症状的恶化由病人与母亲的关系充满矛盾所致。他们把这种矛盾关系称为"双重束缚关系"或"进退两难"关系。具有这种"双重束缚关系"的子女，在父亲或母亲面前往往不知所措，不能退也不能进，但同时也不能跳出这"两难关系"；换言之，他注定被留在那充满矛盾的关系中，天天与不愉快的心情为伍。所以，这些心理医师相信，家人之间不健康的人际关系一日不除，家中某一个人的症状便会一日继续存在。

目前"家庭治疗"在许多地方是相当盛行的一种治疗模式。虽然家庭治疗的进行并不仅依据某一种特殊理论，但一般而言，前面所提到的系统理论是最典型的理论基础。系统理论对于家庭治疗模式的适用性最先被唐·杰克逊医师所道出。杰克逊医师发现，家中某一成员的行为或经常出现的习惯、症状有了改变以后，家中另一位成员就会受其影响也产生改变，有时甚至变得更不好而成为"心理疾病患者"。不但个人成员本身，其他成员也为之痛苦不堪。杰克逊根据这一发现，对于家庭的概念提出了他的创见性看法。他说：家庭乃由一群人所组成，而这一群成员互相施行一套例行的沟通习惯，靠着这一套习惯，家庭系统便可获得稳定；家庭系统犹如一个政治系统，对其成员具有制约或限制性影响。例如，倘若父亲的言行脱离了家庭系统的规范，母亲就会对此有所反应；反过来说，如果母亲的行为偏离了家庭系统的轨道，父亲就会对此有所反应；另一方面，假若父母的表现已达到家庭系统的规范所不能忍受的界线，子女就会有相对的诉求。

家庭系统的稳定，是靠着某一成员对于其他成员的偏离家规的行为所做的"错误反应"来维系。如果成员的这种习惯性错误反应正好是精神医学所认定的精神病症，那么除非家中其他成员的习惯性行为有所改变，否则该成员的那一习惯性错误反应，即精神症状也会维持原状，并不会有所变。杰克逊医师认为，家庭治疗的功能在于改变家庭成员间的沟通顺序或沟通习惯。

虽然每一个家庭都有其特殊的结构，但这些不同结构可用"阶层"这个概念来统称。家庭成员间的阶层的基础是权力。当一个家庭的阶层混淆不清，或是赋予成员间阶层的规范、规定受到侵犯时，家中某一成员的心理就会有所偏差，心理症状于是出现。例如，倘使母亲不断地和子女站在同一战线，联手对抗父亲，则母亲是在跨越两代间的"红色界线"，因此她等于冒犯了阶层结构的规定；相似地，如果祖母经常和孩子联合在一起对抗孩子的母亲，家庭的阶级层次则会混淆不清，家中成员会陷入心理上的痛苦。假如此类阶层混乱，习惯性地或经常发生在同一个家庭，尤其当这种混乱不能被当事人清楚地察觉到，成员所受的压力则会更为强大，甚至可能强到病态的程度。

在此以一个案例说明上段所述的意义：有一位母亲和儿子形成了一种过度亲密的关系，经常互相攻击、怒骂。母亲要求儿子更为独立，但如果儿子照其要求表现得独立一点，母亲则责备他不该这样。父亲因身兼两份工作，忙得经常不在家。家中常发生的沟通顺序如下：母亲过分关心儿子的事情，变得精疲力竭，所以向丈夫求助。这时候，母亲心中把家庭阶层界定为两个权威者联手来对抗孩子。丈夫的帮助方法经常是要求儿子做事要独立一点，不要害怕也不要依赖母亲。看到丈夫如此要求儿子的时候，母亲就会责备父亲说他不了解儿子，然后改变原来的态度而与儿子联手一起对抗父亲。在母子联手的压力之下，父亲就会采取退却的回应策略，退后到家庭权力结构的边缘，显示其存在的不重要性。这时候，母亲就把家庭阶层重新界定为她和儿子在家中有特殊的身份，而父亲不得干扰他们的这个身份。后来，和儿子的关系又充满了矛盾的时候，她又向丈夫求助，而再度把家庭阶层界定为父母一起来管教孩子。父亲对于母亲的求助的反应方式又是单独处理儿子，同时给太太建议如何对待儿子，而母亲又以以往的习惯，告诉父亲不要管她和儿子的事情，所以父亲又退到家庭权力的边缘地带。如此，家中三个人的沟通习惯便会无限期地重演下去。上述的这种习惯所带来的家庭均衡调整过程进行得很顺，简直天衣无缝，当事人都找不出破绽在哪里，所以没有适当的机会来澄清家庭成员间的阶层究竟出了什么毛病，也无法找出如何解决这个重复出现的错误（同时可视为心理症状）的沟通习惯。

纳皮尔博士是一位临床心理学家，他和他的老师惠特克医师一起撰写了一本与家庭治疗有关的专书，书名为 *The Family Crucible*。此书于1978年出版，全书分为21章。此书大部分由纳皮尔博士根据他在接受惠特克医师的督导训练之时，所形成的家庭治疗经验而撰写。虽然没有明说，但显然，纳皮尔博士花费了不算短的一段时间在此书的完成工作上面。此书虽然表面上以一个家庭接受家庭治疗的全部经过的形式出版，但实际上是纳皮尔博士的许多家庭治疗经验的混合结果；作者认为这样的写法更能忠实地反映他自己对于家庭治疗的看法。

在此书的第1章，作者以现在进行的叙述方式，试图让读者了解前来接受治疗的家庭都自有其结构、情绪气氛和常规；这些都是在好几年的生活经验中形成的，对每一个家庭而言都非常有意义，但也是非常痛苦的包袱。家庭因为这些包袱而受苦，但这些包袱却在家庭成员的世界里给他们带来熟悉感和可控制、可期待的稳定感。所以，当他们和治疗师想要把这些包袱抛弃的时候，他们会陷入极大的不安，因此渴望外界能给予不断的肯定与支持。故而，从事家庭治疗的工作者必须非常了解这一点，也必须给予他们所需要的支援。如果治疗师不给予这些，有问题而前来接受治疗的家庭就会想治疗师能不能提供一些他们所要的东西。

在第2章纳皮尔博士则以客观描写的方式介绍了这个家庭的具体问题以及它的来源。据描写，主要问题发生在女儿身上，而她的问题又与母亲有关。离家出走、产生自杀倾向是女儿的主要症状。女儿的问题把全家人弄得十分难受。他们因此求救于家庭医师、儿童精神科医师，而最后经由儿童精神科医师的建议，求助于家庭治疗专家。

在第3章，为了给家庭治疗工作提供扎实的理论基础，纳皮尔博士对心理分析理论或弗洛伊德的学说提出了有根据的质疑，以说明弗洛伊德的精神分析治疗理论不适合用来治疗有问题的家庭。

在第4章作者介绍了系统理论的基本原理，并强调此理论可应用于家庭治疗。在这里，系统被界定为一个实体。这个实体拥有许多部分，而部分之间存在着互相影响、互通共变的密切关系；这种关系或实体的均衡靠着错误的反应方式而继续生存。作者在这一章所介绍的系统理论的内容大体上与此文前部分所介绍的相似。

从第5章开始，直到第20章结束，纳皮尔博士就用直接描写和间接描写交替的方式，解说了大卫家的家庭治疗进行的全部过程。纳皮尔博士的描写处处生动，能帮助读者深入了解，在家庭治疗进行中，当事人与治疗师需要共同面对、挣扎的是什么，当事人需要承受的痛苦是什么，治疗师必须做以及无论如何不该做的是什么。读者可以通过这几章的直接描述，看到惠特克医师精湛的治疗性语言沟通技巧：他经常把话说得具有强大的说服力，但一点也没有强迫的意味，使患者的家属觉得自己参与家庭治疗是完全出于自愿，而丝毫没有被迫，所以最好参加。

在整个治疗过程中，读者也可以更彻底地了解到，一个家庭成员的心理问题不但与父母兄弟姐妹有关，也与其他家庭成员各人的背后所隐藏的人际关系有关。例如大卫家的女儿与母亲的不健康关系，不但与女儿本身的个性有关，也与她和母亲的直接沟通方式有关，而母女间的沟通方式又与母亲和父亲之间的沟通方式有关；不但如此，父亲与母亲的沟通方式又受制于父亲与其父母的沟通习惯。所以，通过纳皮尔博士和惠特克医师共著的这本家庭治疗的重要参考文献，读者可以很清楚地看到一个家庭成员的心理症状牵连之广，也由此可见家庭治疗的重要性绝不亚于个别治疗。

在最后一章，两位作者很亲切地以自问自答的方式列出了17项与家庭治疗有关的重要问题，以助读者进一步了解在家庭治疗过程中，常发生的难题是什么以及这些难题要如何解决。这一章的内容对于已有初步家庭治疗工作经验的读者甚具解惑的意义。

家庭为国家之基石，我们一向非常重视家庭的和谐。但现代化的潮流无所不至，而这潮流所到之处，无物不受冲击。最近，我们的家庭在现代化的冲击之下，也险象环生，破碎家庭、单亲家庭、双职工家庭等新形态的家庭逐一出现，而这些家庭都有其特有的问题。来自这些家庭的成员则深受其家庭特有问题之害而带着这些问题到处求助，寻找答案。

由于我们的家庭辅导或治疗工作和研究尚属初步阶段，因此有关专业人员和专业书籍仍不多见。最近李瑞玲女士——她是我的学生，正在中国台湾大学心理学研究所博士班临床心理学系就读——告诉我，她翻译了纳皮尔博士的这本书，并希望我替此书撰写序言。学生在学术上有所贡献，乃为师者最大的安慰与企盼，所以为她的书写序言自是义不容辞且心甘情愿的事。

李女士聪慧，善于数理，也喜欢写写文章。她的文笔流畅，干净利落，不拖泥带水，理与情皆溢于字里行间，可读性极高。虽然，她自称是大而化之，重理想而略实际，但她的译文却条理分明而且相当细腻。相信读者看完她的译本之后一定与我有同感。

近年来，青少年的心理、行为问题已成为不能不正视的严重社会问题，这是有目共睹的事实。有关行政当局以及热心的专家学者也都埋头苦思，寻找问题的根源以及解决办法。有的人急于知道这严重的社会问题应由谁来负起全责，常听到的声音是责任应由父母、家庭、学校、警察机关、现行教育制度或现行教学内容之不正确来承担。值此问题有增无减，而答案无着落之际，李女士之译著能问世是件值得欢迎的事。虽然此书对于上述社会问题并没有"迎刃而解"的速战速决功效，但相信此书所根据的基本精神——系统理论——对于目前处处可见的家庭、社会问题的分析、了解以及解决应具有一些启示作用。

本人觉得从此书的理论根据、实际内容以及撰写体裁而论，对于所有关心个人心理健康及家庭和谐的人都具有很深的参考价值。

柯永河

中国台湾大学心理学系荣誉教授

美国密歇根大学临床心理学博士

中国台湾心理学会前会长

中国台湾心理卫生协会前会长

译　序　解开心锁，奔赴明天

四年前的秋日，越过椰林大道，踩碎枯干的叶子，在心理系新馆二楼，我们几个研究所的同学，还有师大、"国防医学院"的同仁，总是兴冲冲跑入研究室，和陈若璋教授一起，读她指定的书本和一堆堆论文：家庭治疗历史（内文将提及，此序不再赘述）、系统学派、结构学派、沟通学派、家庭暴力、家庭乱伦……内容既艰涩又令人战栗。陈博士是这个领域出了名的苦行僧，她目前受聘在美国华府历史最悠久、规模数一数二的圣伊丽莎白医院，在那里担任住院心理医师，专攻团体治疗与家庭治疗。

那一整个学期，我常常拾起这本《热锅上的家庭》，在总图昏黄的灯光下，读过一页又一页，许多生字，许多句子，依旧挡不住疲惫灼热的双眸。书中的人物、情节、对话、解析，仿佛具有清明澄澈的力量，一遍遍慰平了我的心灵。

从小到大，同学直呼我为科学怪人，悠游于抽象的数学和仪器纵横的实验室之间。但没有人知道我内心的恐慌，万分恐惧于人生意义的捉摸难定。我于是决定终止对数理科学的热爱，转向宗教，信服"无知的人有福了"，鄙弃世俗的追求和价值。

然后认定设在理学院的心理学系大概可以解决人的心灵和存在的问题，毫不犹豫便填上了第一志愿。不久，我的惶惑益深，我最喜欢的仍是实验和认知心理学实验室的操作和推论，结果我又重蹈了以前沉溺数学的覆辙，为摸不着人性而闷闷抑郁。我困惑厌烦，从小我所擅长的无法带给我快乐，所为何来？我想这是我个人内心的障碍，但不知障碍为何。从此，我又游移不定，再度成了低成就动机者；也离开了宗教，差一点转念哲学，因发现哲学也有太多困惑而作罢。行行复行行，我开始强迫自己做很多务实的工作，强迫自己和人群接近交流。有幸在魏恩德博士带领下，竟然从一个最疏离的人走向了团体咨询和治疗的领域。魏老师已回美国执照开业，她有些像中国人般内敛的启蒙，使我在团体中得以按自己的脚步，非常缓慢但自由自在地成长；她的客观和公平，促使我日后做事朝制度、公正和宽厚的方向看齐。

这些年读到许多个人中心治疗、完形治疗、团体治疗、精神分析和家庭治疗的书，特别是这本《热锅上的家庭》，使我内心的虚无和沮丧一层一层剥落，经常反复阅读，或跌入沉思，忆起原生家庭的种种。我的原生家庭和普通家庭一样完整，也一样不完美，读了这本书，我才恍悟那些重大的负担和冲突，对家中的成人和稚弱的孩子已经产生何等的冲击。

于是，三年前东吴社工系的同学找我指导学士论文时，我把其中四个有相同兴趣的蕙光、锦瑛、敏真、奇男聚集一块，每星期研讨此书。那真是一段令人怀念的时光，我愉悦于和书中人物的再度相遇，更有四个年轻的大孩子自然分享他们的原生家庭之旅。我们一边谈，一边动手，一年之后交出了一本厚厚的合译论文。那本论文现在摆在社工系图书室，品质当然仓促生硬错漏百出，但每回想起，直为当时我们用功埋首的团体奋斗感到心疼和温馨。那一年同时另有四个同学一组进行调查研究的论文，后来并获奖助出版，第二年因为自己功课忙，便不再收学生。

由于这本书实在引人入胜，我决定重新来过。第三度捧读玩味，又经历了一次从前翻译行为治疗和联合家族治疗的痛苦，草稿躺在抽屉里，几度半途而废。碰巧英玲当时在辅导中心亦以本书作为该学期在职训练的讨论教材，有天谈起这本书，兴奋得频频促我一定要坚持到底。这次幸好有需、光洁、慧敏、胡生、小九的支持，他们花了很多时间帮忙解决和讨论中英对译的问题和中文稿的文字问题。我从他们那儿得到很大的启发，领悟到诸多处理文字的分寸，本来很多不太有把握的地方，在最后定稿时都一一大刀阔斧予以修订。此处，我要对他们表示由衷的感谢。剑霞一直是我工作上得力的伙伴，聪明谦和，尤其难能可贵的是非常有耐性陪我一起锲而不舍完成了很多烦琐但重要的任务。她利用居家时间帮我读了一部分稿子，我借此机会表达对她的谢意。雅凌是来自法律系羞怯的工读生，她利用假日不厌其烦协助誊稿，清秀的字迹使我不得不佩服她高度的耐力和敬业的精神。玉凤和英华总是灵敏而尽责，我很庆幸平日她们任劳任怨，随时准备学习新事物，与我共同合作，使我在从事此书翻译工作时减少后顾之忧，在此一并致上诚挚的谢意。

柯教授是我最敬爱的老师，他像大海一样包容和支持我们每一个苦修临床心理学博士课程的研究生，鼓励我们按照个人的兴趣发展自己的治学方向和治疗风格。我最喜欢上他的精神分析、个人中心治疗学派和临床神经心理学课。尤其格外珍惜两年前只有我和他两个人上的自我分析课程，每个星期有一整个早上，我可以尽量叙述任何材料并进行自我解析，柯老师经常在我迷惑的地方给予锐利的一刀。后来我撰文《打开虚无感的黑盒子》，记下柯老师的老练、睿智与温和。如今他肯在忙碌不堪之际，读这么多字的稿子并亲自为文作序，我真的感到万分荣幸和鼓舞。

最后，不禁想起忧郁而坚强的母亲，日本式负责而性情急的父亲，他们为我付出了太多，我愿意将此书献给他们，报答他们的恩情并陪伴他们共度未来的岁月。

这篇译序竟如此长，只能一方面归于本书治愈了我对人性的渴望，并得以重续对科学的信心，引导我在心理学众领域中找到科学与人性兼具的临床心理学作为安身立命之地；另一方面则归功于本书吸引了诸多同好与共鸣，同心协力得以出版，以分享给更多寻寻觅觅的现代心灵。本书极忠于原著，只每章之前的副标题和引子是我自行撰列，俾适合大众阅读并方便读者翻阅有兴趣的内容。最末附上原著的参考书目，供有心人士查阅。

新春之际，愿那些正陶醉于恋爱的人们，愿那些正在追寻自我和亲密关系的人们，愿那些在家庭中挣扎、痛苦或疏离的人们，在本书的陪伴下，顺利走过热锅上的洗礼，成为一个"不同"的人，建立一个全新的自尊自爱的自己，进而缔结全新的"家庭之爱"。

李瑞玲于中国台湾大学总图书馆

东吴中正图书馆

自　序

　　本书始于我追随威斯康星大学精神医学教授兼家庭治疗师卡尔·惠特克受训的末期。进入精神医学系，一是为了向卡尔学习，二是为了完成实习课程，那是取得北卡罗来纳大学临床心理学博士学位的最后一关。在研究所就读期间，家庭治疗就是我的主要兴趣，我很庆幸能有机会和一位老练、广受敬重的家庭治疗师一起研究。博士后研究奖学金使我得以继续受训一年，而卡尔也慷慨允许延长我的实习年限，因此共获得了两年丰富的实务经验。

　　同许多医学院一样，威斯康星重视一项古老的传统：鼓励医学系教授开设小规模的私人治疗室，以便及早发现课堂理论在实际运用时会有哪些困难。卡尔的私人治疗室还直接作为教学之用。虽然我参加过多次研讨会，自己的个案也接受过一些督导，但受益最多的训练还是在卡尔的私人治疗室中，作为他的辅助治疗师与许多家庭接触的时候。那些经验就是这本书问世的原动力。

　　这些面谈带给我极大的震撼：有些强烈感受来自卡尔的临床技巧和他自身的魅力；有些来自那些想要扭转命运的家庭的

动人努力；有些则似乎来自我和卡尔在治疗中的合作。有许多同行专家对家庭治疗极有兴趣，可是外行人对这一充满刺激的新领域却所知有限。于是我希望将受训期间对一些家庭变化的观察记录下来。

起初，我反复聆听和卡尔一同主持的面谈录音带，还研究了卡尔在一些培训机构进行咨询面谈的录影带。埋首于一堆谈话当中，我感到既着迷又气馁。我很快便陷入错综复杂的梦魇里，努力尝试描画面谈中各人声调的细微变化、用字遣词的特性，以及过程中各个事件的复杂次序。仅一小时的面谈，我就写了五十页之多，并仍旧觉得自己将资料处理得不够深入。我过分专注于细节，以至于完全忽略了家庭治疗过程中的发展和戏剧性。

于是我回头再看资料，试图捕捉家庭治疗的那种"感觉"。我选定了一个家庭，仔细研究治疗过程的录音带，开始凭记忆下笔，并参考其他案例的情节来阐明家庭治疗的过程，我加入了一些段落和章节来解释案例以及一般家庭治疗的方法。故事大纲取材自一个真实的个案，并获得相关人士同意予以改写，但整个故事其实混合了许多家庭的治疗经验。如此，我认为这一结果比当初陈述"事实"的表现方式，更能准确地描绘家庭治疗。

这本书融合了我的许多经历。自己的专业生涯展开以后，我从卡尔的学生变成他的朋友兼同事。在我的私人治疗室里，我开始建立异于卡尔的治疗理念。不同的观点使我们的联盟越发充实丰富，而这本书的观点自然也随着我的转变而有了改变。

这本书多半采用的是我自己的观点，可能无法准确表现卡尔精妙而迂回的技巧。熟悉他的人，可能会觉得我并没有完整捕捉到他善用悖论、暗喻和幽默的技巧。造成这种遗漏的原因在于，我是通过自己的一双眼睛去观察的。卡尔和家庭成员谈话的时候，常关注潜意识的层面，而我倾向于意识的层面和"教导"。幸或不幸，这本书多半是我的用语。

尽管这本书由我构思和撰写，并得到了许多朋友的协助，但卡尔的理念是本书的真正基础。写作的过程中，他仍然一如既往地与我密切合作。我们共同草拟了那些概念性的章节，在修订时，他也提供了许多宝贵的建议。

主编安·哈利斯是促成此书出版的一大功臣。她亲切愉快的声音支持我度过了沮丧的黑暗期。她像优秀的治疗师一样，不但指导我写作的专门技巧，还建议我忠于自己，帮助我找到最适合我的表达方式。她为原稿所花的时间和精力，远超出我想象中一个编辑该做的工作，为此我非常感激她。

很多朋友读了原稿后，提供给我很有价值的建议。其中包括我的妻子玛格丽特、我的学生以及大卫·凯斯，他是家庭治疗领域的同行，也是我和卡尔的好友。

最后，我要感谢辛迪·哈克特及其他精神医学系的秘书们，他们花了许多时间反复打字校稿。他们是这本书的第一批读者，特别感谢他们在校稿时辛勤不辍的热忱。

奥古斯都·纳皮尔
临床心理学博士

目 录

人物介绍

奥古斯都·纳皮尔（心理学博士）

卡尔·惠特克（医学博士）

大卫·布莱斯（父亲）

卡罗琳·布莱斯（母亲）

克劳迪娅·布莱斯（16岁女儿）

丹·布莱斯（11岁儿子）

劳拉·布莱斯（6岁女儿）

亚瑟·布莱斯（祖父）

伊丽莎白·布莱斯（祖母）

第1章　结构之战
——家庭对治疗师的试探

家庭治疗在第一回合的面谈中免不了要面临一场"结构之战"——寻求治疗的家庭会有意无意制造某些状况来考验治疗师对治疗结构所定的原则，借以探测双方的信心。

两位治疗专家惠特克医生和纳皮尔医生在第一次面谈布莱斯一家人时，就面临了这样的考验：他们"无意"地把丹留在了家里，治疗师则坚持要等丹出席才肯开始治疗。而父母则认为克劳迪娅才是问题所在，丹不来有何关系？他们担心克劳迪娅随时会离家出走，说不定等不及下一次面谈就会自杀。

临走前，惠特克医生走到六岁的劳拉身边，请求她帮忙。六岁的孩子鼓起勇气说出了一句话：

"我不喜欢他们吵架。"卡尔用温暖的口气请求和她握手，劳拉伸出小手，一老一小双手握在一起的时候仿佛给这个热锅上的家庭平添了几许力量与温馨。

"想不想和我一起去见一个新家庭？"卡尔在电话里问我，他是我现在的同事、以前的老师，不过他今天的声音听起来不像平常那样轻松自信。"金牌律师的父亲，脾气不好的母亲，还有一个青春期的叛逆女儿。"他的邀请里带着善意的挑战。

"好啊！"我当下就答应了。"什么时候？"通常我同意当别人的辅助治疗师之前，一定会先仔细考虑，但如果是卡尔的话，就不必多此一举了。

我们约定了一个这周两人都方便的时间，卡尔说："我会先和他们确认看看有没有空。"

正要挂电话时，我问他："开始之前，有什么需要我了解的吗？"

卡尔显然在赶时间："除了情况很紧急外没别的。这个家庭是一个儿童精神科医师委托的，他说女孩的情况变得越来越糟。他一直在为这个女孩做单独治疗。这家人并不觉得家庭治疗有什么用，但他们说他们都会到的。"

"他们家有多少人？"我问。

"五个，还有个小点儿的弟弟和妹妹。"

"我会好好准备的，星期四见了。"

1.1　情况紧急的家庭

虽然从我的办公室到卡尔任教的精神医学系并不远，可我还是迟到了。在这么凉爽惬意的六月天里，我不由地把车开得不紧不慢。大步跨进卡尔办公室时，我意识到无意中正好让卡尔能有时间跟这家人解释需要一位辅助治疗师的原因，以及介绍我的胜任资格。他大概已经提到我是执业心理治疗专家、临床心理学博士，是个值得信赖的同事；也一定谈到了家庭所拥有的力量，以及治疗师如果协同合作的话会更有效果等。由于这个家庭主要是委托给他的，所以由他在社交方面下点功夫是有帮助的。因此，我对迟到没有很在意。

卡尔将我介绍给这家人："这是大卫、卡罗琳，他们的女儿克劳迪娅、劳拉。我们正在等他们的儿子丹。"尴尬的时刻来了：我不确定要不要和他们握手。在家庭治疗开始前，社交上的客套虽然不能避免，但同时也应该保持必要的专业上的距离感。双方都犹豫了一会儿，然后大卫不安地笑着伸出手来，才化解了这个两难的局面。"很高兴见到你！"他言不由衷地说。他的长相很温和——高大、方肩、戴着眼镜，用敏锐、颇具洞察力的眼光直视着我，但同时又像要退缩，仿佛怕自己受到伤害。他看起来果断、机警、友善，但神情又有些惧怕。那犹豫的姿态，宽松的斜纹软呢套装、眼镜，镜片后锐利、善于分析的眼神，明显透露出他从事的是脑力工作。

他太太并没有伸手。她是个苗条的漂亮女人，但看来很沮丧。和她丈夫一样有头深色卷发，身穿裁剪合宜的麻质套装，窄领的边缘露出鲜红的围巾，上衣扣着银胸针，我从她的微笑里嗅得出生气和沮丧。

十六岁的女儿拘谨地对我点头笑笑，但又坐在那里纹丝不动。她比她妈妈漂亮，同样纤细的身材和卷发。她很不安，也很愤怒。向我点过头后便羞愧地垂下眼睛，似乎认定自己是使全家来此治疗的罪魁祸首。

另外那个六岁左右的小女儿坐在卡尔的迷你摇椅上，椅子虽然小了点，可她还是前后摇得很起劲。"嗨！"她高兴地向我打招呼，看来是个快乐活泼的孩子。她母亲朝她比比手势，示意她别摇得那么用力，她听话地慢了下来。

卡尔办公室较长的两头面对面摆了两张大的皮沙发，沙发之间一边是三张皮椅子，另一边是卡尔面对角落的书桌，桌旁是旋转椅和辅助治疗师的椅子。大家的座位形成一个很整齐的矩形：父亲和大女儿坐在相邻的两张皮椅上，母亲单独坐在一张大沙发上，小女儿则坐在很靠近母亲的小摇椅上。我注意到两个女儿各跟着父母中的一方坐，而父母则分开坐。

我坐在我的椅子上，充满感情地环顾着这个熟悉的办公室。这里干净而舒适，书架整齐地排列着，每个可利用空间都摆放着他事业的纪念品：雕塑、画、照片、剪报、漫画、海报、五花八门的艺术品……它们都放在一个个复杂图案的东方特色的垫子上。

卡尔坐在他的椅子上抽着烟斗，轻松地等待着。六十多岁的卡尔，是威斯康星大学的精神病学教授，也是家庭治疗师。他是个中等身高的健硕男人，一个漫不经心与细致、温和与警觉的混合体。他有着年轻时在农场练就的结实手臂和友好的性情，即使在这休息的间隙，他的目光还是那么犀利、敏锐，脸上挂着富有经验和洞悉人性的笑容。

我用轻松的语气问卡尔："可以谈谈这个家庭的情况吗？"我们有意把对家庭的基本介绍保留到他们都在场时才提出来，这样他们就能确切知道，我们对他们究竟有多少了解，同时我们也可以自治疗初期就与被治疗者建立起开放式的沟通模式。

"嗯……"卡尔有点踌躇，我知道他是顾虑到那个还没出现的儿子。"好，我就借等丹的这段时间给你介绍一下。"他停下来想了想。"布莱斯太太是上星期给我打电话预约的。她是约翰·西蒙医生介绍过来的，他之前已经为克劳迪娅治疗了好几个月。"这个名字我很熟悉，西蒙医生是儿童精神科医师，他的案例大部分是青少年。"西蒙觉得情况并没有改善，他们一家也都有同感。"卡尔停顿了一会儿。

"电话里布莱斯太太谈的大部分都是她和克劳迪娅的问题：她们一直争吵的情形、克劳迪娅怎样开始离家出走，以及她很为她担心，等等。布莱斯太太觉得克劳迪娅近来有很多奇怪的想法。听起来这个家庭里存在的压力已经开始扩散到了每个家人上，她不想让最小的劳拉也卷进这场家庭风暴里，但我们在电话里一致同意全家人至少在第一次治疗时都要到齐。就像我之前跟你说的，情况似乎相当严重。"

克劳迪娅瞪着她母亲，为刚才听到的话而生气，她用尖锐刺耳的声音说："亲爱的妈妈，我觉得你自己才有一些很奇怪的想法——好比我得在太阳下山时就上床睡觉，还要乖得像六岁小孩子一样！"她生这么大的气，实在把我们都吓到了。

布莱斯太太也不甘示弱地瞪着克劳迪娅，就好像有人在她们之间布下强烈的磁场，把她们紧紧拉向对方。布莱斯太太说："我认为你有些想法很奇怪，我很担心。"她的声音夹杂着攻击和忧虑，而且为卡尔之前所说的话设防起来。布莱斯先生看来很害怕，他似乎知道接下来会发生什么。

母亲和女儿显然都在备战，但如果真让她们吵起来，就会铸成大错。卡尔向她们伸出手，好像要解除两人间的磁场一样，声音坚定地说："我得让你们俩停下来，我想等丹来。"她们把目光从彼此身上移开，剑拔弩张的时刻总算过去了。

1.2 他为什么缺席?

"他在哪儿?"我转头问母亲。

"我不知道，"她的声音听起来很疲倦、很丧气。"前几天他说不来，他不想参加家庭治疗。今天早上又说要来。我们出门的时候，他还没从美术班下课回来。我们可以先开始吗? 也许他就快来了，我留了字条要他骑自行车过来。"

卡尔的回答一如我所料:"我觉得应该等一等，如果我们现在开始，丹就没有从头参与，我希望治疗开始时，大家能都在场。"卡尔的话里没有任何不近情理之处，但也显示出一定要等到丹来再开始的决心。他又扬起眉毛问:"你要不要打个电话给他? 也许他已经到家了。"

"好啊!"布莱斯太太说着从沙发上站起来，大步走向卡尔的书桌。她拨电话时屋里的气氛变得紧张和沉默，电话铃响的时候更是鸦雀无声。"没人接，"她叹口气坐下来，"现在该怎么办。"

卡尔看起来镇定自若，他把身体往后一靠，椅子发出声响，他继续吸着烟斗，"反正时间已经空出来了，我们可以等。"

"我打到美术班看看。"卡罗琳再度起身走向书桌。

大家听她这么一说，好像都松了口气。我们已经料到估计得等一个小时，就只能互相看来看去，尽量找话说。想到丹可能还在美术班里，大家顿时轻松起来。大卫奉承卡尔说:"我喜欢你的烟，什么牌子的?"我想他是下意识地在表达:我欣赏你的执着。

布莱斯太太打电话时，其他人又继续随意闲聊着。克劳迪娅这时也稍稍放松了一些，她笑着指向衣帽架说："那是做什么的？"挂在架上的是两根棍子，粉红色的一根上面标着"她的"，白色较长的一根标着"他的"，"我猜是一个以前的病人送的礼物。"

卡尔报之一笑："你猜对了，不过在我有更大的之前，我是不会让别人用它们的。"

"哦？！"克劳迪娅说，一副兴趣来了又有点害怕的样子。

接着劳拉也用稚嫩的声音兴高采烈地问："那是什么？"

她手指向卡尔墙上挂的抽象钢铁雕塑，我一直觉得那个形状像棵在风中摇曳的树，但我意识到应该将注意力从卡尔和他的办公室转移开，所以在卡尔还没来得及开讲它的来龙去脉前，我就打岔："那是他祖父。"他们听了都似懂非懂地，兴奋地笑了起来。事实上，的确挺好笑的。我又接着说："如果你们觉得它的样子算奇怪的话，那你们真应该见见他祖母！"这次他们真的笑开了，布莱斯太太也从电话那边转过身来看什么事这么好笑。人在焦虑不安时，几乎什么笑话都会戳中笑点。我朝卡尔笑了笑："抱歉！打断了你的故事。"

卡尔有点慌乱，但他马上露齿笑道："他等不及听我把老掉牙的故事再讲一遍。"

我无奈地耸耸肩，于是他开始讲起来："这个雕塑挂在那儿的时候，我的病人可以产生无数的联想，每个人看到的都不一样。可是有一天有人问我觉得它是什么时，我脑海里突然间闪过一个疯狂的念头：那是我祖父的骨头黏起来的。然后我马上就明白了这个念头是从哪儿来的。因为我是温和型的人，我父亲也是，但我祖父的个性却非常强硬。他发现大脚趾长疽时，干脆用小刀把疽挖掉，甚至连医生都不看！我想我买这雕像就是希望自己也能有祖父的几分刚毅和坚强。"

虽然我们表面上仍在等待丹，但实际上治疗已经开始了。我们与布莱斯一家陷入了一场微妙的、预期中的重要较量——谁该出席这次面谈。卡尔和我已经具备了两个合作治疗师间该有的默契：互相调侃、协同合作，以及对忠于自我的坚持。我当然也不只是个对前辈恭谨从命的副手而已。更重要的是，卡尔已经直观地为这次家庭治疗过程设计好了模式。借着分享对自己人格的洞察时，他证明了一点：寻找自己潜意识里的动机是非常重要的。

就在此时，是否要进行"正式"会谈的争议越来越激烈了。丹不在美术班，于是卡罗琳焦虑起来，坚持说道："为什么我们不能现在就开始？丹可以下次再来嘛！"

接下来该我说话了："我赞成卡尔的看法，我觉得先开始是不合适的。现在要谈的是整个家庭的改变，如果从一开始就有五分之一的家庭成员没参与，那对丹和你们来说都是不公平的。丹是这个家的一分子，如果整个家庭要有所改变的话，我们就需要他在场。"我的语气相当坚决。

布莱斯太太并未轻易让步："但是问题不在丹，而是在克劳迪娅身上！"她的语气也很坚定，我们间的争执开始了。

我也毫不退让："瞧，这就是你对这个问题的基本看法！我们认为问题远比你所想的复杂，也绝不只关乎克劳迪娅，而是和你们全家每个人都有关联。"我直视着布莱斯太太，心中却有些迟疑，我知道要是逼得太急，他们很可能就不会再来了，但我又知道必须这么做。"也许你们无意于我们谈论的这个主要任务，我们也不能替你们做决定，但我们确实需要你们全家都在这儿。"接下来是很长一阵让人窒息的沉默。

"我同意。"卡尔平静地添上一句，以此结束了我们的争执。

母亲的语气软化下来，略带不满地说："你们说起来容易，但我这个做母亲的却得日夜操心。"她的怒气又上来了："我的意思是如果我们现在就回去，真不知道接下来会发生什么事。坦白说，我实在很担心。"

卡尔也不耐烦起来："但是你没搞清楚的是，如果情况真的这么紧急，为什么没有人告诉丹，让他一定来？我在电话里讲得很清楚，除非全家都到齐，否则我们没有必要面谈。"他稍微舒缓一下语气："是不是我说得不够清楚？"

"你说得很清楚。"卡罗琳泄了气，"是丹没遵守约定。"

卡尔平和地微笑着："这和我想象的不太一样，让我来解释看看。"他的语气已经变得很友善，也很有说服力。"我的看法是，丹的缺席并不只是个人的行为，而是复杂的潜意识作祟，他是被全家选择为待在家里的那个人。这样你们就不用全家一起面对这件事，而且也可以趁机确认我们说'要全家参与'是不是认真的。"

"被选择？"她带着怀疑的语气问。

我解释道："很可能你和你先生的语气让他觉得来不来都行，不用那么认真。"我看得出来她开始觉得责任重大。"我们并不是要责怪你，事实上整个家庭都对这次全家治疗感到不安，丹不过是代表了大家而已。"焦点转移之后，她似乎自在多了。

大卫·布莱斯以平静、理性的口吻加入谈话："我不太清楚你说这些话的意思，问题是实际上我们应该怎么处理这件事？大家都很担心克劳迪娅，也绝对有理由担心她。"

1.3　企图自杀的女儿

我可以感觉到眼下丈夫和妻子正在联手对抗我们，也意识到，从刚才到现在，卡罗琳并不只是在为她个人的观点和我们争论，事实上，这对夫妻早就在潜意识里一致同意了将焦点放在"有病"的女儿身上。他们对克劳迪娅的"担心"，并不是那么充满爱意，在关心的表面下其实潜藏着无情的攻击。他们谈到克劳迪娅时，她看起来很尴尬不安。

在面对家长指责我们拖延面谈时，多少都得打个圆场。我转向父亲大卫："你可以说说看为什么不能把面谈延期到明天吗？如果真是那么紧急的话，我们可以找出时间见面。你是怕她会离家出走，还是怕她会自杀？"

"第二种情形就是我最担心的。"父亲说。

"对！"母亲也轻声附和。真是进退两难！给我们的选择是放弃对全家一起治疗的坚持，或是面对克劳迪娅自杀的可能性而不加理会。与这家人互动的时间越多，我们就越难避免开始治疗，可是除了尽力处理自杀的问题外，我们似乎别无他法。

"你说呢？"卡尔转向克劳迪娅，"你会自杀吗？"那女孩被这么直接的问题吓了一跳。她面色苍白，看起来既紧张又生气。

"我是想过。"她神秘的语调令人不得不追问下去。

"回答我的问题，"卡尔说，"你想自杀吗？或者说你觉得今天晚上有可能自杀吗？"

她脸上闪过一丝微笑，像远处的汽车突然反射了一下阳光。"现在不会，"她停了一会，"但我曾经想过。"

"你会怎么做？"我问。如果她能把这个想法一步一步讲得很清楚，那么显然我们面临的威胁就更大。

"我不知道。也许吃安眠药。好像也没有什么好方法。"我不喜欢她被动的语气。

"你还是没有回答我的问题,"卡尔温和地提醒她,"你觉得你有没有可能在我们下次见面之前就自杀?"

"没有。"克劳迪娅回答得很肯定,然后很生气地瞪了父母一眼。"只要他们暂时不来管我。"

卡尔转向我,"你觉得我们该怎么做?你对克劳迪娅有何看法?"

他的问题让我吃了一惊,但这个时候确实是讨论的恰当时机。我停下来整理思绪时,感觉得出他们一家都在审视着我。现在已到了必须做决定的时候,不管做什么,卡尔和我都得站在一起。"我觉得克劳迪娅是个很有生命力的女孩,我很欣赏她能生气,能与父母抗争,而不是一味地把气往自己身上撒。我觉得克劳迪娅的压力很大,自杀在目前只是可能的选择,还不到非做不可的地步。自杀的想法,似乎正是她和父母间冲突的一部分。"

我总结道:"我不觉得她会自杀。"这番话似乎使克劳迪娅看来轻松了一些。

卡尔回头转向布莱斯夫妇:"我赞成格斯①的意见。也许我无法信任我们当中任何一个单方面的观点,但我相信我们一致的观点。"他深深吸了口气,再呼出来,整个人放松了下来。

"我告诉你们该怎么做。你们回家想想是不是愿意以一个家庭的身份来这里,如果愿意就打电话给我,我们可以约在明天或下星期一,真有必要的话星期六也可以。"

父亲用命令式的语气回应了这个问题,刚才在会谈中他一

---

① 格斯,奥古斯都的别称。——编者注

直隐藏的态度现在终于显露了出来，"不必回家再想，我们现在就可以把时间定下来。"然后转向他太太："你觉得呢？"

"对。"她说。听起来有点惊慌失措，又仿佛松了口气，"你们上午有空吗？"

"我们会空出来。"卡尔回答得很肯定。

"你怎么样？"他问我，"你有时间吗？"由于我只有9点有空，所以卡尔同意将他原定于9点的预约挪了挪。

时间确定了之后，每个人都放松了下来，我也是在这紧张的情势缓和之后才意识到自己刚才在这场家庭战争中陷得多深。就在他们一家人起身要离开时，卡尔又做了件意料之外的事。他挨着劳拉坐在地板上，然后开始和她说话，"你怎么看这件疯狂的事？"他用亲切的口气问她，"你觉得我们可以并肩一起解决好这件事吗？你呢？你愿意参加吗？"

劳拉看看她妈妈，想知道她的反应，卡罗琳只是报以微笑。大家有一半人站着，一半人坐着，每个人都觉得这段对话很有意思，但也有点迷惑不解。"我不知道，"小女孩迟疑了一下，然后她总算鼓起勇气又说了一句："可是我不喜欢他们吵架。"

"你觉得你和我可以教他们怎样去爱吗？"卡尔问，"我觉得你已经知道该怎么去爱了，如果你和我一起合作的话，我们也许可以教教他们。"

劳拉觉得很难为情，但她也很喜欢卡尔，忍不住对着他笑。

"我们可以从最简单的握手开始。你想和我握手吗？"卡尔把手伸向她，她也伸出自己的手。

"很好，我很喜欢。"他说。于是面谈到此结束。虽然卡尔事先并没打算坐下来和劳拉说话，完全是突然有感而发，但这一刻却让我们获益良多。家庭的成员可以看到，除了能为他们增加力量之外，我们还能提供温暖。

1.4 结构之战

幸好大部分的家庭都不会在第一次面谈时就让我们面临这样的危机，不过许多家庭在面谈时都会因成员的问题而发生争执。各式各样的挑战都在预料之中，我们称之为"结构之战"（the battle for structure）。

卡尔要求布莱斯全家都来参加治疗时，他们家里每个人都立刻知道了这样做的意义。这意味着他们的整个世界都会暴露出来：所有的烦恼、所有的历史、所有的愤怒、所有的焦虑，所有的东西都会同时在一个地方，被一个陌生人审视介入，这对他们来说太恐怖了。在潜意识作祟下，他们选择把丹留在家里以试探治疗师：我们真的需要他们家中的每一个成员在场吗？如果他们不带丹来，我们会屈从让步吗？

他们想借这样的策略占得上风。如果我们在处理家庭的反抗时显得犹豫或信心不足，那么他们就会觉得我们不值得信赖，也无力解决家中存在的激烈矛盾。但是如果我们很果断、很坚定，他们就会认为，也许我们有办法应付那些他们直觉中很早就该公开的压力。总之，他们会通过某种途径来试探我们有多大能耐，同时，他们也会借此拖延时间，以免太快面对那种神秘的紧张状态，那种全家聚集一起的要命时刻。也许他们认为这样就可以逃避一场左巴（Zorba）所谓的"大灾难"。

丹也一定有他自己的疑惑，"我到底有多重要？"身为布莱斯家老二的他自问，"没有我，我们整个家也能改变吗？"家庭里每一个成员都是很重要的。我记得有次面谈时，一位母亲说："我就是弄不懂，每次家里有个人不在时，我们都能相处得很好，但只要那个人一走进屋里，家里就会天翻地覆。我真不明白这是怎么一回事。"

我们家庭治疗师得花上许多工夫才能让家庭成员明白家庭是一个整体，明白有一个家庭系统的存在。虽然我们可以先一步将面谈全家的理论解释给布莱斯家听，但"解释"在那种焦虑不安的时刻并没什么作用，套句亚历山大（Franz Alexander）的话，"理论在那种情形下毫无力量"。布莱斯家要试探我们，他们要确定我们是否够坚定。尽管我们的反应会令他们不舒服，但却能使他们放心。他们知道，我们也感觉得出，他们的情况有多麻烦、多糟糕，而且还有可能变得更复杂。他们只是想确定：如果他们敢把这种精神压力公开的话，我们到底有多大能耐来应付。

一般接受个别心理治疗的患者在治疗师面前，多半是不由自主的顺从态度，有一种依赖和服从感，完全是老套的角色模式，一如依赖人的孩子希望从父母那里得到指引。而整个家庭就没有这种传统的意识或概念，至少尚未有整个家庭都听从于一个人指导的例子。此外，家庭的结构十分强大、十分稳固，以致成员往往不愿以信任的态度接纳将改变他们原来关系的治疗。因此，如果家庭治疗师想要在一开始便获得治疗所必需的"权威人物"或"父母"的角色地位，如果希望治疗经验比一般社会经验更有力，那么他们就必须全力以赴。

每个家庭来接受治疗时都带着它们自己的结构、步调和规则。它们的组织、模式都是长年累月营造下来的，对家中的成员而言，既意义重大同时又非常令人痛苦。如果对原来的形态结构感到快乐满意的话，他们也就不会来寻求治疗了。但不管一切多么不对劲，这些家庭仍然依赖于他们熟悉和习惯的旧世界。如果要放弃熟悉的一切，尝试重组家庭的结构，他们势必需要强而有力的支持。家庭所需的考验必须有形、有状，有各种各样的训练，而治疗师的工作就是提供这些考验。寻求治疗的家庭很想知道我们是否有备而来，所以他们会先试探我们。

第 2 章　治疗开始

——谁是罪魁祸首

十一岁的丹首次出席便语出惊人，一副小大人的派头。卡尔立刻以玩笑的口吻同他交手。父亲大卫自认是局外人，但治疗师却要从他先开始，精干的大律师霎时眉头紧锁、脸色苍白。未料卡尔话锋一转，打断大卫习惯性的描述，要求他谈谈自己对整个家的感受，大卫毫无心理准备，不知所措。卡尔转而询问跃跃欲试的丹，这小子果然知无不言，把克劳迪娅和母亲争吵的前后情形一一道出。也透露了许多秘密，比如爸妈因克劳迪娅的事而争吵，还有爸爸一回家便把自己关在屋里工作，妈妈直生闷气。六岁的劳拉坐在小摇椅上，小嘴断断续续吐露出她内心积压的担忧——怕克劳迪娅离家出走，怕爸妈争吵离婚！最后轮到母亲时，她眼眶里蓄满泪水，轻轻地说："我和我先生，我们之间迟早会出些问题。"

在结束时治疗师要求布莱斯家回到家中不可争吵，留待下次治疗时再说，以便学习更有意义的争吵。

第二天早上，丹最先踏入会谈室，他踩着青少年那种漫不经心的步伐，看起来是个天不怕地不怕的角色。不像家里的其他人，他的金色头发，又长又直，穿着一身青少年流行的打扮——运动衫、牛仔裤和球鞋。他立刻走过来和卡尔握手，自信地说："你就是卡尔！"

卡尔微笑着说："不介意的话请叫我惠特克医生。"

"无所谓，惠特克医生。"

卡尔当然不是故作严肃，而是巧妙地以试探挑战的态度和丹交手，他的这种态度也贯穿了整个治疗的过程。

丹看起来有些慌乱，转向问我："你是谁？"

我直截了当地说："我是纳皮尔教授。"

丹伸出手，出人意料地也用直接、带点讽刺的口吻说："你好。"他看起来是个十分有趣的人物：认真但却多疑，傲慢而又犹豫，是个在儿童期和青春期之间摇摆的孩子。

布莱斯一家自行就座：克劳迪娅和爸爸坐中间的两张椅子，面对着卡尔和我，妈妈和劳拉坐左边的沙发，丹单独坐另一张沙发。刚开始我们只是寒暄，这是治疗前不可或缺的前奏，如同一种仪式，在紧张气氛来临前让我们可以稍稍喘息，随意交谈。我们聊着为何冒险卷入治疗，如果不是事先明白一切，我们的关系可以说是表面的、疏远的，并且如果只是自愿参加，那我们全体都想开溜！我们一块儿抱怨医院停车场的服务员，扯到最近晴朗凉爽的好天气，又讨论那幅挂在办公室后墙上的疯狂作品。那是卡尔在精神卫生中心主持的一场研讨会结束之前的集体创作。它相当抽象，极富表现力，怪异得反而令人觉得有趣，如果它是由任何人单独完成，那他必是疯子无疑。接下来的一阵沉默在我们方才的寒暄和正式的治疗之间划了一道界线。

2.1　从父亲开始——去除父亲的疏离感

我微笑着对母亲说："你找到他了！"问话的内容直接导向正题。

她勉强挤出一丝笑容。"是的，他当时是在下课后从学校走回家的路上，显然走得'非常'慢。"

听起来是责备丹上次没来参加治疗。

我对丹说："你觉得自己上次为什么会被家人选为缺席者呢？"

他似乎听懂了我话中的含意，回答道："我不知道啊！那一天大概是我的好日子吧，也许他们可以借此把气撒在我身上。"

"别小看你自己！我认为你所做的要比这更了不起。你是在帮助家人决定是否要继续留在这里，现在既然大家都认为值得试试，那我们就要开始了。"丹先前的不在乎消失了，看起来甚至有些害怕。我的用意是想在家庭治疗前，至少向他表示一些支持。

大卫很焦急地说："那我们可以开始了吗？"

卡尔很快接着说："当然可以啊！就从你开始好吗？"

"我想从我太太开始比较好，她比较了解情况。"

"正因为这样才更应该从你开始。如今很多父亲通常都是家里的局外人，所以我想先听听你对这个家的看法，或许你的见解反而比较全面。"卡尔在做一件有趣的事，他正引导着谈话。他在给父亲施压的同时，又在恭维他，照顾他的感受，在过程中使他难以抗拒。

在现代家庭中，父亲通常置身事外，常常在参与家庭治疗时感到不自在，布莱斯先生尝试把焦点从自己身上转移开，就是个典型。我们如果任其发生，就会酿成错误，因为，他虽然极力想把焦点引向他太太，但如果我们真的这样做的话，他很可能又会对此不满。一般情况下母亲总是家人心理上的中心，因此，我们若很快将目光转向她，便会给父亲一个使自己愈发疏远于家庭的借口，最后他在治疗中会觉得被隔离和孤立，一如他在家里的感觉一样。最有可能迫使家人放弃治疗的，就是父亲。为了及早带他进入状态，我们有意将治疗从一开始就引向父亲那边。因为女人在人际关系和情感世界里的经验比较丰富，所以我们试图补偿男人的这种经验上的不足。同时我们更明确表示，我和卡尔两人负责引导面谈，包括谁什么时候该说话，以及该对谁说。此时，治疗过程中再次出现了必要且令人不舒服的摩擦，以及对权威的挣扎。

父亲迟疑了一下，"嗯！好吧！"

他停下来思考了一会儿。他的双肩在重压下变得松垮，眉头紧锁着，脸色也因不安显得苍白。"克劳迪娅——"他停顿了一下，琢磨着恰当的字眼。"她有困扰，我是说心理上的困扰，已经持续一段时间了。我不太清楚到底是什么时候，或者如何开始的，但去年开始越来越糟，最近这简直变得让人无法忍受！"

我料到他会谈克劳迪娅，但更有意思的是他话中透露的另一个信息："你说'这'令人无法忍受，听起来似乎不只是克劳迪娅，你能告诉我'这'是什么吗？"

发现被两个密切合作的人围攻时，父亲看来有点不知所措。因为卡尔和我坐在一起，所以他只要稍微转一下头就能看见我。

他叹了口气，"'这'就是持续不断的争吵。通常是发生在克劳迪娅和她母亲之间，她们几乎可以为任何事吵架——克劳迪娅的房间、学校功课、朋友、外出打算、衣服。克劳迪娅几乎永远在和她母亲对着干。"

"那么你的处境如何？"卡尔问道。

父亲被这个问题难住了。"我不知道，我经常觉得卡罗琳对克劳迪娅太严厉了，因此有时我会护着克劳迪娅。当然这样会惹得卡罗琳老大不高兴。有些时候我也生克劳迪娅的气，尤其最近，所以我会加入卡罗琳那边，克劳迪娅为此几近崩溃。有时我也试着抽身不管，但是没有用，事情已经发展到了令人绝望的地步！"

"怎么个绝望法？"我问。

"呃，克劳迪娅昨天半夜两点半才回的家，而且还是这星期第一次在家。我们不知道她都在哪儿睡、和谁在一起。她一回到家，就把自己关在她那乱七八糟的房间里，收音机开得很大声。一个月前，她甚至离家和男友一起搭便车旅行去了。"父亲的脸色很苍白，他担心地偷偷瞄了女儿一眼。

克劳迪娅坐在他身边，僵直、沉默、目光低垂。她穿着褪色的粗布短袖衬衫和脏兮兮的泛白牛仔裤，用一个手工做的银发饰扎着头发，颈上绕着一串细银链，上面垂着一块不规则的宝石。这对母女看起来完全不同：母亲仍旧穿得和上次一样雅致，女儿则几乎仔细按照同龄女孩的随意风格在打扮。但是，两人同样都戴着特殊的银饰——这种相似令我感到好奇。

父亲继续往下说，声音逐渐变得有力且具攻击性。"但是，如果它只是一场争吵，如果克劳迪娅只是在大吵大闹后离家出走，我还不会这么担心，可事情远比这更糟糕！克劳迪娅曾经好几次谈到她的人生观，对我来说，不仅很复杂，也很令人不安。她谈到现实的五个层面，最深的那些层面都很无望惨淡。克劳迪娅是个诗人，也有音乐天分，但最近她的诗大多与死亡有关。"此刻他的话听来像是发怒，实际上却是痛苦，他试图这样刺激女儿，以便接近她。看来他似乎成功了，因为当他说话的时候，克劳迪娅泪如泉涌。她静静地哭泣着，眼泪顺着脸颊不断淌下来。我注意到她的眼睛有点肿，之前她肯定也哭过。

父亲准备接着讲，好像一旦开始，就必须说出个结果来。"还有很多问题。克劳迪娅身体不好，经常有莫名其妙的疼痛和找不出病因的耳鸣。"看来有关克劳迪娅的陈述越多，她就越显得沮丧和苦恼。她已经停止了哭泣，只是泪光闪闪两眼无神地坐在那儿。我不禁怀疑她是否有精神分裂症。抑或只是极度沮丧焦虑。她的疼痛可能来自沮丧，耳鸣则可能是焦虑的缘故，但是那所谓的现实的五个层面，听起来却有点不妙！

我们很快就把焦点放在了克劳迪娅，所谓"病人"身上。因此面谈似乎无可避免要转向她，她的生活、症状，以及对问题的看法。

2.2　谁是这场家庭舞蹈的主角

由于布莱斯家的注意力都在克劳迪娅身上，卡尔的下一步行动便使父亲和他的家人大感惊讶，但这却正中我的下怀，而且如果卡尔不这么做的话，我也会去做。"我现在相当清楚克劳迪娅的情况，"卡尔说，他的语气坚定无比。"我想暂时先不谈她，你能不能谈谈整个家的情况？你觉得这个家如何？"

我们谈到克劳迪娅时给她造成的那股压力，无疑与她在家中感受到的压力无异。她已觉得被审查和责备，所以卡尔想要让她喘口气，不把她视为理所当然的"病人"，并且暂时避开不谈她，等一下再绕回来。

父亲被问住了："这是什么意思？"

卡尔很快回答："你觉得你的家庭是什么样的？是安静的还是吵闹的？是井井有条的还是混乱不堪的？是充满怒气的还是充满爱意的？它是如何构成的？有没有形成什么小团体？每个人的角色又是什么样的？"

父亲仍然很困惑："你希望我回答这其中哪个问题呢？"

卡尔的语气稍微缓和些："随便你呀，我只是想了解一下你对家的整体看法。"

布莱斯先生努力思考着卡尔的问题，"我想我们家大体来说是相当平静的，也很传统。我是个十分忙碌的律师，工作很忙，所以我总希望家里的事情都能很平顺，实际上事情通常也都是如此。"他思索这个问题时，好像是在自言自语一样。"我太太和我相处得很好，对大多数的事情都有相同的看法，除了……克劳迪娅。"然后他了停下来，似乎无法继续。显然他本来只打算谈克劳迪娅，像家里的其他人一样，所以谈别的话题对整个家庭来说是意料之外的，他毫无心理准备。

丹此时正坐立不安地绑着他的鞋带，我对他说："你能帮帮他吗？你对这个家有什么样的看法？"

他抬起头，"还好啦，我只是觉得它有点糟。"

"怎么个糟法？"我们的工作多半是刺激人们说话。

丹抱怨了那些兜圈子的争吵。我问丹知不知道是谁先挑起的，还是每个人都有份。他愤世嫉俗的态度对治疗的帮助很大，他承认每个人都有份。我们又问他是否能辨别每个家庭成员在这场家庭舞蹈中所扮演的不同角色，以及事情是如何开始的。

丹似乎听懂了我的问题。"嗯，通常克劳迪娅会做些事，例如把房间弄得乱七八糟、把课本忘在学校、在外面待得很晚……这些是在事情还没有变得现在这么糟糕前发生的，然后妈妈就会对她大叫，克劳迪娅便把自己关在房间里生闷气。爸爸回来以后，克劳迪娅还是在楼上的房间里，爸爸就会去问她怎么回事，妈妈便跟我抱怨爸爸袒护克劳迪娅，再不然就是干脆不作声。等爸爸下楼大约半小时以后，克劳迪娅也会眼泪汪汪地走下来，然后很长一段时间没有人开口说话。这简直造就了一顿棒极了的晚餐！"这个十一岁的家伙真的清楚发生了什么。

我们问到最近几个月来事情又是如何变化的，他居然也很明白："现在克劳迪娅不常在家，她一生气，就会对妈妈吼两句，然后摔上门就走了，一两天都不回来。如果爸爸也在家，克劳迪娅走后不到十分钟，爸妈就一定会吵起来。哦，我不该说那是吵架，应该是种温和的争执。妈妈想要报警或什么的，爸爸却说由她去吧！她会回来的。"我们问他在这些争吵中有没有做什么，他表示除了把妹妹弄哭以外，他也做不了什么。

"有时候，爸妈看到劳拉哭了，他们就会停止争吵！"

卡尔和我短暂对视，为识破这种模式会心一笑。然后卡尔说："听起来好像是克劳迪娅负责引发爸妈吵架，而你和劳拉则负责充当和事佬。"丹歪着头，傻笑着，还没意识到那其实不是个好主意。

我们问丹，克劳迪娅是不是爸妈吵架的唯一原因，他说是的。他们吵了多久？6个月。在那之前是否见过爸妈争吵？没有。最近看到的争吵是什么样的情况？吵得多厉害？丹说："不是很厉害。就像我说过的，很温和。妈妈比较大声，爸只是喃喃抱怨。"

我们又问他，除了克劳迪娅之外，有没有其他使父母互相生闷气却没吵架的事？丹觉得这个问题很有意思，想了一会儿以后，终于说："好像有！妈妈非常不喜欢爸爸过度工作，然而爸爸却总是在工作。他回到家之后，便把自己关在屋里加班，他真是喜欢工作！但妈妈从不对他抱怨，只跟我说。"

突然间，我看出一个相似点。"所以，使妈妈生克劳迪娅气的一个原因，是她上楼躲到房间的举动。跟爸爸很像。""哦？"丹故意拖长声音。父母双方和克劳迪娅都听得很清楚，我望着布莱斯夫妇，他们那退缩害怕的眼神，就像突然踩到了一条蛇，却不清楚那条蛇有没有毒一样。卡尔和我就像是那条蛇，正在向丹盘问他们夫妻之间的关系。丹的知无不言必然使他们感到尴尬，也许这正是他们有意无意中不愿带丹来参加第一次面谈的原因。丹已经长大，善于观察，又未卷入家庭纠纷，正好可以成为我们了解布莱斯家的突破口。

卡尔问丹："有没有你爸爸自己生闷气，却没有对你妈妈当面说出来的事情？"

丹又陷入沉思，然后似乎想到了，"我外婆！"

他停顿了一下，"你知道，我外婆很老了，她非常难侍候，又好管闲事。她经常打电话给我妈，所以我妈就得常常去探望她。爸爸不仅气外婆支使妈妈做这做那，也无法忍受电话费和机票钱！"

"你是怎么知道的？"卡尔问。

"我无意间听到爸爸跟克劳迪娅说的。"

"这么说，爸爸跟克劳迪娅诉苦，妈妈跟你诉苦，家里是不是就这样分成了两派？克劳迪娅跟爸爸一派，而你就跟妈妈一派，是不是？"

"我想是吧！但我试着不加入任何一派，真的，我不想卷进去。"在提到小团体的时候，丹显得十分忧虑，他似乎觉得他是造成家人分裂的原因。

"我了解。"卡尔用同情和开玩笑的语气说。他了解这些，但他并不想将自己困在同感的情绪里。此刻他正保持着距离，保持距离就像偶尔发生的摩擦一样，在治疗中都是必要的。如果不是因为卡尔的洞察力、及时抽身和转移焦点，我们也许到现在还在揪住克劳迪娅不放，想办法找出她到底有什么毛病。取而代之的是，我们探究了整个家庭，试图发现它的结构、节奏和模式，这些跟克劳迪娅的问题一样严重，甚至更深刻、更重要。这是次探索性的手术，对布莱斯一家，特别是父母而言，一点也不轻松。

对克劳迪娅来说，这却是不同的体验。因为我们已经把话题从她和她的问题上转移开，她看起来不太一样了，更机警、好奇，也更轻松了。她安抚着自己的情绪，开始倾听每一句话。

2.3　小女儿泄露全家的苦痛

劳拉坐上了那把摇椅，卡尔早就给她纸笔，现在她正一边轻摇着、一边画画，看起来仿佛完全未曾注意我们的讨论。

卡尔转向劳拉，和颜悦色地问了一个简单的问题："你跟谁一派啊？"

劳拉显然已经等待多时，她孩子气地噘着嘴说："不跟谁！"

卡尔仍然微笑以对："怎么了？没有人要跟你一派吗？如果没有人帮你，你怎么能够勇敢对抗哥哥呢？他比你大多了吧。"

"妈妈会帮我，"劳拉自顾自地笑着，"有时候爸爸也会帮我。"

卡尔调皮地说："哦！那不公平嘛！爸爸妈妈都跟你一派，难怪哥哥会难过。"

然后他换了比较严肃的语气继续问："你觉得你们家是什么样子？你怎么看爸爸、妈妈和克劳迪娅三个人吵架？"

劳拉一脸黯然，语气变回不安："我很担心！"

卡尔几乎同样轻声："你最担心谁？"

劳拉想了一下才说："克劳迪娅。"

卡尔关心地问："你担心会发生什么事？"

劳拉更低声地说："她会离家出走，然后永远都不回来。"

"然后呢？"

劳拉开始啜泣，掉眼泪，在内心情绪作用下，不安地说："爸妈会生对方的气，然后就会离婚。"

听到她提起克劳迪娅的"离家"，我怀疑它是否跟另一个假想有关，便用很关切的语调问劳拉："你担不担心克劳迪娅会自杀？"

听到这句话，劳拉突然哇地哭了出来，她从好奇变得一本正经，现在则成了毫不掩饰的悲伤。我非常惊讶，没有想到外表看起来这么快乐的小女孩，居然隐藏着如此深刻、痛苦的感受。离婚、自杀——还有比这更糟糕的事吗？

她终于平静下来，轻轻说："是的，我也这样担心！我听爸妈谈过，然后我就一直在想这件事。"

卡尔安慰她："好啦，那就是我们为什么会在这里啊！这样克劳迪娅就不必用自杀来改变这个家了。"

劳拉好像可以接受卡尔的说法，略显轻松地坐在摇椅上，轻轻地抽着鼻子。室内的气氛变了，大家变得温和起来，疑虑和紧张也都减少了。我们都对劳拉抱有一种温柔的感情。

有些治疗师认为，像劳拉这种年纪的小孩，最好是待在家里，因为她根本不是问题所在，她听到的也许反而会给她造成伤害。然而，这次面谈的气氛，仅仅在几分钟之内就被她改善了，事实上，她使我们大家感觉更温暖了。卡尔对劳拉说话的语气，不但感染了劳拉，使她有机会哭出来，同时也感染了她的家人，他让我们看到一个温和却又坚强的"父母"形象。另外很重要的是能使劳拉说出令她烦恼的想法，并且为之放声大哭。她也许从未把自己的想法说给任何人听过。

我们沉默了一段时间，在沉默中，我思考了一下有关家庭的隐秘特质。布莱斯家看来似乎与我见过的上百个家庭无异。它们都努力保守着一些秘密，但显然每个家庭成员很清楚每一件事，连劳拉都知道那些有关自杀的诗。他们所想要隐藏的、害怕别人知道的，就是他们的痛苦。在这样的疏离隔绝中，他们都很孤独。

2.4　日渐疏离的夫妻关系

这段沉默是面谈的一个分水岭，在这之前是探索，之后转为试图定义整个家庭——用一种他们也许从未见过的方法。下一步我们准备从母亲开始，因为她在家中占有重要分量，自然也对所有的事情有很多感受，我们有意把她的观点放在后面，现在轮到她了。

布莱斯太太很生气，她故作镇定地坐在沙发边上，双腿交叉，但仍然掩不住内心的不安。父亲看起来像是被某种无形的负担压迫着，而母亲则像被各种力量撕扯着，她的眼神闪过一丝预兆：她觉得陷入了困境，而且很愤怒。

于是卡尔说："布莱斯太太，能不能谈谈你对这个家的看法。"

她轻轻咬住嘴唇，转向卡尔，"我想我很难谈论家里的事，我对克劳迪娅是既失望又生气！"

"希望你试着说一说。"

卡罗琳长叹了一口气，显示出内心的沮丧。

"你可以从你的叹气开始谈。是什么事让你叹气？"

"我只是想到整个家，突然间觉得非常沮丧，它真是一团糟，而且复杂到我都不知道该从何说起。"

"对你来说，什么是最糟的？"

"跟克劳迪娅的争执。"

"别的呢？"我问。

她轻轻把目光转向我，"还有和我先生的事，我们之间迟早会出些问题——一定会的。"

我很惊讶她竟如此轻易说出了这些事，我接着问："你们的婚姻怎么了？"

她眼眶中含着泪水。"哦，没什么。我只是有时候怀疑它是不是真的存在过。直到去年之前，我觉得一切都还好，他在外面工作，我照顾这个家和孩子，一切似乎都很顺利。"

然后她放低声音，陷入沉思，"也许是太顺利了。"

"然后呢？"我问。

她抬起头，恢复之前的语调："然后每件事都不对劲了。克劳迪娅的事使我们之间的关系完全崩溃了。现在我们无时无刻不在争吵，除了互相指责以外，我们也不知道还能做些什么。"

卡尔似乎对一些事情很好奇，"在这些争执爆发之前情况如何？你那时没觉得你们的婚姻有什么不对劲的地方吗？"

"没有。"

"那现在呢，你回想一下，有没有想到什么？比如说丹刚刚提到的事。"

"你是说我先生工作过度，以及我和我妈的问题吗？"

"是的。"卡尔说，他微笑着，"如果用治疗的术语来说，听起来好像是你先生爱上了他的工作，而你在和你母亲交往。"

卡罗琳皱着眉头，一脸困惑，很想明白卡尔的用意。"我想我确实痛恨他的工作。现在还是一样。而他一直痛恨我妈。"

我看出了卡尔的意图，这是非常重要的。长久以来，我们一起工作的一个乐趣就是，我们太了解对方了，几乎可以看成是一个治疗师。我又问道："克劳迪娅出现问题以前，你有没有意识到你们之间距离有多疏远？"她回答有，她可以感觉得到，而独自一人照顾孩子无疑也使她很不快乐。我想知道他们精神上的离异是何时开始的，是刚结婚后就发生的吗？不，卡罗琳认为不是，他们婚后前几年曾经非常亲密非常快乐。那是何时开始变化的呢？她觉得是在孩子相继出生之后，还有就是他的工作越来越繁重的时候。那又是什么时候？她回想大概是婚后八年左右。那么，是不是因为工作和孩子的关系，夫妻俩才疏远的呢？她认为是的。

我仍不满足，虽然我很吃惊她会如此轻易地谈她的婚姻。

假如面谈从她开始的话，这种情况永远不会发生，她会坚持只谈论和克劳迪娅的争执。接下来的问题中，我提出了一个假设。

"能不能谈谈最早的时候你和你先生之间的依赖关系？你感觉到了吗？"

她很惊讶我居然知道。"是的，我想我们确实曾经非常依赖对方，用一种很奇怪的方式，现在仍然如此。"

"我也这样觉得。那也许正是你们俩如此疏远，他埋首于工作，你过分投入照顾孩子和你母亲的原因。这种婚姻中的依赖感使你惶恐，让你觉得你们两人仿佛都要被吞没了。"我用很特殊的语调说着，仿佛不是直接对她讲话，而是对她心中某个不易捉摸却又十分敏感的部分讲话。尽管她明明不喜欢听，但她确实已经听进去。我发觉她听完我的话之后皱起了眉头。说实在的，这样入侵别人的生活确实是很危险的。我们相对温和却同时有力的介入方式，使治疗师具有双重的危险性。但这种介入方式却是很难抗拒的。

卡罗琳或许认为我有特殊的能力，能够准确猜出她和大卫在婚姻初期的依赖关系，其实不然。事实上，只要多观察几个家庭，就不难发现这是种普遍存在的困境。因为大多数人，包括心理治疗师在内，都是抱着一个美式的婚姻梦想而结的婚，以为婚姻能使我们得到呵护、照顾、关爱和理解，甚至得到一些在原生家庭①里都没有获得的甜蜜和希望。以为婚姻可以使我们获得更多自尊，使生活更容易、更安全。在婚姻刚开始时的确如此，夫妻可以形成一个关系紧密、互相依赖的统一体，以各种方式相互扶持，例如劝告、同情、抚慰、教导等，好像彼此都有很多可以

---

① 原生家庭：指自己出生、成长的家庭。——编者注

给予对方。

但好景不长，从这些心理治疗案例中看，最初的热烈需要会被错综复杂的因素所冷却。其中部分的原因我们要留到后面再谈，但最重要的原因则是夫妻双方在这种依赖的关系中，会为逐渐失去自我认同而感到恐惧，一如他们以前在原生家庭的成长中失去的一样。婚姻开始变成陷阱——一个原生家庭的复制品。于是夫妻开始互相疏远，不再信任对方。他们的不信任是对的。谁能放心信任那个同样挣扎在双方支配权边缘的另一半呢？

此时如果夫妻双方都能保留一些自己的空间，并且忍受短时间的孤独，问题也许就解决了，他们可以克服依赖感，对婚姻也不会造成多大威胁。但事实并非如此，人们常会寻找一个替代品来取代依赖感。

卡罗琳轻轻点头，凝视地毯上繁复的花式。很困惑地抬起头来说："怎么会这样？"

我对她的问题以及她以为我无所不知的天真报以微笑，假如我无法回答这个问题，至少可以说明一下。

"我真的不知道为什么会这样，但是我可以猜测一下。你们是因为惧怕亲密而互相退却，然后找到替代品，大卫过分投入工作，你则过度关心孩子及母亲。但婚姻中的相互依赖感和其他的问题仍然没有改变，它们只是潜伏在那儿，随时都可能偷袭你们！"

我很不喜欢自己这种假设性的语气，身为治疗师，我有一个缺点，就是太喜欢推理，现在又来了！如果再继续解释婚姻心理动力学，必然会花很多的时间。当卡罗琳停下来，似乎在思考我说的话，或者正等待下个问题时，卡尔趁机继续下去，他转向克劳迪娅。

"你看起来好像有点无聊,能不能说说你在这种情况下是如何自处的?在你眼中,你们家是什么样子?你自己在其中的角色又是什么?"

2.5 剑拔弩张的母女关系

克劳迪娅的脸色变得苍白。她原本已安于不参与讨论,但现在眼中却闪现着恐惧,然后她稍微冷静下来。为了控制自己的情绪,她压低了声音。

"我不觉得我在家里有任何地位,至少我还没有发现。"

我问她这句话是什么意思,她接着说:"我似乎无法取悦任何人,至少没办法讨父母欢心,尤其是我妈妈。"

她的声音透出一丝怒气,她很快瞥了一眼卡罗琳。卡罗琳只稍微换了个姿势,面对着女儿,颇有风雨欲来之势。看来好像她们都等待着这一刻,等待着一声令下好开始大吵。

但卡尔对这种争吵并不感兴趣,我也一样。这绝不表示我们反对争吵,而是在第一次家庭治疗中就发生她们惯常的争吵是毫无意义的。因为她们离开时会有"还不是老样子!"的感觉。

我们要她们暂停争吵,这样才能逐渐深入分析问题。也许她们离开的时候,感觉会比较不一样,有些新的想法。对我和卡尔的工作也会有更深刻的印象。

卡尔说:"能不能谈一些你感觉整个家难以控制的地方?"

克劳迪娅支吾了一声,看起来她也被这个问题弄得很困惑,"我不懂你的意思,你想知道什么?"她好像在为卡尔阻止她攻击她母亲而生气。

卡尔显然听出了一点端倪，"你提到自己在家中没有地位，你真的这样认为吗？在家里难道没有你立足之地吗？你自己的房间也不算吗？"

克劳迪娅瞪着她母亲："对！特别是我的房间。"她的语气充斥着不满："我妈妈霸占着我的房间，那里面没有一样东西是属于我的，她永远颐指气使，要我按照她的意思收拾房间。"然后她又补充，"她是个无可救药的窥视狂！"

这次母亲忍无可忍了，她面向克劳迪娅，两眼直盯着她，仿佛有股奇怪的磁力，将母女两人吸在一起。"克劳迪娅，你胡说！只有在你的房间乱得不像话时，我才会抱怨。我很生气你说我是窥视狂，我从来没有这样。我只有受不了的时候，才偶尔去整理你的房间。"

克劳迪娅气得涨红了脸："那有必要在整理房间的时候偷看我的信吗！"

母亲听起来像在辩解："我是关心你呀，你从来不告诉我你的事，作为母亲我当然有权关心你。"

"但是不要像个窥视狂呀！"

"随便你怎么说，我认为那是关心。"

为了转移她们的注意力，我伸出手，作势要抓住卡罗琳的手腕。

"布莱斯太太，请你暂停一下好吗？等一下再说你的事，现在我们必须先听听克劳迪娅对这件事的说法。"

卡罗琳仍然很生气，她开始朝我发泄怒气："但她完全在胡说！"

我说："我明白。你们两人都很知道如何激怒对方，然后开始一场争吵。但是我们正试着理出事情的头绪，如果你一定要争论，我们就无法继续了。"

她很沮丧地靠回沙发说："好吧。"

在我打断她们争吵的时候，卡尔显然已经重新考虑了整个情形。他理出思绪，向克劳迪娅微笑着说："也许刚刚发生的事就是你一再想说的。"

克劳迪娅又露出困惑的表情。卡尔常说些令人难以理解的话来引起大家的注意，然后再加以解释。他继续边想边说："我想请你谈谈自己，讲一下你对你家的看法，这样做是想在谈话中给你一些自己的时间和空间，可是你却好像急切地要把这个机会让给你妈妈，甚至不惜用来和你妈妈吵架。"

"我不太明白。你是说我放弃了讲话的机会吗？"

"是的。在开头几句之后，我们就再也听不到你了，只剩下争吵。"

"你说听不到我是什么意思？"

"就是说一个独立的你，作为一个独立个体的你。你似乎迷失在了争吵里。"

克劳迪娅的眼神又退缩了，好像正审视着自己的内心，思考着卡尔奇怪的说法。

"你能不能感觉到，你陷入争吵难以自拔？"

克劳迪娅低声说："我想，确实是这样。"

我也开始对这个话题开始感兴趣，便大胆地加入，对卡尔说："你知道吗，在我看来，卡罗琳也和克劳迪娅一样陷进去了。"

卡尔点点头，继续对克劳迪娅说："你觉得纳皮尔教授说得对不对？你觉不觉得你妈妈和你一样是被迫加入争吵的？"

"被迫？"

"因为她觉得不得不和你吵，她可能也没办法控制自己。或者你认为她愿意受这份罪？"

"就是她自作自受，每次都是她先招惹我。"

我说："你不觉得也许是你先招惹的她？你不认为自己做过一些使她生气的事吗？你不觉得自己在这场家庭风暴中也有责任吗？"

克劳迪娅并不这么想。在她眼中，自己是个无辜的受害者，她妈妈才是随心所欲的人。她认为是她妈妈"选择"要迫害她。

到目前为止，我和卡尔在探究克劳迪娅对家庭的观点这件事上步调很一致。在我们看来，母女两人面对争吵时都同样极为无助，她们不得不攻击对方，同时却也痛恨这种争吵的过程。因为互相视对方为麻烦的根源，所以她们无法正视自己的情绪和行为。之前克劳迪娅说她在家中没有属于自己的空间，就是显示争吵的强大力量的一个例子，她被争吵给控制住了。我们也把这次争吵当作鉴定家庭问题的一个象征。我们想做的就是去除"克劳迪娅即家庭问题"这样单纯的想法。至少使这家人在面谈结束时会有比这稍微复杂点的看法。我们努力让他们知道，真正的问题在于整个家庭，在这场"家庭舞蹈"中，每个人都不得不用复杂又痛苦的方式跳着舞。我们提到"舞蹈"二字时，大家都皱起了眉，他们感觉仿佛自己正穿着一双金属鞋跳着舞，而且步步都踩在其他家庭成员的脚上。

2.6　母亲、女儿与父亲间的三角难题

我们问克劳迪娅造成争吵的原因除了她乱糟糟的房间以外，是不是还有更重要的事。在这个问题上她脑袋一片空白。她从

没想过在事情表面下可能还有其他的原因，她只是单纯地认定妈妈对她怀有恶意。虽然我们尽量保持着温和的态度，但是克劳迪娅努力回应我们的问题时，仍然有被指责的感觉，一如她在家中的感受。她说话的时候，一直在椅子上动来动去，紧张地看看妈妈，又看看爸爸。她坐在父母中间，要同时观察父母亲对她回答的反应并不容易。我可以感觉到克劳迪娅根本不是在对我和卡尔说话，从头到尾都只是在对她的爸妈说。

在治疗初期，我常常会产生这种感觉：即使全家都想对旁观者诉说，但他们仍然会陷在互相角斗中无法自拔。他们所说的每一句话都隐隐针对着某一位家人，也许有时候无法分辨目标是谁，但过一段时间之后，我会有一种被利用的感觉。因为那些言辞都经我弹向了其他家庭成员。

在我问克劳迪娅有关她妈妈对她的不满时，就有这种感觉。"克劳迪娅，你觉得问题背后的原因是什么？"我观察克劳迪娅在想到她妈妈的时候，神情就变得阴沉而愤怒。我认识到，不论我们如何礼貌周到，仍然无法控制全局，母女间的争吵像笼罩在大家头顶的乌云一样，暴雨随时将至。

克劳迪娅看起来很生气，"我不知道，我真希望我知道。"

"你觉得可能会是什么？"我问。

无论克劳迪娅怎么努力，她都无法谈论这个问题。她已经完全陷在了里面。然后她转向她妈妈，很生气地说："我想她是嫉妒！她害怕我做一些事或遇见一些人，害怕我感到一丝快乐。因为她只会做一件事，那就是掌控我！掌控我！"她的这些话像一记耳光一样打在她妈妈的脸上。

卡罗琳满脸通红瞪着克劳迪娅，"不，事情不是这样！你想知道是怎么回事吗？你真想知道吗？是你挑衅我，你的所作所为，你看我的每一个眼光都是挑衅。你表现得好像你才是母亲，你才控制着一切，不是我。我受够了！我受够了！你听到了吗！"

克劳迪娅又冲着她嚷："我也受够你了！你以为只有你受够了吗，我也受不了了！"她们两人都坐在椅子边上，互相对峙着，一时之间两人看起来都无比惊慌。

父亲这段时间一直沉默着，正当我和卡尔想要使母女俩冷静下来时，他开口了："克劳迪娅，我不能忍受你那样对你母亲说话。你明明知道是你不听她的话，她当然有权生气。"

这段软弱无力的声明，跟两个女人的怒气比起来，显得苍白多了，但它却对克劳迪娅产生了特别的影响。她原先转过身子和妈妈争吵，这时候她爸爸在她背后说话，她试图把脸扭向爸爸时，妈妈又对她说了些气话，搞得克劳迪娅犹豫着不知该面对谁。

克劳迪娅内心翻滚着，已经忍受到了极限。她脸色苍白地站了起来，边大步向门口走边惊慌失措地说："我受不了了。我一定要离开这里！"然后她走出了房间，砰一声关上了门。

全家人都被吓得目瞪口呆，卡尔和我既惊讶又不舒服。但是因为以前处理过很多这样的状况，所以我们知道该怎么做。如果在克劳迪娅不在场的情况下继续谈下去的话，我们将会输掉这场"结构之战"。但是如果现在就中止谈话，对家庭来说，这次治疗就会乱了章法，而且毫无力量。我们温和地建议他们出去把克劳迪娅找回来然后继续谈话。父亲明白他是唯一的人选，便耸耸肩走了出去。其余的人都在位子上，惊魂未定地等待着。过了一会儿，大卫回来了，克劳迪娅跟在他后面，双眼红肿。她以一种夸张的姿势倒回椅子上，躲开了她妈妈的目光。

每个人看起来都糟透了。克劳迪娅已经筋疲力尽，不时地抽泣着。父亲看起来心烦意乱，焦虑地坐在椅子上。母亲仍然困惑地靠在沙发上生气。丹和劳拉则显得沉默和闷闷不乐。克劳迪娅和她爸爸坐下以后，又是一段令人难堪的沉默。

卡尔打破沉默，他微笑地望着克劳迪娅："我可以猜猜看吗？"

克劳迪娅勉强挤出一丝笑容，点点头。

卡尔转向父亲，显然不愿再带给克劳迪娅任何压力。"和她妈妈的争吵，克劳迪娅还可以应付，加上你以后，压力就太大了，她被你和卡罗琳两面夹击，你明白吗？"

父亲看起来局促不安，"刚才我不清楚，现在知道了。"

我打断他们的话，"克劳迪娅，我可以给你一个建议吗，你要不跟你妈妈交换一下位子？"

母女俩都困惑地望着对方，然后就照我所说的做了。现在父亲和母亲坐在一起，面对着我们。孩子们都坐在沙发上。各就各位后，听到有谁长吁了口气，我猜应该是克劳迪娅，但我不动声色接着说："我也觉得这样好多了。"

我们并不是随意改变座位，就像布莱斯家原先的座位也不是随便坐的一样。他们是在不自觉的情况下照着家庭的结构就座的，换座位其实等于象征性地改变了家庭的结构。卡尔和我都明白，克劳迪娅的困境是因为被夹在父母间进退两难，为了帮助家庭处理这种问题，我和卡尔在不同方面下功夫，我要求他们在身体上换位子，卡尔则是在语言上做着说明。我并没有解释为什么让父母坐在一起，因为我想让这个建议保留在不言明的、前意识（preconscious）的状态下。

卡尔又转向父亲，"再说说看好吗？刚才没有给你很多机会谈你的观点，现在可不可以说说你对她们俩之间矛盾的看法？"

父亲一点也不喜欢这种过程。"我已经说过了，我在她们两人中间不知所措，有很长一段时间克劳迪娅在争吵中居于劣势，因此我会为她辩护。我也试图要卡罗琳对她宽容一点，有时候甚至允许克劳迪娅做一些她妈妈反对的事。我觉得那样确实制造了很多矛盾。"

母亲生气地低声说："当然！"

父亲继续说："但最近我试着，真的很努力地在试着支持卡罗琳。"

我想起克劳迪娅离开房间前他小心翼翼地责备克劳迪娅的方式，转而对他说："在克劳迪娅跑出去之前，我听到了你的'努力'。听起来你有点犹豫，你努力想责备她，却又言不由衷。"

父亲有些懊恼："我想你说得没错，我了解我太太的立场，但也同情克劳迪娅。"

我望着克劳迪娅，她正凝神倾听，显得平静多了。我不想让她说话，所以直接把我的想法告诉她："也许这就是你惊惶失措的原因。你仍然夹在爸妈中间，但爸爸却背叛你，投靠了妈妈那边。"

卡尔对父亲说："怎么样，你认为克劳迪娅是不是觉得你背叛了她？她是不是失去了一个盟友？"

父亲说："也许吧。"

卡尔又对克劳迪娅说："你觉得呢，你失去了一个盟友吗？"

克劳迪娅看起来很难过，一副精力耗尽的样子，她点头，"是的，我原先以为可以依靠爸爸。"

2.7　直探争吵根源

卡尔和我几乎同时抬头看表，发现时间快到了。第一次治疗相当困难。我们努力掌握家庭的情况，最大限度地避免失控，同时我们也尝试了解家里问题的所在，并试图以我们的"再诠释"（reinterpretation）来解释家庭困境，而这一切都必须在一小时之内完成。和往常一样，我们的时间不够用。

卡尔轻松地把早已熄灭的烟斗拿开。"嘿，我们要快点了。时间快到了，我们试着做个总结吧。"

布莱斯家安静地等待着。然后卡尔转向我，"你来还是我来？"

"你先来，我会替你的结论做个总结的。"

卡尔朝我一笑："年轻人总是要争辩到最后的。"

他停了一下，拿回烟斗，塞进一些新鲜的烟草，点燃。烟气缓缓蔓延到整个房间，仿佛缓慢的溪流中漂浮的一棵小草。卡尔虽然急着想结束，却也不表现出来，因为最后结束的方式非常重要。我认为心理治疗师的工作是种专门提供建议的艺术，应当以相当微妙的方式进行。卡尔点烟的时候，并无意施行催眠，但他从容熟练的动作确实吸引了大家的注意，大家都被他安抚了，而且都专注于他将要说的话。卡尔终于开口，大家就像在教堂一般安静。

"嗯，我觉得这很像典型的家庭三角关系，非常牢固的那种。"他停下来吐了口烟："看起来全家人都为了某个严重的问题努力了好长一段时间，我并不是指克劳迪娅。"又一次停顿。"其实最严重的问题，是父母之间无声无息的疏远和婚姻关系的逐渐冷却。在某种程度上，克劳迪娅的危机也许就是你们发展出来，是你们拿来应付更严重的婚姻冷却问题的办法。"

卡尔又停了下来，我知道他是在谨慎地选择用词，否则他大可以说婚姻关系"破裂"，而不是用"冷却"二字。

这时父亲率先向卡尔发问："你说什么，克劳迪娅的危机是我们应付婚姻冷却的方法？她才是我们关系变糟的原因！"

卡尔："我知道，让我说完。"

父亲坐立不安，卡尔继续说："看起来最根本的问题发生在你们做父母的身上，你们让克劳迪娅夹在中间，帮忙使婚姻升温。爸爸和克劳迪娅站在同一阵线，妈妈就变得嫉妒又易怒。然后母女间的矛盾就会升级，两人都想见识一下争吵以后事情会是什么样子。"

卡尔温和地瞄了克劳迪娅一眼，"也许你只是想教你妈妈如何吵架！"

克劳迪娅无力地笑笑，有点尴尬。

我等不及想要插几句，对克劳迪娅说："我想，真正的痛苦是全家人都直觉地想把冲突扩大，直到爸妈必须站在同一阵营携手对付你为止。你爸爸已经说了，他确实开始帮助你妈妈来对付你了。"

卡尔简洁有力地强调，"是的。"他看了我一眼，"克劳迪娅像是在家里背起了十字架，在争吵中努力使爸爸妈妈站在一起，并促使他们来接受治疗。这真是个艰巨的任务！"

我发现我们已经把克劳迪娅在家中的地位提升到了圣人的层面，而使父母变得像是坏人。因此我改口对做父亲的说："当然啦，你们真正的成就是全家人都一致认定要共同制造一个绝望到大家必须做出改变的局面。事情发展到这个地步真是需要很大的勇气。"

卡尔："对。大部分的家庭只是让不愉快继续下去，从不设法脱离这种卢梭所说的'平静的绝望'（quiet desperation）。"

布莱斯家有点困惑，不明白我们为什么居然肯定他们的绝望状态，但我们是很严肃的。他们无意识地使冲突升级，甚至弄到寻求外界帮助的地步。他们曾试着在家庭内，在他们能力范围内自主解决家里的问题。这种尝试一旦失败，他们就会本能地开始升级矛盾，好向外求救兵。简单地说，冲突就是全家发出的求救信号。

这个家庭带着这样的挫败感来找治疗师，因此必须让他们明白自己无意中已经做了一件非常有意义的事，这一点很重要。他们采取扩大事端的做法，有其明显的不妥，但他们求生的意志却不可动摇。事实上，那正是在危机背后驱策的一股强大力量。

面谈即将结束，卡尔已经拿出他的记事本，我也伸手去拿我的公文包。丹在后半段谈话中的这场风暴里一直沉默着，现在他似乎苏醒了过来。他对卡尔说："哇！你们整天都在干这种事吗？"

卡尔笑着说："是啊。"

"怎么受得了呢？你难道不会对这种争吵感到厌烦吗？"

"不会。我很喜欢看到人们在这当中努力成长，你知道为什么吗？"

"不知道。为什么呢？"

"因为这也促使我成长，我做这个工作不单是为了你们，也为我自己。因为我想要活得更有意义、更有生机。你不会认为我在做慈善事业吧。"

丹的脸上浮现出一丝笑容，"我还以为是为了钱呢。"

"说得对。但只对了一点点。我如果做个帮人接生小孩什么的医生的话，可以赚更多钱。嘿！我们得结束了。"

经过卡尔和丹的这么一开玩笑，一家人看起来不但轻松多了，而且也显得更友好了。我们又重新寒暄了起来，远离那个象征性的紧张的家庭内部世界，回到了日常的角色上。

2.8　不要把争吵带回家

卡尔愉快地对父亲说："那么，你们想再来一次面谈吗？"

卡尔听起来充满信心，仿佛毫不在乎他们是否愿意再来。有些治疗师会假设被治疗者一定会继续，有些甚至像推销员一样劝说他们接受治疗。但事实上，如果让接受治疗的家庭感觉治疗师试图劝诱他们继续治疗的话，他们会立刻怀疑：他们为什么那么需要我们呢？难道他们没有别的病人吗？还是他们太投入了？或者只有我们才能满足他们？然后他们会不愿再来。卡尔和我在面谈的一小时内做着各种努力，但是结束时我们会把是否继续治疗留给家庭来决定。否则，家庭中的父母就会觉得我们就像他们的父母一样——渴望控制。唯有在确定自己可以轻易脱身时，一般人才会完全投入到治疗中。所以治疗结束前，我们会暗示接受治疗的家庭，他们绝对可以自由选择是否继续面谈。

大卫和卡罗琳互相侧身看着对方，不知道对方想不想继续。大卫先开口："我愿意。"

布莱斯太太解脱似的点点头。她有理由松一口气，因为父亲们常常害怕心理治疗的过程而不愿意继续。

我们好不容易才从大家的时间表里找出下次面谈的时间。想将生活在充满复杂模式的社会中的七个人集合在一起，不论是哪七个人，都是件相当伤脑筋的事。

布莱斯一家收拾东西时，我打断他们，"我想提醒你们一件事。"他们都吃了一惊。"不要把争吵带回家里。把争吵留在这里，这样我们才能帮到你们，我们也才能成为它的一部分。"我笑着，"别吵架哦！"

父亲也笑了。"女生都听到了吗？"他愉快地看了克劳迪娅一眼，她稍微犹豫了一下，然后朝爸爸吐一下舌头，扮了个鬼脸。布莱斯太太看到了，也露出了笑容。

我笑着转向卡尔。"惠特克医生，这就是我的总结。"

他们离开时，布莱斯先生和我们两人握手。劳拉还回铅笔，走出门时还向我们挥了挥手。

提醒他们不要在家中争吵是非常重要的，因为第一次治疗后，接受治疗的家庭通常会带回一个似是而非的观念："彼此应该更坦诚"。然后就会演变出一场毁灭性的争吵，下一次面谈时，鼻青脸肿地走进治疗室说："看吧，根本没有用！"如果我们只让他们在治疗中争吵，就能将争吵变成一个更有意义的过程。同时也可以避免听他们复述上一个星期争吵的细节。我们也能更容易进入治疗状态。

要求一个家庭将以往累积起来的所有压力都带到治疗室来，实在是很令人不安的。可是，除了这里，他们还能把问题带到哪里去呢？

第3章 源 起

——在家人之间流动的电流

　　卡尔是家庭治疗的拓荒者。他对弗洛伊德的精神分析理论提出了强烈的批判。他指出弗洛伊德探索到潜意识层面已足够令当时人们的身心备受威胁，因此把焦点集中在个人内心可能是当时社会所能容忍的极限。家庭治疗其实是在挑战整个社会，把压力推到了个人身上，甘冒大不韪直指个人存在的家庭系统才是更大的压力来源，因此发展出了使家庭系统及人际关系互动的调整与治疗，将个人与环境进行更适当的归位，使每个人都在合适的地方，彼此间更自由，也更亲密。

治疗结束的几个月后，有一次我在大卫·布莱斯的律师事务所里和他谈起了这次治疗。我们回想了布莱斯一家来治疗之前的种种情形：导致他们向外求援的危机，克劳迪娅短暂的个别治疗，最后介绍到卡尔这里来的情况。虽然卡尔在第一次电话里和面谈中已经提到过这些，我也略有所知，但这还是第一次有机会直接了解他们整个转介的经过。

大卫·布莱斯说到克劳迪娅的问题：离家出走、母亲和她之间的紧张关系、她的"耳鸣"、她诗里透露的绝望和对死亡的幻想、她自己那套令人困惑的人生哲学……他的脸随着回忆变得紧张起来，他回想到了当时家里日益绝望的情形，以及危机失控加剧的感觉。最后，他和卡罗琳终于意识到他们无法改变这个过程的事实，便转而向外部求助。他们去了家庭医生那里，他为克劳迪娅介绍了一个儿童精神科医师。这是很合理的步骤，这次转介使他们家立即松了一口气，即使时间短暂。

克劳迪娅不愿意去看那位精神科医师，她在家里已经有不少困扰和压力，不想现在又被送到精神科医师那儿。虽然这位医师是青少年问题的专家，但在她看来这不过是又一次的侮辱，不过她还是去了。她愁眉苦脸地缩在一张大椅子里，不怎么说话，纵使开口，她的话也令医师感到困惑。后来他请心理学家同事用一套标准的心理测验替她做了一次彻底的评估。最后他和那位心理学家一起与克劳迪娅的父母进行了一次面谈，并交给他们一份冗长的报告。

那份报告十分严肃，虽然用词已经过仔细的考虑，却仍然把他们吓坏了。精神科医师和心理学家在报告中指出，克劳迪娅很可能患有精神分裂症。他们将精神分裂症界定为一种疾病，一种目前仍不为多数人所知，而且预后仍不乐观的疾病。他们认为如果克劳迪娅要痊愈，很可能得经过好几年的特别治疗。他们为此感到很遗憾。也明白这个消息对布莱斯家是很大的打击。同时建议克劳迪娅继续不定期地接受个别心理治疗。

大卫和卡罗琳沮丧地回家后，大卫还是很生气，他觉得整件事一定有什么地方不对劲。他所知道的克劳迪娅并不是那么不可救药：她很聪明，会执着于自己的信念，虽然她引起了这么大的混乱，但她仍是他一向所欣赏的那种坚强勇敢的人。他拒绝接受这么绝望的诊断结果，甚至觉得送她去治疗是一个错误的决定，然而他还是将有关治疗的疑虑藏在了心里。

克劳迪娅每次去精神科医师那里，总是说几句话就回家，回家后她就躲进房间或者和朋友出去。家中的疏离感仍继续存在，母亲和女儿间的争执是减少了，可是彼此间再也没有了温馨的感觉。后来克劳迪娅开始对精神科医师生气，她故意迟到，或拒绝治疗，或者假装去却不见人影。她开始把对家人的怒气转移到精神科医师身上，她并不直接和医生交流这股怨气，而是通过行为表现出来。终于，她开始大声向她父亲抱怨整个治疗的过程："他只会问我一些烦人的问题！他想知道我的幻想，不管是什么样的幻想，还有我的梦，类似这样的怪东西。要我谈我的童年，还有我对各种事物的感觉，尤其是对你们的感觉。真的让人很不舒服。"

问题的重要方面就是克劳迪娅对于大人们施加的压力非常敏感。她觉得父母给了她压力，而治疗又造成了更大的压力。

她开始觉得精神科医师是父母雇来"改造"她的警察。他曾经与父母单独面谈的事情也使她更加猜疑，她不确定自己还能不能私下对他倾诉任何事。

当克劳迪娅不再参加个别治疗时，战火又重新燃起，这次争执的焦点集中在克劳迪娅是否该接受治疗这件事上。卡罗琳逼迫克劳迪娅，克劳迪娅则负隅顽抗。随着母女关系的再次恶化，家里绝望的气氛更加强烈，因为向外求助的尝试失败了。有天晚上克劳迪娅哭着离开了家，大卫觉得自己被绝望的浪潮整个淹没了。"就像世界末日，我的家在我眼前倒塌，而我却束手无措。有生以来第一次我想到了自杀——我感受到那种无助与绝望。然后，突然之间，我想到一个精神科医生朋友艾德，我奇怪怎么以前都没想到他。"

3.1　姑且一试，接受家庭治疗

艾德和大卫以前是邻居，有一阵子也常来往，可是大卫显然"忘了"艾德是吃哪行饭的。他立刻拨通了电话，那时候是凌晨一点钟。"艾德一定听出了我声音中的焦躁，他说他马上过来。"他们俩谈了好几个小时。艾德是威斯康星大学精神医学系出身，曾有过一些家庭治疗的经验。他仔细解释了克劳迪娅的问题与家庭压力的关系。提出这点时他显得很小心，由于熟悉这家人，所以他可以明确指出这些压力所在。大卫听得很认真，他们谈到凌晨四点左右，艾德建议他接受家庭治疗，并介绍他们来找卡尔。他本人无法替他们家治疗，因为与他们太熟悉，难以保持必要的职业上的距离。第二天大卫和卡罗琳仔细讨论过后，卡罗琳自愿打电话给卡尔。由于克劳迪娅已经有一位治疗医师，所以卡尔并不太想接手。但他在电话里与那位医师谈过之后，同意了对这一家人做治疗。那位精神科医师在电话里显得很气馁，他说克劳迪娅的治疗很不顺利。然后我们就接手了。

读者很容易会以为布莱斯家寻求家庭治疗，是因为想尝试用新的方法来治疗他们情绪异常的女儿，事实上他们原来也是这么想的，但是家庭治疗师的看法则完全不同。布莱斯家放弃克劳迪娅的个别治疗转而进行家庭治疗，在我们看来已经有了根本的转变，这绝不单是选择一个新的策略来解决克劳迪娅的问题这么简单。他们之前磕磕绊绊的关于个人自主性、人际关系的因果和动机，以及心理成长的本质的基本假设，都很令人质疑。在决定开始家庭治疗时，他们等于跃过了心理健康专业所发展出来的观念及方法上的鸿沟，而且这道鸿沟在心理健康上具有非同小可的意义。当然，转变不是靠一通电话就能实现的，他们一定为这观念上的转变花了不少力气。

家庭治疗到底有什么不同之处呢？当我们在大卫办公室快结束谈话时，他给出了答案："我们开始治疗一个月左右的某一天，我发现自己坐在一边冷眼旁观着整件事的发展。我想到早些年刚结婚时卡罗琳和我都接受过个别治疗，我在想那和眼前的家庭治疗有何差别。当然，这次我们全家都参与了，但不止如此。突然间我领悟到有一点很不同，那就是你们对人和人之间关系的看法。我的意思是，你们俩有一些很有意思的想法，虽然有时候挺奇怪的。"我们相顾一笑，然后他继续说，"还有另一种东西——有一股电流——在一家人之间流动，令人感到紧张，仿佛有什么重要的事要发生。那天我突然领悟出：我们之间这些事发生的过程要比其中任何一个人都重要，它有自己的生命。那一刻我能清楚地感觉到弥漫在房间里的力量，并且在面对这种力量时有点不安。"

3.2 心理分析简介

如果要强调家庭治疗与个别治疗的不同，那就得看看家庭治疗的起源；而讲到当代的各种心理治疗方法时，就必须提到心理治疗运动的起源——弗洛伊德的先驱工作，以对心理治疗形成基本的认识。

心理分析最基本的假设是：在每个人对世界的理性认知之下，有一种非常强烈、原始的非理性成分存在，那就是人类远古祖先遗留下来的动物本能。弗洛伊德觉得这种非理性不仅为大部分人类活动提供动机，同时也在很大程度上主宰人类的行为和思想。这种被弗洛伊德称为"本我"（id）的原始功能，在意识的察觉范围之外诱使我们去执行它的意志。我们一直都觉得是理性在操控个人，但弗洛伊德认为理性受控于人类另一部分的动物本能，它驱使人设法满足各种基本需求：食物、水、睡眠、性欲和攻击。

弗洛伊德指出个人潜意识中原始的需求与社会生活之间存在着冲突。社会要求人类克制需求，以计划、思考来延迟自身的满足并适应他人的需求。弗洛伊德认为很久以前人类就意识到了潜意识需求，因为人类必须发展强烈的防御功能才能活得像个社会性的人。弗洛伊德下过很大功夫描述这些心理防御机制：有些是有意识的，称为"压抑"（suppression）；有些是无意识的，称为"潜抑"（repression）。通过这些抑制机制，人类得以克制和延迟自我需求，另寻"文明"的途径来得到满足。

　　弗洛伊德进一步将防御机制加以分类：一种类似"良知"（conscience）的功能，被人们不假思索地大量接受，成为社会道德规范。"爸妈都是这么说的。"子女慑于父母模板的力量，在不知不觉中将父母的道德规范内化于心。另一种功能在他看来则较为理性，也较具分析性，即个人根据环境及本身需求所作的实际评估。弗洛伊德认为个人这种理性的功能有时会被非理性力量所击倒，但它却是人格中最有力的资源。

　　弗洛伊德通过观察他治疗的病人来探讨人类的潜意识，他为了了解这些人的症结所在而尝试的解析，至今仍引人入胜。他深信决定人格的因素在童年期最活跃，我们独特的个性和人格就是在这段时期成形的。关于弗洛伊德主张童年的倾向将导致未来情绪困扰的想法，其中有一个很有趣的典故。

　　弗洛伊德早期的重要工作是在歇斯底里症状①的研究上，有此症状的病人通常都患了找不出生理病因的麻痹或耳聋。由于受到让–马丁·沙可②观点的影响，他认为歇斯底里源于早年受创伤的经验，弗洛伊德在论文中指出有许多病人都曾在童年遭到性侵犯或诱奸。他从病人的自白中找到相当的证据证明这些事件确实发生过。他更指出，一旦病人公开这些痛苦的记忆，病情通常会大有改善。

　　弗洛伊德将歇斯底里症状的研究付梓刊行后，又有了惊人的发现：有些他的病人所说的诱奸事实上根本没有发生过。这

---

① 歇斯底里（Hysteria），指无法控制的情感发泄，又称为癔病或癔症。症状是由于未知恐惧等原因而情绪失控，或幻想身体部位不舒服，却无法被医学检查出来，现在医学界正逐渐停止使用该词，转而使用更精确的词汇描述不同症状，如转换障碍和分离障碍。——编者注

② 让–马丁·沙可（Jean-Martin Charcot，1825—1893），19世纪法国神经学家，现代神经病学的奠基人，他的工作大大推动了神经学和心理学领域的发展，被称为神经病学之父。——编者注

样的尴尬局面，起先令他十分困惑沮丧，但个性执着的他很快重新思考了整个问题，终于得到一个绝妙的答案。他断言病人的困境不在于实际发生与否，而在于促使他"虚构"这些诱奸行为的动机。他认为儿童也有性欲和性感受，成长过程中的许多心理上的痛苦折磨，都根源于努力想掩饰或抑制这些冲动。

弗洛伊德开始极力强调病人的"内在动机状态"（internal motive state）。外在的环境并非无足轻重，比如父母教育造成的过度道德感，仍然是非常重要的；但弗洛伊德逐渐将焦点集中在人类生来就有的生物本能欲望，以及人类为了适应这些不为社会所接受的欲望而发展出来的自我防御机制。弗洛伊德将毕生精力投注在研究精神如何利用自己的系统处理这种复杂的对立上，即精神必须在本能的欲望和社会的规范之间准确走好每一步。那些观察入微的论述，可以说是弗洛伊德一生中最辉煌的成就。

弗洛伊德是实践型的精神分析学家，他大部分的理念都是在帮助那些受情绪困扰的病人时逐渐形成的。他在使革命性的人性观点演化的同时，又创造了一种新的治疗方法：精神分析法。这种治疗方法是他从早期对催眠的研究中发展而来的。主要是通过自由联想及释梦来帮助病人回忆潜意识中的禁忌行为。他的基本假设如下：如果病人能意识到、察觉、了解并且"原谅"自己的性动机，就可以用理性的方式来满足欲望，而不必否定这些事实上无法潜抑的情绪。一旦能克服这种压抑，并通过更强大的生存本能使其从生物性的压力中解放出来，病情就会自然治愈。

3.3 角度偏差——心理分析的谬误

作为一个家庭治疗师，在回顾弗洛伊德的研究时，如同其他人，我十分佩服他的胆识。我可以理解他在发现人类心理最底层的"潜意识"这片朦胧而迷人的领域之际，那股想要一探究竟的热情。一方面我目眩神迷于他的才华，另一方面我也很遗憾他没有顾及其他的角度：他看透人的内心深处，却几乎完全忽视了外在的社会环境。

重读弗洛伊德的案例史，我很惊讶他竟然对他那些精神异常的病人也是他们精神异常的家庭一员的事实视而不见，他们或许不曾受到家人身体上的诱奸或侵犯，然而或多或少都承受着来自家庭的微妙的心理压力。弗洛伊德既然不认为这些外在力量会造成精神官能症，自然再也不会从这个方向来思考问题。也许是因为他对过去自己犯的错误太恼怒，以致无法在思想上妥协，反而走向了另一个极端。因此将人际关系，尤其是家庭关系的问题留给了我们。

现代精神医学和心理学的历史学家开始在弗洛伊德留下的病例中，找寻未被探索过的家庭背景因素。像莫顿·沙茨曼（Morton Schatzman）十分吸引人的著作《灵魂谋杀》（*Soul Murder*），就很有力地证明弗洛伊德最著名的一位精神病人之一的"夸大妄想症"，是可以直接追溯到其童年所遭遇的真实虐待上的。病人的父亲是当时著名的育儿专家，他在著作中曾列举过各种性虐待的"技巧"，这些技巧显然以这位病人为实施对象，并且清楚显示在了病人后来的妄想症中。弗洛伊德是从病人本身复杂的"内在结构"出发进行的解析，他的看法至今仍广受支持，这将大部分的矛盾和困境都局限在了病人身上。但或许那位病人的妄想是真的，在某个阶段中，他的确曾是家庭侵犯的受害者。

很遗憾，弗洛伊德对于早期家庭经验可能是情绪失常源头的探讨最后不了了之。如果他与病人的父母面谈过就好了！如果他研究得再仔细一些，就可以证实不仅早期的家庭会对其有影响，往后的家庭经验也对个人一直有着持续的影响，如此一来，必将大大节省我们寻求更好的理论及更好的治疗方法的时间。然而，考虑到弗洛伊德此举所蕴含的意义，我们不禁会想，也许弗洛伊德将焦点集中在个人身上的研究，已经是当时社会所能容忍的极限。毕竟探索到潜意识层面已经够有威胁性了！如果弗洛伊德再将关注点投向整个家庭，他可能将无意中卷入另一场舆论的风暴。

种种已发生的事实促使我们意识到人类生活有着广阔的层面；生态运动令我们警觉到各个生物生命系统间相互依存的关系；社会学、文化人类学及心理学等新兴科学知识则帮助我们了解人类各个社会系统间的相互关联。家庭治疗不过是这股对生命相互关联觉醒思潮中的一波而已。

然而尽管会有变化，但弗洛伊德学说仍主宰着心理治疗的实践。弗洛伊德带领好几代的治疗专家一起无视了家庭的力量，或者说是他们自愿一路追随。除了担心违背弗洛伊德的理论外，还有什么其他原因能使克劳迪娅的第一位治疗医师忽略发生在她家中的一切，而将注意力完全集中在她身上？这么多优秀的治疗专家怎么会无视家庭在他们病人生命中的重要意义？他们长久以来对弗洛伊德理论的绝对服从，对其他问题的视而不见，事实上早已与弗洛伊德追根究底的精神背道而驰。

弗洛伊德的思想中还有很多遗憾之处。除只重视人的内心以外，还有轻视人的倾向。在那个时代，达尔文的进化论才刚刚将人类与动物世界联结在一起，自然科学界也正忙着将人类行为简化为更简单的动物及生理机能。社会正逐渐工业化，机械主义成为科学思考的主流。人的大脑被假定为像机械一样，由动机和反动机结合成为维持睡眠、满足食欲而设计的复杂装置。而用以解释人类更高层次行为的理论：创造力、好奇心、渴望成长及人格一体、抚育和关爱子女的本能等心理功能的研究，则仍尚待开展。人的形象在当时成为满足于内在平衡的嗜睡生物，所有高贵的心智如艺术、音乐、诗歌及思想本身，都只是用来安抚这个不那么人性的动物的机械装备而已。

弗洛伊德思想中这种轻视人性的态度，在他传统的诊断和治疗中愈演愈烈。虽然在我们的社会中，医学有值得敬重的传统地位，但它和它的继子——精神病学，有时却会无意地与惩罚性地治疗情绪困扰个体的社会相协作。看看克劳迪娅，她在家庭的压力下成为替罪羊，几乎已经到了绝望的地步，然后又被送到精神科医师那里，被贴上精神分裂症的标签，甚至被迫接受治疗。整个诊断和治疗的过程在她看来确实像是另一重惩罚，我们也可以理解她的抗拒。为什么要把已经置身在压力中的人放到更大的压力之下去改变他们，偏偏他们又不是真正的问题所在？克劳迪娅其实并没有任何疾病，她只是被一个问题家庭包围住了。第一位治疗医师将她与真正的问题根源隔离开进行治疗时，他已经无意中成了这个家庭制造替罪羊的同谋。而事实上，他原本应是这个过程中善意的代表。

最后的遗憾之处：弗洛伊德希望病人的意识和顿悟能引导病人走向痊愈。其实克劳迪娅责备第一位治疗师给她进行的分析也许已经表明：在生命面临紧急状况时，人的洞察力不过是

个无效工具而已。近年来所有重要的新兴治疗理论和方法都源
自治疗师对这种长期个人式的洞察力引导治疗的精神分析学的
不满。时至今日，我们已经对无限期的、引导充分了解自己的
治疗方法其实对病情无多大改善的事实很了解了。我们对这种
治疗取向的疑虑已经被日渐丰富的研究资料肯定，这种方法并
不是很有效。也许对弗洛伊德这样的科学家来说顿悟确实很有
帮助，但病人需要的不止是这些。

第 4 章　系统的概念

——全家人都有份

　　20世纪50年代，一群人类学家、沟通学家和精神病理学家在不断观察中发现，精神分裂症患者的发病期似乎与其父母的婚姻冲突息息相关。一旦父母激烈争吵起来，子女就会发病，把生病当作维持家庭稳定的灭火器。通过这些研究及当时生物学界发现的生态系统相克相生的启发，家庭系统的概念由此而来。

　　临床工作者和研究者开始以全新的角度思考家庭，例如别人口中"完美"的姐姐或哥哥，可能是一个非常紧张和不安的人；一个酗酒者的太太，可能是一个非常脆弱沮丧、苦苦撑持"贤惠"皮囊的人。一旦和这些家人接触，人们就会不禁惊讶："天呐，这家里每一个人都有病！"

　　系统的概念使科学家对个人的困扰重新予以定位，发现很多困扰往往是一家人共同酝酿出来的。家庭犹如一个小型生态系统，家人之间的作用力此消彼长，每个人都在使劲，每个人都有份。

4.1　相互牵引的家庭系统

　　20世纪50年代初期，一家大型精神医院[1]的一群研究员[2]开始对观察精神分裂症患者的行为感兴趣。虽然一般认为精神分裂症患者只会按照自己内心扭曲的世界观来反应，已经"脱离现实"，但研究员观察到，一旦病人的母亲来医院看望过，之后好几天里，病人通常会产生一些急性反应或明显的沮丧。他们好奇病人和母亲之间到底发生了什么。显然这些剧烈的情绪变化并非来自病人的幻想世界。因此，研究人员把精神分裂症患者和他们的母亲同时安排在医院中，持续观察他们之间的互动。

　　观察结果令他们大为惊讶。病人不但不会自我隔离，反而会深深卷入和母亲之间极为复杂又不安的沟通中。其中一个很有意思的发现就是，他们的沟通分为两个层面——语言和非语言，而病人与母亲在这两个层面上传递的信息往往是矛盾的。

　　举例来说，当病人看到母亲来医院探望他的时候，会笑得很开心，很高兴看到她。他张开双臂想拥抱她，母亲也想接受儿子的拥抱，但却对这种肢体接触感到不自在而显得有点僵硬；在语言上她对儿子说的话却又像儿子对她一般亲切。儿子感觉得到母亲非语言上的排斥，因此他开始往后躲。然后母亲又冷

---

[1]　美国加利福尼亚州的帕洛阿尔托心理研究院。——译者注
[2]　其中有人类学家格雷戈里·贝特森（Gregory Bateson）、沟通学者杰伊·哈利（Jay Haley）、文化人类学家约翰·威克兰德（John Weakland）、精神病理学者唐·杰克逊（Don Jackson）。——译者注

冷地说："怎么了？看到我不高兴吗？"儿子被她的话弄糊涂了，神情茫然地望着她。

儿子此时的处境被研究者称之为"双重束缚"（double bind）——陷在两个互相矛盾的信息当中。如果他想对母亲亲切的语言有所反应，就必须无视她肢体上的冷漠。当他对肢体语言的信息有所反应时，母亲却又否认了它。他们无法面对这种矛盾的关系，儿子也无法避免要在这种矛盾的困境中做出反应。因此，他更会为应付这种不确定的情况而困惑不已。

研究人员很兴奋地从这种母子之间情绪不安的沟通模式中发现许多精神分裂行为的意义。这项特殊的研究发展出有关家庭研究与治疗的著名的沟通学派，与当时其他理论相较，这种学派特别重视母亲和子女的关系。在家庭研究领域中，最敏锐的研究者之一杰伊·哈利指出："我们发现，精神分裂症患者和母亲大有关系！"此后相当长一段时间，母亲和子女的关系被认为是心理疾病的罪魁祸首。有位精神科医师①用"制造精神分裂的母亲"（schizophrenogenic mother）的名词来诠释——即母亲制造出了精神分裂症，而另一位精神科医师则称其为"有悖常理的母亲"（perverse mother）。当然，在当时的时代背景下，母亲们都喜欢这个阶段的精神医学史。

此后有些学者又发现父子间的情绪困扰也同样重要。在这些家庭中，父亲大多毫不关心子女，和孩子的关系极为疏远，因而母亲会变得过度介入孩子的世界，掌握着支配权。至于父亲们为什么会如此冷漠和被动，研究者还不能确定原因，但至少有件事是很明显的，就如杰伊·哈利所说："精神分裂症与父

---

① 弗洛姆·瑞克曼（Fromm Reichman）。——译者注

亲也大有关系。"

接下来，他们又发现了一个有趣的现象。在接受研究的精神分裂症患者的家庭中，父母之间几乎都存有长期而严重的婚姻问题。更进一步说，病人的精神分裂发病期似乎都和父母亲的婚姻冲突史一致。每当父母的争吵开始变得激烈，子女就会发病，然而一旦子女被送进医院，夫妻俩便停火，摇身变成照顾"生病的孩子"的慈爱双亲。因此，子女的精神分裂症似乎有一个非常实际的效果，就是以此帮助父母逃避他们的冲突。而家庭的稳定也就靠这间歇性的"发病"来维持。

通过这项研究，科学家开始用新的角度来思考家庭问题。以往家庭被视为个体的总和，现在则变为类似生物的完整有机体。每个家庭都是一个实体，一个"完整体"，有其独特的结构、规则和目标。

另一种说法是研究者开始视家庭为一个系统。什么是系统呢？家庭理论学家林恩·霍夫曼（Lynn Hoffman）指出："定义系统是个很麻烦的问题，一般的解释似乎是，一个由相互作用相互依赖的若干部分组合成的实体，它由一种错误反应的方式来维持平衡。"听起来的确很麻烦：由一些部分组合而成，这些部分以某种可预测的方式相互关联，合力创造出一种以改变自身来维持稳定平衡的模式。

另一位家庭治疗师保罗·瓦兹拉维克[①]的说法或许能使系统的概念更为清晰：假设我们在西部某地研究兔子的总体数量，经过长时间记录观察，会发现频率曲线图上呈现出规律性的起

[①] 保罗·瓦兹拉维克（Paul Watzlawick，1921—2007），美国斯坦福大学医学院精神病与行为科学系临床教授，帕洛阿尔托心理研究院精简治疗中心研究员，擅长分析沟通行为与模式，并以"沟通理论"闻名。——编者注

伏。时而大量增加，时而急遽减少，曲线的起伏如此具有规律性，使我们不得不探究其中的原因。在这种情况下，我们可以继续研究兔子，找出起伏的原因，或者，找找周围环境中其他可能影响兔子数量变化的因素。

一段时间之后，我们偶然明白了其中奥秘。把当地狐狸数量变化的曲线图也画出来后发现，狐狸的数量波动和兔子的十分类似，只是兔子数量递减时狐狸数量会递增，反之亦然。于是真相大白：兔子繁殖旺盛时，被狐狸大量捕食，因而造成兔子数量锐减。而狐狸的食物来源减少之后，狐狸的数量也会随之减少。随着狐狸数量的减少，兔子数量又会激增，这又使狐狸再因食物来源丰富而大量繁殖，这个循环就这样周而复始永不停息！

上面的例子中出现了一个有趣的思考转变，这与研究者在精神分裂症起源上的思考如出一辙。在这两个案例中，研究者都从研究个人或某个物种，转变为研究影响该个体或物种的一连串关系。生物观察者从研究单一物种"兔子"转向考察整个草原生态环境的结构，而医院的研究者则将焦点从精神分裂症患者身上转移到患者家庭互动的模式上，从而发现病人情绪不安的起伏，与"外界"力量的关系，这都是只能在实践中发现的事实。

当然，狐狸和兔子的循环只不过是大草原生态系统中的一小环，此外还有土壤、天气、昆虫以及该地区其他动植物等因素。而家庭系统也远比爸爸、妈妈、孩子的三角关系更复杂。但系统的概念具有普遍指涉（如家庭系统、生态系统等）的性质，这的确是个非常令人兴奋的想法。

系统的概念贵在提供了一种将复杂的事物概念化的方法。整个宇宙，其实可以视为许多系统的集合体。这个宇宙系统之下分为两大类：生物和非生物。例如行星或气候属于非生物系统，但它们绝不是"死"的，它们是活动的、可视的，其表现可称得上是"行为"（behavior）。如行星运动，气候剧烈变化，等等。因此生物与非生物系统之间最大的区别应该是，非生物系统的行为可以用物理学的法则来推断，而生物系统的行为则含有许多无法捉摸的过程。

所有的系统都是有组织的，并能保持某种平衡的状态。例如我们所处的行星系统就有明确的秩序，借着已知的物理作用力维持平衡。即使是气候系统也能在很长一段时间内维持某种平衡。

生物系统也很有组织，只是方式迥异。例如一个非常简单的有机体，阿米巴变形虫，它本身就是个系统，但是它仍有明确的界限。在界限之内，它是个繁杂的有机体。它有活动能力，它通过活动来维持本身的结构。假如阿米巴变形虫遇到不怀好意的化学物或有机体时，它会立刻闪避躲开侵入者，以保护自己的完整性。

这是生物系统一个非常有趣的特性，它们基于环境发出的信息来改变自己的行为。这一点在以后的讨论中很有用。这种机制被称为"反馈"，为了更长远的发展目标，系统会改变其活动、结构或方式。非生物系统当然也按照反馈运作，例如火箭系统依据搜集到的有关高度、速度和方向等信息来修正其运行的轨道。但是这类非生物系统也只有在人的认真操作下，才能做到反馈修正。

这种对照看似牵强，但是系统概念的确能让我们把简单如阿米巴变形虫的有机体和更复杂的家庭系统放在一起加以对照比较。它们之间确实也有相似的地方：家庭也有界限，在界限之内每个组成部分都努力活动以维持这个有机体的组织。先前提到的精神病理研究者就指出：精神分裂症患者的发病，可能就是家庭为了维护自身的稳定而采取的一种措施。

以下观点尤其有趣：系统是按照高低层级组成的。例如把一个人视为一个系统，当顺着这个系统的层级往"下"看时，我们将会发现许多的"次级系统"，它们按照大小和复杂程度依次递减排列：

人或有机体

器官系统

器官

细胞

分子

原子

粒子

我们当然不必停在这个层级。我们也可以一直朝上寻求能影响个人的更复杂的各种系统。只要将焦点集中在与个人有关的其他人类系统上，就可以将这种影响链无限扩大：

诸国组成的世界

国家联盟

国家

省

城市或社区

社区次团体（工作、朋友）

大家族

核心家庭

　　人或有机体

　　器官系统

　　器官

　　细胞

　　分子

　　原子

　　粒子

　　以上是简略的系统层级，省略了许多其他因素（如天气、食物等），它描绘了一个现象：个人乃是这个巨大复杂的影响链中的一环。一般而言，层级越高越复杂的系统越倾向于控制较小较不复杂的系统。但整条链上的影响因素由上而下移动，如果要了解人类的行为，我们必须整合各个不同层级的知识。例如个体受下层的原子和分子的遗传基因所影响，但同时也被学习模式影响。其经由上层的社会网络传达而占据个体的脑海，包围着他。除了生理和社会两大领域的影响之外，还有许多其他的因素作用在个体身上。

　　妻子坐下来准备用餐。强烈的生理需求会促使她去吃这顿饭。但是她还受到许多来自社会的压力。她的餐桌礼仪从社会中学来，如男女角色的分配驱使她，而非她丈夫，来准备晚餐；其他一些影响则有：她可能会为丈夫晚回家吃饭而生气，即使她明白丈夫迟归有正当的工作上的理由，也仍不免赌气不和他说话。但她强烈的怒气可能会发泄在五岁的儿子身上，只因他吃饭时动来动去。夫妻俩也可能在吃饭时默默忧虑家里的财务开销，担心菜价和物价上涨。饭桌上的紧张可能又会因为丈夫的妈妈打电话来而加剧，吃饭被打断了，妻子火冒三丈。晚餐快结束前，十多岁的女儿接到男朋友打来的电话，想离开去看一场她妈妈眼里必属限制级的电影。这位贤妻良母已经有一个月没在晚上出过门，刹那间她开始痛恨自己这个"家庭主妇"的角色，终于开始大发雷霆。

种种压力在妻子和全家人之间乱窜。妻子可能会觉得这些压力，就像看不见的虫子，不停叮咬着她。但是如果仔细观察，我们将不难发现所有这些压力可以在上述各层级找到运作的来源。

现代社会系统中，带给家庭最大压力的或许是世界性的通货膨胀，但除此之外，还受到其他系统的影响，例如工作系统、青少年团体、大家族，当然还有核心家庭的动力，包括母女关系或夫妻关系等次级系统。事实上，较大的社会系统内的冲突也会影响家庭。如中东战争，因为阿拉伯世界定的油价加速了世界性的通货膨胀。又如男女角色分配、青少年独立的程度、新闻审查制度等社会上尚无定论的意识形态分歧，都会反映到家庭的冲突上。当母亲考虑该不该让女儿去看电影的时候，她无法求助于任何明确的指引，社会上并没有一致的公论。她更无法求助于丈夫，因为他们正在吵架中。

将压力区分为系统与系统之间的问题，以及不同层级间的问题，不但提供给观察者一个以简驭繁的方法，还能指出解决问题的优先顺序。例如这个家庭系统可以试着用一个不是那么"开放系统"的方式来解决用餐时发生的问题。他们可以把电话听筒摘下来，不再让它响个不停。至于其他问题，可能需要多费点心力，但仍然可以想办法解决，他们一次只要对付一个次级系统，从最小又最易接近的核心家庭成员之间的关系开始着手就可以。

一旦开始思索系统这个问题，就会发现它几乎无所不在：

工作、家庭、社区，或者大至整个世界。人的身体是一种系统，办公室里的八卦也是一种，花园或草坪里的生态又是一种，甚至现在所关注的世界性经济状况也是一种！

真高兴能看到不同背景的科学家都有志于开发一个通用的系统概论。想象一下，一套理论性的结构使科学可以统一各种行为，如政治系统的原子性！虽然那一天离现在还非常远，但是此事正在逐步推动中，生物学家、工程师、太空科学家、社会学家、人类学家、经济学家、心理学家、数学家、物理学家、化学家以及其他各方面的专家都在朝这个方向努力。所有的系统都有共同的规则，因此这种系统的理论或许可以用来联结并构造所有的科学知识。

另一方面，从少数人对家庭关系和精神分裂症感兴趣，到发展出一套系统概论，这已经是一个相当大的突破。现在，治疗师们已经发现系统概论为他们的工作提供了非常有用的思考架构，但思考背景的转变并不是一夜之间发生的，更不仅仅是从几个精神分裂症患者与其家庭互动的研究案例中发展出来的。真正的改变得力于研究者和临床工作者的努力摸索，不断更新家庭对患者的生活有影响的观念，最后才发现：家庭运行如一个系统。而且他们采用的探索方法各有差异。

研究当然会继续进行，而对精神分裂症的兴趣将是所有努力中最关键的一环。如同弗洛伊德所说"梦是通往潜意识的最忠实途径"，精神分裂症患者复杂的家庭，也同样提供了一个足以让研究者思考一般家庭隐秘影响力的范本。精神分裂症患者的家庭成为通往微妙、有时还相当可怕的内心世界的最忠实途径。现在研究的对象已涉及各种类型的家庭，研究并提出了形形色色的问题，其中许多问题都还在摸索的阶段。

4.2　不快乐的人来自充满压力的家庭

　　临床工作者开始更关注家庭。有些治疗师在研究家庭系统的时候，也会受到伤害。他们的经验和卡尔及我的经历相同，个别治疗因病人受到家庭的影响而失败；或者是病人刚稍有起色，就眼睁睁看他被家庭再次伤害；或者是刚治疗好一个孩子，结果发现家中另一个孩子又被拉去扮演同样的替罪羊的角色；又或者在治疗病人的过程中，发觉一旦病人的情况有所改善，他们家就会突然爆发一场战争。另外，在个别治疗之后，随之而来的往往都是离婚。这种探寻学习家庭系统的经验既影响力强大又痛苦万分。治疗师在家庭探索的过程中，往往会与家中一员或一个次级系统结为同盟，被诱入家庭的冲突里，时常被家庭玩弄于股掌之中，这种经验实在令人难忘。

　　也有些临床工作者不会被动地接受上面所说的失败。他们一旦感受到家庭力量的强大，便会开始将家庭成员引入治疗过程中。他们只要接近家庭，就能发挥对家庭的影响作用。例如一位精神科医师在病床边认识了病人的家属，出于对他们之间关系的好奇，而开始定期和这家人会面。一位在儿童辅导中心工作的社工在和一对母子交谈之后，意识到父母是导致小孩问题的原因所在，就把孩子和父母集合在一起进行讨论。另一位精神科医师由于听够了有关病人丈夫的事，所以就要求她下次治疗时把丈夫一起带来。丈夫来了以后，这位医生很快便开始定期与这对夫妇会面，倾听他们的问题。然后他又厌烦老是听有关孩子的事，于是又请这对夫妇把孩子也带来。在各种不同的地方，不同的情况下，治疗师发现家庭的力量后，便会将全家人都集合在一起，以此来制造更强大的治疗力量。

有的治疗师还不只满足于对核心家庭（即小家庭）的治疗。如当今有些治疗师的治疗甚至囊括了三四十人的"亲属网"，其中有朋友、邻居、大家族、雇主、前任治疗师、同学以及其他相关的人。但不论采用何种方式，只有在将整个核心家庭都纳入治疗时，治疗师才能在咨询室中找到新的力量和热烈兴奋的心情。然后，他们会开始获得更多有关家庭的信息。

在治疗师和研究者访谈各式各样的家庭时，他们最初的反应都相当一致："天呐！这家里每个人都生病了！"这种语言虽然也是医学性的判断，但也很有意思。研究者只有四处打探一番才会发现，大家眼中完美的哥哥姐姐其实是紧张焦虑的"病人"，而惹是生非的弟弟妹妹却隐藏着顺从和进取的本质。他们只要用心观察，就会发现这些家庭里到处充斥着压力，但却只有一个人前来寻求心理上的帮助。至于病人抱怨的内容，或传统的诊断其实都不重要，因为问题似乎都来自整个家庭。

当然，这个结论本身并没有太大意义。它没有提到问题的源头究竟在何处。不快乐的人来自不快乐的家庭，而那个家庭里又充满着其他不快乐的人。那又怎样？其实我们只要再仔细观察一下，就不难发现到底哪里出了差错，或至少对问题可以有个大概的了解。对治疗师来说，问题并非在个体间复杂的关系、超我或自我之中，而是摊在阳光底下显而易见。其实就在家庭系统内部：在家庭组织的形态中、在家庭成员沟通的模式中，以及他们的日常互动之中。就如精神分裂症患者和母亲的沟通一样，一旦治疗师开始注意人与人之间到底发生了什么，就会发现以往那些费解的问题都迎刃而解了。

研究者尝试将重点放在找出问题、为何治疗没有效果和不起作用上，而不再只是简单地判断有病没病，他们必须提出一套全新的研究方法以及语言系统来描述观察到的问题。他们必须观察家庭组成的方式、潜藏的规则、沟通的模式，以及更多其他的方面。我们在观察布莱斯家或其他家庭时，也会测试这种主张个人受家庭历程影响的新思维方式。

　　然而，当研究者把焦点从个人动力转移到家庭历程上时，仍有一个问题没有解决。那就是我们该如何对待那位首先发难促使家人面对问题的"病人"呢？他（她）又该如何定位呢？最简单的方法是给他（她）贴上家庭压力下的牺牲者的标签。这位病人是家庭的替罪羊，代人受过的孩子或殉道者——为了使家庭维持稳定，而甘愿公开承受整个家庭的压力的人。

　　这个观点虽局限，但也引人深思。它启发研究者，促使他们问自己一个被长期忽视的问题："所有接受个别心理治疗的病人真的都只是家庭压力下的替罪羊吗？"他们越是努力思索，就发现这个可能性似乎越大。虽然这个观点看似简单得不像真的，但它的确相当接近事实真相。

　　因为如果这个观点正确，那么每个接受治疗的人便真的可以反映他（她）的家庭系统，至少在理论上如此。这样一来，接受治疗的就应该是整个家庭。如果问题出自家庭，就应该将治疗的重心放在整个家庭上。在这个专业领域里，大家长久以来习惯于只考虑个体的困扰，因此上述事实意味着基本治疗理念的彻底重建。

　　不妨想象一下治疗师试图分析病人的家庭时，全家人紧张得像鸽子般缩在沙发上的情形！

　　或是某位常开镇静剂的治疗师，将会为整个家庭开镇静剂。之前有位家庭治疗师真的给一家人都开了镇静剂的药方，还使他们相信全家都是病人。

又如某个精神病医院想重新编组医护人员、病房以及整个概念架构，以便吸引那些正走向崩溃边缘的家庭。这绝不好笑，而是颇为必要的服务，因为有很多家庭面临极大的压力，却只有极少数的医院提供治疗。

想象一个保险公司，试图告诉电脑，客户不是单独一个人，而是整个家庭："不！它没有年龄，也没有身高、体重或血型。它是一个家庭。"

电脑："请说出出生年月日和诊断结果。"

"嘿，听清楚！它不是一个人，是一个团体，一个组织，一个系统。"

电脑："发病日期？"

再设想某个心理健康中心出现整个家庭来参加治疗的情景。很快就可以看出，家庭中的沟通历程其实与药物毫无关系，在这个领域中，有执照的社工人员可能远比正经的医学主任医师更有资格。那为什么精神科医师正式治疗时，还可以领到比社工人员高出三倍的薪水？如果医学和非医学的方法可以同时并行，这种身份和薪资上的差距还可以让人接受。但是如果治疗重点只放在家庭上呢？会不会因此引发一场阶级革命？事实上，这是必然会发生的事，在某些医院甚至已经开始了。

家庭系统研究法所产生的一个困扰，便是视人的情绪问题与身体问题一样，也类似于某种疾病的谬误。但这还只是一点小麻烦。

此外，治疗师本身也会有问题。不妨假设自己在一间治疗室中，面对着毫无兴趣的一家八口，他们纳闷为什么必须坐在那儿，问题只在约翰一个人身上！他们坐立不安，期盼你这位治疗师赶快做点什么好立刻改善情况。你毫无选择，只有硬着头皮对抗这个强大的有着破坏性错误观念的小型社会生物团体，你常常会如临深渊。

治疗师面临这种困境时，往往会诉诸可以派上用场的理论武器——认知和方法上的典范，最后想到求助身边的同事做辅助治疗。卡尔和他的同事在亚特兰大精神病院所发明的"辅助治疗"，在家庭治疗发展史上占有着重要地位，因为它使治疗师可以更舒服地和家庭面谈，也确实可以提高治疗的效果。以后我们将进一步讨论辅助治疗的有关细节。

长久以来，家庭治疗一直很难被整个家庭接受。某个家庭原本十分乐意集合起来回答有关他家约翰或玛丽的问题。但是只要治疗师把问题从玛丽、约翰身上，扩大到整个家庭时，室内的焦虑不安便会立即显著地加剧。

想象一个精神科医师开始与某个家庭面谈，这家的父亲上星期服药过量，差点自杀成功。一个孩子在回答例行的问题时说："嗯，其实三个星期前，我们还经常和爸爸争吵。"

治疗师："然后发生了什么？"

孩子："我不知道。大家都停止了。大概是我们已经懒得和他争吵了吧。"

治疗师："你觉得你们放弃他了吗？"

孩子："大概是吧！"

治疗师对父亲说："或许你也意识到家人放弃了你，所以干脆服药自杀。"

父亲："也许是吧！我从没想过这一点。"

上述的家庭有没有可能在无意识中默默地做了一个决定——只要父亲死了，一切都会好转！不论面对的问题是什么，最使全家人不安的莫过于发现每个人都有责任，都有份。整个家庭的结构都牵涉在内，有福同享容易，但有难同当却不简单。

4.3 家庭治疗简史

家庭治疗发展至今已有25年的历史，但这一领域的研究仍处于青少年期。家庭治疗的幼年期是在狂热又生气蓬勃的20世纪50年代早期，当时的离婚率就像现在一样高，因此许多家庭需要得到帮助。一些家庭治疗师完全在孤立的情况下工作，他们与家庭进行面谈时，得到的同事间的支持或鼓励非常有限。事实上，他们在期刊或研讨会上发表工作报告时，还会遭到敌视和质疑。一些精神分析方向的精神科医师特别瞧不起这种和全家人一起面谈的惊人方式，也许正是因为他们觉察到这种方法将会威胁原本由药物控制的心理治疗吧。

在受到多种力量攻击的情况下，早期的家庭治疗师不但性格坚强，而且特立独行，事实上他们也必须如此。等到这些领导人物开始发展出个人的治疗风格和概念架构之后，他们就吸引了许多追随者和学生，并逐渐形成了各自的派别——弗里兹·米德弗特（Fritz Midelfort）在威斯康星州的拉克罗斯市开设私人诊所；穆雷·鲍文（Murray Bowen）在华盛顿市的乔治城大学主持精神科住院医师培训；内森·阿克曼（Nathan Ackerman）在纽约市原犹太家庭服务中心开设动力学训练课程。另一个特别的团体，由唐·杰克逊和格雷戈里·贝特森在加利福尼亚州的帕洛阿尔托市创立，其中诞生了许多日后著名的专家，包括维吉尼亚·萨提亚①、杰伊·哈利和保罗·瓦兹拉维克。

---

① 维吉尼亚·萨提亚（Virginia Satir, 1916—1988），举世闻名的心理治疗师和家庭治疗师，第一代家庭治疗师，美国最具影响力的首席家庭治疗大师之一，创建"萨提亚模式"，即联合家庭治疗法。——编者注

卡尔和他在亚特兰大精神病院的同事也是家庭治疗最早的开拓者之一。以上罗列的治疗师以及更多无法一一提及的临床工作者逐渐发现了彼此的存在，然后逐渐形成了一个全美的家庭治疗者的关系网。

20世纪60年代，家庭治疗开始稳定发展成为一项全国性的运动。有期刊和专门书籍发行，大规模的研讨会和工作室陆续设立。许多心理健康实习生开始认识到他们必须立即钻研临床的技巧。这也是发生在我身上的事。1968年快要拿到临床心理学博士学位时，我参观了威斯康星大学精神医学系，并考虑在此进行最后一年的实习。这时卡尔已是威斯康星的老师，我偶然听了一堂卡尔的研讨课，目睹了他与一个家庭面谈的示范教学。我觉得那个面谈非常令人振奋，几分钟后我就变成了一个家庭治疗的热心拥护者。

越来越多的年轻人都曾有这种"信仰转变"的经历，但大多数人却没有机会像我一样在威斯康星亲身参与训练课程。由于对这种训练的需求很大，因而很多大城市陆续成立了私人机构，提供这门新兴领域的研究生专业训练。这些机构之所以那么受欢迎，正是由于传统的学术训练课程对家庭治疗的态度仍然充满着不信任、质疑或深深的敌意（一如精神分析最初的遭遇）。无论当时家庭治疗多么受学生欢迎，它仍然是一种反叛的地下冒险事业。

20世纪70年代的家庭治疗处于一种引人注目而又错综复杂的情况中。如果说60年代好比家庭治疗的青少年期，在这期间治疗师找到他们的同伴，并携手反抗"长辈"的精神分析，那么70年代该是青少年的末期。愤怒追寻自我认同的风暴已经结束。家庭治疗已近成年，并广为全国各个大学所接受。也有许多期刊专门刊载有关婚姻和家庭治疗的方法和理论。当时心理健康专业最畅销的书籍都与家庭治疗有关。社会赋予我们这样的职责之后，我们也迫不及待地想全力以赴。

不过当中依然存在着一些重要的问题。例如家庭治疗对一般大众而言仍相当陌生。一般人还是倾向于以个人为单位寻求心理治疗。其次，学生虽然大声呼吁要求得到充分的训练，但却很难找到有足够经验的治疗师来指导。同时，我们这些治疗师也愈加意识到所从事的是项非常艰难的工作。刚开始，家庭治疗令我们目眩神迷，心向往之，以致几乎忘了这个工作的困难性。现在我们已经清楚家庭治疗师需要有很好的体力、知识、处理人际关系的技巧，因此我们指导学生时就会更加小心谨慎，也会更留意自己的行为。同时我们也面临着家庭治疗取向日益多样化的境况。20世纪50年代和60年代最初的几个中坚力量至今已发展出家庭治疗的各家学派，以后有机会将会描述这些学派的相异点。

先不论在一些问题和方法上的分歧，仅仅家庭治疗这一概念就已预示着大好的未来。犹如与之平行成长，如今日益壮大的生态运动，家庭治疗的地位在可预见的将来也必占有一席之地。这两项运动都同样建立在系统的概念上，都正视生命体相互依存的本质。这种对整体影响个人的研究，既无从否定又完全合乎逻辑。而将来家庭治疗师或许会被称为"系统治疗师"，他们的服务对象或许会扩大至公司或学校，但其主要工作还会是家庭治疗。就我个人的观点而言，人类生活中对个人成长最有力的影响，不是个体，也不是他所属的工作团体或社会团体，而是家庭。

第 5 章　主动开始

——家庭是否有奋斗和尝试的意愿

在布莱斯家与惠特克医生和纳皮尔教授接下来的面谈中，治疗师期待他们针对问题彼此进行沟通，好在互动之中观察他们家庭沟通的模式，从而找出症结所在。

大卫首先发难，他想谈谈和克劳迪娅的关系，他说他在家里已经试过了，可是一点用也没有，卡尔鼓励他在这里试试也许会不一样。克劳迪娅表情僵硬起来，显然在拒绝父亲的介入。纳皮尔教授坚持让大卫再试试看，他的肩膀猛然垂下来，用几乎恳求的语气问女儿："我到底做错了什么？"

克劳迪娅非常愤怒，又极力保持着冷静。她十分不满父亲总是站在母亲那边，不像以前那样保护她。卡罗琳出声驳斥，纳皮尔教授请母亲暂时不要插进父女的对话中，让父女俩有机会好好地交流，避免重蹈家中三角关系的覆辙。

克劳迪娅依旧对夹在父母中间感到困惑。他们把她当作争吵的导火线……可是到底是谁心里有火？

与布莱斯家的面谈定在星期四上午9点，我一早到达时，卡尔正随意地整理着东西，浇浇窗边的植物，收拾前一天用过的咖啡杯，嘴里还哼着歌。阳光洒在窗上，大咖啡壶发出柔和的响声。我们互道早安，很高兴工作开始前还有一点空闲。我捧起一堆咖啡杯朝门边的小厨房走去，差一点撞上斜冲进来的丹，跟他后面追着跑的是开心的劳拉。

　　丹立刻停下来，笑着道歉："哦，对不起，纳皮尔教授。"

　　我朝他一笑，手上的杯子差点掉下来。

　　"嘿，你本该从治疗中逃走的，怎么反而跑过来了呢！"我说。

　　"真是对不起！"

　　他说着一个箭步钻进了办公室里。劳拉害羞地望了我一眼也溜了进去。在大厅里我看到克劳迪娅一个人走着，然后是她的父母。克劳迪娅的表情很严肃，她的父母则边走边小声交谈着。他们和我打了招呼，但克劳迪娅却一言不发。

　　我回到办公室时，卡尔正在问劳拉一些她手里的小球的问题。他问她一次可以拿几个？在球从地上弹起时能不能抓得到？大卫一边倒咖啡，一面说她可以在房间里找个地方练习练习。

　　都坐下后，我发觉他们家整个气氛都不一样了。他们看起来比之前快乐也放松了许多。

　　尤其以克劳迪娅最明显，她穿了一件印花棉布连衣裙，很乡村风，看着也舒适干净。头发扎在脑后，看起来略为成熟。

我告诉她我喜欢她的裙子，她有点不好意思。

这回夫妇俩一起坐在中间的椅子上，卡罗琳首先开口。

"医生，我想今天大概没有太多要谈的。这个星期我们过得挺好的。没有危机，没有争吵，克劳迪娅每天晚上也都差不多准时回家。我不知道是怎么变得这么正常的。"

"恭喜。"我说。

卡尔笑着补了一句："放心，不会很久的。"

卡罗琳先是笑了笑，她先生也笑出了声，但她随即就被卡尔的话弄得不安起来，"这是什么意思？"卡尔答道："这是蜜月期。一般人决定接受治疗后，情况通常都会暂时好转一点，我只是提醒你们而已，等好景不再时你们就不至于太意外。"

"噢。"她轻叹一声，便陷入沉默。

外头是明媚的夏日早晨，我们听到一辆卡车从隔壁癌症研究中心载垃圾出来，发出呜呜的声音。然后卡罗琳说："无论如何，我很高兴这星期我们过得很好。"

"那当然。"卡尔说。接着沉默又回来了。好长一段时间都没人说话。

终于，父亲打破沉默："我想我们是在等你们俩开始。"

卡尔悠然地向后斜靠在椅子上，吸了一口烟斗，"其实我们也在等你们。我打赌我们会等得久一点！"

他的语气，虽然愉快中带点调侃，但也隐约透着一丝严肃。布莱斯先生微微笑了一下，然后又继续沉默。

5.1　谁来打破沉默的僵局

这次沉默的时间更长、更坚决，也更具威胁性。一场微妙的拉锯战正在进行，每个人都在等别人迈出第一步，似乎一旦迈出，就得要承担人人避之不及的责任。卡尔和我以前都曾经历过好几次这样的状况，我们有信心等待，虽然也有点不安。

我们前一次的面谈进行得很辛苦，常采取主动来主导那一个小时的治疗。现在我们突然改变了策略，无声地要求他们开始自我表达，要求家庭成员彼此开始交谈。如果我们遵循以往的步骤——询问、探索、解释，其实就是在暗示我们正在逼迫他们改变，如此一来就开了危险的先例，而这对家庭是很不好的。如果治疗要想成功，家庭在治疗的早期就得知道，他们必须主动，他们必须具备奋斗、挣扎、督促和尝试的意愿，这些都是治疗成功的关键。为了从拉锯的局面中抽身，卡尔与我必须温和地强迫他们与彼此进行交流。卡尔虽然拿我们的等待开玩笑，但这其实是很严肃、很重要的。

并不是所有的治疗师都会用这种方式让家庭意识到他们采取主动的必要性。有人假设治疗是一个教学过程，而治疗师就像传统的教师一样，必须引导、指派、发掘和解释，事实上就是不断地讲授。但我们深信成功的治疗并不是"应用"于个人或家庭的某种东西。治疗，对我们而言，与生活中及家庭中自然发生的成长过程相似。我们假设拓展与整合经验的意愿及需求是全人类共有的，而接受心理治疗的家庭不过是在这自然成长过程中受到阻碍罢了。治疗是我们借以帮助家庭释放自身能量的"催化剂"。因此我们重视家庭的主动性，若他们不能运用自己的力量去改变，治疗便很难有持久的效果。就像父母教导孩子要自己思考一样，即使在早期争执谁该主动的阶段，我们就已预想到治疗结束时的情况，暗示他们必须发现自己的能量，自己思考，学会尽早关心自身的命运。

在治疗的初期，我们也希望避免任何与第一次面谈的重复。在第一次面谈中我们采取主动，并且把焦点放在家庭的"结构"——各种可预测的关系模式上。我们借着询问家庭中发生的事来获取信息。现在则坚持家庭必须在我们面前展示彼此的联系和挣扎。我们的要求显然提高了，我们想要"看"到他们之间如何互动，而不只是听说或转述。这也正是他们紧张的原因之一，他们因了解这项要求的意义而焦躁不安，不知道自己是不是真的敢将彼此真实的关系展示出来。我们要看的很可能是外人从来看不到的事：他们吵架的方式和他们生活的方式。

第二次沉默持续了大约五分钟。但对我而言感觉仿佛更久。有一阵子我们都面面相觑。孩子们不安地窃笑，大人则频频更换坐姿。然后大家变得不太敢注视他人。我盯着地毯上的图案，那些复杂的图案在凝视下变得更大、更细致。我有种感觉，如果再注视下去，那些直线会开始弯曲并摆动起来。大卫翻着卡尔书柜里的书；卡罗琳则盯着看摊放在膝间的手掌；克劳迪娅则若有所思地发呆，这一刻她可能是全家最不焦虑的人；丹紧张地翻阅着一本名为"疯狂"的漫画书，并未真的看进去；劳拉在地毯外的角落里玩着小球；卡尔则吸着烟斗——安静，不慌不忙，从容不迫。

沉默越久，制造的压力也越大。在等待中，我感到胸腔微微的压迫感。我厌倦了等待，有一股强烈的欲望想要说些什么，任何话都行，只要能消除我的孤独感。我焦急地看着这家人，现在克劳迪娅的眼睛垂了下来，她看起来孤单且沮丧。他们家每个人似乎都显得孤独和紧张。

我开始默默训练自己，"放松……深呼吸……放松"，慢慢地，我真的如愿摆脱了想说话的欲望，平静了下来，感觉自己的呼吸也越来越均匀。放松之后，我开始享受坐在那儿的乐趣，全身处在平静、放松的状态。几乎就在同时，内心涌出一股从来没有过的感觉，我不再觉得与这家人距离遥远，而是觉得和他们很亲近，好像潜入了大家都浸泡在里面的泳池一般。正当我陶醉在所有人都舒适地泡在泳池的幻想中时，父亲开口了。

"如果没有人要说话，就由我来说吧。"他的声音里夹杂着惊慌和一丝气恼，"我想谈谈我和克劳迪娅的关系。"

然后他转向卡尔，好像在恳求卡尔和他讲话。

一时间卡尔并未出声。他只是从椅子上直起身来，把烟斗从嘴里拿开，然后才开始说话。他的语气平静里带着关切："我能帮什么忙吗？"

"我希望你能。"

卡尔："你应该和克劳迪娅谈谈你们的关系。而不是对我们。"

"我在家已经试过了。可是一点用都没有。"

卡尔："再试一次。在这里也许会不一样。"

布莱斯先生叹口气说道："好吧，我试试看。"

5.2　无法交心的父女对谈

他转身面向克劳迪娅时，她的表情明显紧张起来，像是面临惩罚一般。大卫开口："整个星期我都在想他们的话，就是你也认同的那一点，我多少是有点抛弃或背叛了你。我觉得很困扰。"

他的声音温柔中略带伤感，说这些话时很挣扎，好像为他流露出来的情绪感到很惭愧。

克劳迪娅怯生生地回答："那又怎么样？"

"我想这对你也许很重要。"

"曾经是很重要，但已经过去了。我会没事的。"克劳迪娅显然不想和他说话，至少现在不想。

大卫变换一下坐姿接着说："我想和你谈谈这个问题。我是怎么背叛你了？"

从刚才到现在，克劳迪娅一直避免直视他，现在被他逼得发起火来。

"我不想谈！"她转过身去。

父亲对着卡尔和我说："看见了吧？我们根本没法谈，不管是这件事还是其他任何事。"

情况真是如此。他们在问题上下的功夫是那么薄弱和短暂，显得那么可怜。大卫真心试过是没错，但一旦克劳迪娅拒绝，他就轻易放弃了，现在他向我们求助，也许期望我们能进一步探索问题，或者从刚才听到的话语中找出一点意义。就像一个孩子用恳求的眼神望着你，抱怨他系不好鞋带一样。治疗师想不介入都难。

然而事实上治疗进行得相当顺利。我们长时间的沉默产生了颇有意思的效果。不说话一段时间后，每个人都陷入了和我一样的困境：被逼转而面对自己的内在能量。一开始我们都很惊慌，但接下来就"感受"到更多，会进入一个被语言束缚而难以真正体验的感觉世界。语言虽然是我们沟通的主要工具，但也常被用来隐藏或对抗感觉。在沉默中，有一些家庭一直害怕隐藏的情绪浮现出来。我们再度开始谈话时，交谈就会变得更为真挚。卡尔言语中的关怀、大卫声音中的急迫和伤感、克劳迪娅回应时受伤生气的态度——这些都非常有价值，因为我们已经离分享彼此心情的阶段近了一步。

但是，这家人在沟通上仍存在着很大的阻碍。上个星期我们想听听家庭的生活情形，他们就一直急着要吵起来；这个星期我们请他们开始彼此交流甚至争吵，他们却不知所措。当父亲想要坦诚时，女儿却拒绝谈话。这个家庭充满着一种强烈的、限制的力量，使他们无法朝解决问题的方向前进。

卡尔和我还不想现在介入。在克劳迪娅拒绝与他谈话后，大卫再度转向我们，我以坚定的口吻告诉他："再多试一试，也许这次会有进展。"

大卫看着克劳迪娅，变得垂头丧气，他似乎在说："我一定得这样做吗？"

那一刻我几乎怀疑他会不会站起来走掉。但是他又再次开口，声音听起来非常绝望。

"克劳迪娅，如果你不想说话那我怎么跟你谈？说实在的，我没有办法。但是你为什么不想谈呢？"

如果说他们家有很大的沟通阻碍，克劳迪娅正是很好的缩影。她看起来那么阴郁、无精打采、难以捉摸，好像生命中的各种力量都被抑制住了，呆滞深沉，戴着无法看穿的面具。她还是沉默不语。

大卫再试了一次，几乎是恳求："至少你告诉我，我到底做了什么让你觉得背叛了你？我甚至连这点都不明白。"

克劳迪娅的脸上充满愤怒，虽然她极力在语言中保持着冷静和克制。"我以前就说过了。我认为妈妈要我做的一些事，还有她的一些规矩，实在很荒谬。以前你有时候还会站在我这边，和她讨论这些事，然后她会稍稍让步。但你现在总是附和她，至少在我面前是这样。"

大卫声音紧张，表情也紧绷着，"克劳迪娅，我是不得已的，因为我实在不赞成你做的一些事。你离家出走、拒绝遵守一些最简单的规矩——我就是无法赞同你这些行为。你说我背叛你，但事实上你也让我很失望。几乎可以说是你逼得我要对你摆出强硬的态度。"

他停了一下。"但事实也不是那么简单。就像丹上次说的，我常为了你和你妈妈吵架。而且我常替你说话，我们之间的争执大部分都是因你而起的。"

他脸上的痛苦泄露出双重的关心和压力，他的眼光偷偷扫向妻子。

就在那时候，一直静静聆听的卡罗琳插嘴了，朝克劳迪娅很不客气地说，其实她的话是针对丈夫的。

"他当然护着你，他和以往一样站在你那边怎么就叫背叛你了？没错，当着你面的时候他是站在我这边，但是只要你一走开，他马上就会替你辩解。"

大卫突然转向身旁的妻子。

"不然你想怎样？"他生气地问她。

看来今天我得扮演训导员的角色了。我第一次称呼布莱斯太太的名字，温和地告诉她："卡罗琳，可以请你别打岔吗？他们才刚开始进入谈话，也许他们会向你求助或请你插手，但我认为他们需要自己为这件事努力。"

她退让了，但并没有生气。然后我向父女俩比手势。"请继续。"

这是一个简单却很重要的策略。克劳迪娅和她父亲之间有很大程度的紧张感，一旦他们开始面对彼此，他们自会企图找到一些东西，好将他们从这种对抗中解救出来。当大卫偷瞄卡罗琳一眼时，很可能就是在示意她来解救自己，而她的确完美配合了。只要再进一步，他们很可能就会重新陷入那个复杂的三角关系中，然后父亲和女儿之间建立的联系也会瞬间丧失。卡罗琳的介入只是家庭另一个自动化的阻碍策略，是他们在不知不觉中达成的一个协议，只要冲突变得太个人化或太严重，就会有人插手干涉分散两个主角的注意力。借着说服卡罗琳，我试图使他们的讨论尽量简单化，仅止于"两人"之间的交流。希望把事情留给他们自己，双方能从中获得进展，至少在他们的关系中能加入新的东西。

现在他们除了继续之外别无他法。我看得出来他们很害怕再进一步，但仍然为难地继续着。

"好吧。"大卫下定决心，"我们来谈谈这个问题。"

克劳迪娅："什么问题？"

"少来！"父亲有点恼火了，"你很清楚我的意思是什么。"

"你是指我不回家？"克劳迪娅的语气听起来有些困惑。

"是你在外面想待多久就待多久，爱跟谁在一起就在一起，想做什么就做什么！"

克劳迪娅虽然害怕，但也渐渐生起气来。就像卡尔预见的，他们家原来的和谐气氛已经瓦解。

"那又怎样？"她挑衅道。

"我们不想让你这样，你还都不到十六岁，可是对于你我们好像一点办法都没有！"

这一刻他的语气听来坚定有力，一点也没有恳求之意。但接着他听起来略有迟疑。

"当然，我知道事情没这么简单，你是因为有压力才会做那些事，但无论如何，我们是你的父母，我们对你的管束应该不只像现在这样。"

表明立场后看到女儿脸上的困惑和痛苦后，他随即又放弃了。

克劳迪娅也听出了她父亲的犹豫，赶紧先发制人，语气也更强硬。

"你知道我在家受到的是什么待遇吗？妈妈总是挑我的毛病，我的房间、我的作业、我的朋友，反正我的一切她都吹毛求疵，然后我们就吵起来，然后我只好离开家。我也是不得已的！"

她的声音里带着惊恐，好像她真的不确定如果和她妈妈再多吵会儿会发生什么事。

父亲不知是没听出女儿话里的惊恐，还是有意忽略，他继续讨论着她的行为。

"我们担心的是你去的地方，克劳迪娅。你都不告诉我们是去哪或跟谁在一起，还有你在做什么。我们别无选择，只能做一些不好的推断。"

克劳迪娅转而以讽刺的口吻应对她父亲的关心，"你们都做了哪些推断？我会怀孕！我会吃迷幻药！我会翘课去吸大麻！"她抑扬顿挫的假音其实是在拿这个她显然不想谈论的话题开玩笑。

"是啊，那真的都是有可能的。事实上，就好像马上会发生一样。这些，还有一些其他的可能。"

克劳迪娅更生气了，继续讽刺道："还有什么？性病？你们觉得我会得性病吗？"

大卫脸红了，为女儿竟敢说出这些他只能暗示的话而尴尬，但他很平静地回答："你不会是第一个碰上这种事的人。"

克劳迪娅继续模仿着他的语调："你不会是第一个碰上这种事的人！"然后她又补了一句："你们也不是第一对什么都不懂的父母！"

痛苦中这种嘲讽几乎无法继续。她的眼泪差点夺眶而出。

5.3　令人痛苦的冷静理性

她父亲似乎又再次忽视了她的眼泪，一如她似乎未曾感受到他的关心一样。刚才她嘲弄的语气惹恼了他。

"该死！克劳迪娅，你可以嘲笑我，但我有权坚持你得遵守家里的规矩。我是你父亲，我也有我的权利。何况这些规矩并非不合理，那都是真心为你好的！"

虽然他满腔怒火，但说话时却显得疲惫无力，就好像他已经说过千百遍，也压根儿不指望这次会有人在意一样。事实上他听来筋疲力尽，仿佛在一场毫无希望的挣扎中吃了败仗，对手不仅是他女儿，还有他自己。

大卫讲完后，克劳迪娅开始有点不太一样。也许她以前听过太多这种话，或者这回听到了一些新的东西。她脸红起来，身体变得僵直，朝前倾向他，拳头紧握。

"那你到底要我怎么样？"她提高嗓门，渐渐吼起来："坐在整洁的房间里像个该死的木头人一样？双手交叉放在膝盖上规矩地等着发疯吗？"

长久以来积压的情绪如同山洪一样在她体内奔流，使她的四肢、脸孔、声音都充斥着十足的张力，似乎真的要爆炸了。这股情绪也不是轻易冒出来的，它是突然迸发的，从体内另一股力量挣脱出来，也许正与她父亲保持冷静克制的力量类似。

但她最后几个字却饱含爆发力和痛苦,猛地掷向他:"这就是你要我做的对不对? 在家里疯掉?"

如果说大卫一直很冷静,那他现在就更冷静了,尽量控制着自己的声音,他已被女儿的暴怒吓到。"克劳迪娅,我当然不希望那样。你知道的。"

他的退让丝毫未能使克劳迪娅平静下来,事实上,却使她更加痛苦了。她继续说下去,声音仍因愤怒而颤抖。"我如果一直待在家就会发生那样的事! 我觉得我快疯了!"

然后她的眼泪决堤而下,啜泣变成痛哭,其他的情绪也都汇入了这痛切的哭泣中。她差不多哭了三分钟,房间里其他人都怀着恐惧静坐不语。慢慢地,啜泣声缓和下来,不再那么尖锐和痛苦,逐渐转为柔和的自我安慰,不再是愤怒。克劳迪娅哭泣时一直低着头,双臂交叉握住手肘,拼命将它们抱紧,也许是极力想使自己不那么孤单。她双手抱住自己时,头发从泪痕交错的脸上滑下来,还有几缕黏在脸颊上。

父亲看起来相当震惊,母亲则极为难过。两人都默不出声。丹脸上一片茫然。最后劳拉打破沉默,站在她母亲身旁,用稚嫩的声音问道:"妈妈,克劳迪娅怎么了?"

卡罗琳柔声告诉她:"她很难过,宝贝,等一会就好了。"

突然间,我还来不及思索就听到自己对劳拉说话,或许我对劳拉的建议正是我想做的事情。"你去安慰安慰她好吗,你行的。"

劳拉抬头吃惊地望着我,"我?"

然后小女孩走向她姐姐,伸出手摸了摸克劳迪娅的手臂。克劳迪娅半哭半笑,拨开脸上的头发,转身抱住劳拉。俩姐妹紧紧相拥了片刻,克劳迪娅发出一些声音,糅杂着笑声和泪水,然后整个人放松了下来。看到她们抱在一起，全屋子里的人都松了一口气，好像一处隐密而痛切的创伤已经痊愈。然后劳拉在克劳迪娅身旁坐下来，仍握紧着她的手。

父亲带着震撼的表情转向我，"但愿我能做些什么，我真希望我也能那样抱着她。"

这和他以前所说的许多话都不同，这两句话自然而真切。话语里的关心是小孩子很容易就能表露出来的情感，而大人却很难做到。

"你还是可以啊。"我说。

克劳迪娅听到这话整个人都僵住了。父亲则脸红起来。"不，我没办法。如果我做得到，也许一切都会简单得多。此时此刻坐在这里，我还在生气，还在奇怪我做了什么？还在疑惑克劳迪娅说的话，是什么事让她快发疯了？还在想我们家究竟哪里不对劲？"

克劳迪娅开始说话，愤怒再次流露，"我也不知道你做了什么让我这样崩溃。"

一时间争吵似乎又要开始，但卡尔接着以和克劳迪娅说话来阻止谈话再次陷入僵局，也好保护已经获得的成果。

"也许我可以帮到你们，因为我相当清楚发生了什么事。"

克劳迪娅怯怯地望着他，看到他脸上微微的笑意后便放松下来。

卡尔说："我觉得给你这么大压力使你失控崩溃的，就是你爸爸那令人痛苦的理智。你刚刚还在嘲讽他，记得吗？"

克劳迪娅微微点头。

"我认为你那样做是为了让自己不哭出来，或是要逼迫你爸爸走出来不再闪躲，以某种方式给你一个交代。"

卡尔稍微变换一下坐姿，将身体前倾，一只手放在膝上，另一只手小心握着未点燃的烟斗。"但你爸爸做的却是给你一顿训斥，高谈他是你的父亲，你要怎样遵守家规，等等。他隐藏了很多真实的感情，我想那是你崩溃的原因。他不承认自己真实的情感，一直企图保持理性，一直想扮演'父亲'而不是一个'人'。"

卡尔停了一下，克劳迪娅等着他把话说完。

"我想就是你父亲这种破坏自己感情、人性的做法使得你如此难过。我觉得你难过是对的，这确实是个很严重的问题。"

卡尔重新点燃烟斗，然后继续。"问题的部分症结也在于表达争论的方式。你爸爸和你说话时，总是把你当成他说什么你就会照做的七岁孩子，而不是和你一起商量问题，要你帮忙决定。"

卡尔困惑地看着克劳迪娅。

"不过，你有时也会以同样的方式回应他，就像你们没人回头看看这些年来彼此之间的真正关系。你们需要共同建立一个新的系统来维系彼此的关系。显然七岁孩童那套管教方式已经约束不了你，但你们双方都没有达成如何一起生活的共识，也没有建立新的语言体系来沟通双方的差异。"

克劳迪娅正想和卡尔说话时被她父亲打断了。

"你以为我是要——"

卡尔也打断大卫，"你等一等好吗？我在和克劳迪娅说话。"

然后他又转向克劳迪娅，言语亲切："你刚才想说什么？"

克劳迪娅慢慢开始，略带迟疑，但对卡尔非常温柔："我不知道到底是什么让我这么难过的。我只感觉到我很难过。"

卡尔："我不太确定是否有了解的必要。经验本身也许才

是最有价值的。我认为，在这件事上有一点很好，就是你说的
'我'这个字。通常在家庭里，我们总是乐于谈论别人的所作所
为，但你谈到'自己'，还有你的'感受'，这听起来很有希望。
如果家里每个人都能这样做，那问题就解决了一半。"

克劳迪娅为卡尔的话感到开心，同时也讶异她的伤心难过
竟还有正面的意义。不过她仍有疑惑："但我爸爸并不是问题真
正所在。他和我通常都可以相处得很好，可以说一直到最近之
前都还挺好。妈妈和我才似乎真的有问题。"

"或者说你和整个家。"

"什么？"克劳迪娅糊涂了。

"或许整个家也在掩饰，就和你爸爸一样，因此你才担心快
被逼疯了。"卡尔停顿片刻，"你幻想自己坐在房间里，逐渐变
成木头人。我认为这个幻想吓着你了，因为它似乎反映了家里
这种隐藏情感、使人变成行尸走肉的倾向。"

突然间我可以清楚想象克劳迪娅像木头人一样坐在房里，
安安静静疯掉的样子。

卡尔急着把话讲完，"因为你妈妈对这种令人痛苦的理性也
有相同的感觉，所以她一直想当一个'好'妈妈，可是却很难
做一个'真实'的她。"

然后他停下来，等他们反应。

我看着这对父母。他们都很沮丧，觉得被指责和被忽视了。
辅助治疗的好处之一就是，当一个治疗师把焦点集中在家庭中
某一人或某种关系上时，另一位治疗师可以适时出来转移注意
力。我开始对大卫说话，因为他是这一个小时中最为关键的人
物。"你看来很不快乐。"

大卫有点困惑和生气，"我不明白，克劳迪娅尖叫和难过只

是因为我太太和我很理性？因为我极力要以理性的态度处理这件事？我不明白这有什么不对。"

回答他之前我犹豫了一下，我有点同情这对父母，我想帮助他们克服这种被指责的感觉。

"我认为并不能归咎于你和卡罗琳做了什么。真正在操控的是一种情势，一组关系，它的力量比任何个人都强大得多。我觉得这个家庭对待感情的方式有两种系统在挣扎。冲突如何开始是个复杂的问题，但眼前可见的是，你和卡罗琳的冷静克制凸显了克劳迪娅的激烈反抗，而她越情绪化也越反衬出你们的冷酷。一方越往一个方向走，另一方就越被逼得往相反方向做补偿反应。她越激烈，你们就越冷酷，而你们越冷酷，她就越激烈。"

大卫对我们的话开始好奇起来，"但卡罗琳和我有时也会爆发啊。"

我快速看了眼克劳迪娅。"我敢说那个时候克劳迪娅一定是变得很冷酷或干脆跑掉。你们热起来的时候，她就冷下去。基本的问题在于整个家都想把生活的热度提高，却又很害怕这么做。所以你们就下意识地一起设计好，只要有人调高温度，就有其他人负责把它弄低。"

克劳迪娅开玩笑说："他们一开始吼的时候我就跑开，你说对了。"

5.4　放弃不管用的旧教条

我很欣赏卡尔几分钟前说的一点，是他们家一直未曾留意的。我想确定他们是否都听到了，所以再度转向卡罗琳和大卫。

"我想提出另外一点，就是惠特克医生刚才已经讲到的。他说你们和克劳迪娅谈话时就好像拿她当七岁孩子一样。这话说得对吗？"

大卫仍是传统的上一辈的口吻，"我只是认为这是父母的责任，要给她一些指导。"

"我不是针对这点。而是说你指导她的方式以及她回应你的态度。我们感觉你好像被困在只对孩子比较适用的权威系统里了。我认为你和卡罗琳并未全身心投入这件事的部分原因就是，你们并不是真的想要克劳迪娅依这些命令行事。然而你们又不能摆脱那些不再管用的旧教条系统，你们一直是在使一半的劲推动着它。"

大卫："那难道有别的选择吗？我们该让她自己做'一切'决定吗？"

我觉察到他话中带刺，显然他认为我是个极度自由纵容的心理学家。

"你应该摸索着在旧系统中做些变化，以前是父母控制子女，现在应该试着让他们自己管理自己。在新系统中你和她之间将更会是人对人的关系。最好的情况是成为她可以咨询的对象，使她乐于接近你。"

我避免被压制住。

但大卫并没有停止对实际可行的建议的追寻。事实上，并因为我是治疗中资历较浅的一方而开始自我防御，不太认真起来。

"那么我要怎样尝试才会改善？我们已经试过了。"

这次我以更坚定的语气回答："方法是表现父母人性的一面。你们只提到'为人父母'的角色，但却不谈自己，不谈你们的感受。如果你想和长大成人的孩子有更人性化的关系，就该开始尝试将自我更充分地表露出来，而不再做只是好像掌握着所有正确答案的训导员。你们一样也有怀疑、恐惧和问题。如果克劳迪娅知道这些，她就更能在你们身上找到她可以认同的东西，而不仅是看到她一味反抗的东西。"

我看了克劳迪娅一眼，"当然这不是单方面的。克劳迪娅也需要改变。许多问题可以通过协商来解决，其中克劳迪娅自己的责任也会越来越重，不像现在她可以将一切烦恼都怪罪在你们身上。"

谈话时，我可以感觉到，这家人对于我暗示他们可以改善家庭关系模式的建议逐渐有所感应。布莱斯夫妇显然要被迫放弃某些对克劳迪娅的"控制"，他们其实也未曾真正拥有过这些控制；克劳迪娅则将认识并取得一些自己生命的主控权。此刻他们两边都还不急着转变，对原先痛苦纠缠且无比激烈的依赖关系，他们都还有些许眷恋。父母并不十分明白他们的生活里多么需要克劳迪娅夹在当中。克劳迪娅也还未察觉，能将她的痛苦挣扎归咎于父母，是件多么值得庆幸和感激的事。

卡尔对大卫说话，脸上带着谜一样的似笑非笑的表情。

"当然，为什么你和卡罗琳会将克劳迪娅扯入这场混战，这是件很有意思的事。你有没有想过？"

大卫这会儿更严肃了："当然有，可是我从来没有往那个方向去想。"

卡尔直截了当："你有没有想过应该和你们的婚姻有关？"

大卫现在糊涂了："我们的婚姻？"

他和卡罗琳面面相觑。

"对！克劳迪娅感受到的可能就是你们两人之间没有浮现出

来的紧张关系，那种紧张关系使她觉得自己快发疯了。因为她和你们两个都很亲近，虽然亲近的方式不同。"

卡罗琳十分惊讶："克劳迪娅和我可不亲近！"

她听起来有些难以置信，而且显得有点害怕。我在想我们是不是进展得太快了。

但是卡尔却没有丝毫迟疑，"你们当然亲近。你该不会认为所有这些生气是因为你们形同陌路吧？如果不是在意彼此，你会那么生气吗？这里头当然还有很多的关心。"

母女俩都怀疑地看着对方。

5.5 三角关系拯救婚姻

有趣的是，只要卡尔将他们夫妻的婚姻问题提出来，卡罗琳就会立刻下意识地把问题拉回到她与克劳迪娅的争执，仿佛她很害怕面对婚姻的状况。于是我将他们带回问题上。

"卡罗琳，你好像对婚姻的问题很不安？"

卡罗琳小心翼翼地看着我，仿佛这个问题对她来说是个陌生的领域。在她和克劳迪娅之间的冲突上，她的语气是那么坚定有力。但当我直接和她谈婚姻问题时，她却变得羞怯，没有自信。

"我想是的，"她说，"你上次就提过，我也曾想过——或者说我一直尝试不要去想。"

这个新的问题似乎超出了她能应付的范围。

我温和地对她说："婚姻问题在今天已经很普遍了。创造一个三角关系是常见的处理方式。"

卡罗琳看来更糊涂了。"三角关系？什么意思？"

我似笑非笑："那是大多数家庭解决冲突的方法，用一个特殊的三角或一连串的三角。"

卡罗琳："我还是不懂。"

我调整了一下坐姿。把这点解释清楚是很重要的，一定得让她明白。

"你们的婚姻是从某个时候开始冷却的，对不对？"

"对。"

"但我假设，它并没有真的完全冷却。你和大卫还是在抗拒这些压力，一起苦苦支撑着。"

"对，可是我们并未时时刻刻都意识到这点。"

我点点头。"我知道，"我停下来将思绪整理了一下，"处理这种冷淡和紧张的一个方法，就是选克劳迪娅出来当中间人。"

我又停顿一下，"你感觉得到吗？你能感觉到克劳迪娅夹在你们中间吗？"

卡罗琳用特别强调的语气说："当然能。"

我身体向前倾："你话里有愤怒，你可以感觉到吗？"

卡罗琳有点尴尬。"嗯！"

"我想进一步说明。这种安排虽然令人痛苦，但你看得出来吗，就某方面而言这种安排对每个人都有好处。"

"不。"卡罗琳摇摇头。

"好吧！"我充满信心，同时也因为快要接近尾声而感到放松。"对我而言一切都很清楚，至少一开始的时候是这样的。克劳迪娅只要亲近爸爸就能帮上大忙，大卫可以借此填补他生活中的某些空隙。但他们的亲密同时也会引起你嫉妒，这点也很管用，就是可以挑起你们之间的冲突。"

卡罗琳苦笑。"不是'我们'之间，而是克劳迪娅和我之间。"

"那是另外一方面。"我隐晦地说，"借着和克劳迪娅争吵，你可以表达一些对大卫的不满，无须冒揭开婚姻矛盾的危险。"

我稍作停顿，借以强调接下来要讲的话："就某一方面而言，你们两个都在通过克劳迪娅来表达对彼此的不满和关心。所以我说她是个中间人。"

卡罗琳静坐不语，然后直视着我，好像已经下决心要大胆提出问题："为什么我们要这样做呢？"

她显得很天真、依赖，表现出对我从未有过的信任。我知道事情其实没有那么简单，在内心深处她是在质疑我说的每件事。

"我不知道。"我坦诚地说，不想掉入对什么事都有答案的陷阱里。

"不过我猜那是因为你和大卫都觉得对方很重要的缘故。你们不敢把感觉全部都表露出来，怕那样会危害到彼此间那层薄弱的安全感。你们不能冒失去对方的危险。"

"噢。"她好像对这正面的评价很诧异。

很奇怪，治疗师通常都不希望事情太过简单明了，突然间我发觉自己把头偏向一侧微笑着对卡罗琳说道："当然，至于你们俩怎么会这么没安全感，是以后才要讨论的主题。"

这算是小小的制止，但同时也是在半开玩笑地给他们信心，刚才说他们害怕直接面对对方确实有点夸张。

卡罗琳报以微笑，但并没有说什么。然后她转向克劳迪娅，显然不理会我刚刚的话。这次她的语气里多了一些温柔，似乎我跟她讲话的方式也影响到了她和克劳迪娅讲话的方式。另外她也带着点懊恼："如果我们真的是那样对待你的，那可真是不大公平。"

卡尔从刚才就一直没讲话，好让我尽情将家庭引导至我所希望的方向。但卡罗琳最后这句话却引起了他的注意，似乎又有什么困扰着他。他接下来说的话和我一直在坚持的观点是一致的。

"我来帮你解释一下。"他说，"并不是你和大卫有意要如此对待克劳迪娅的。我认为是全家都默许这样做。而且我猜，在这种安排下，克劳迪娅不止是受害者，同时也能从中获得许多力量和影响力，并晋升为家庭里大人中的一员。"

他对克劳迪娅微微一笑，问道："你认为呢？"

克劳迪娅有点困惑，但她也笑了，"听起来相当不可思议。"

卡尔仍然微笑，"你知道的，我们这些家庭治疗师，都有点疯狂。"

他停了一下，"怎么？你不喜欢疯狂的想法吗？"

克劳迪娅谨慎地说："不。我挺害怕的。"

"但我们必须得奋斗，因为疯狂才是生活的真面目。"他显然不是开玩笑，尽管语气很轻快。"这也就是你说快被家里逼得发疯时，我觉得兴奋的原因。那正是你们家所需要的——能使人疯狂。当然，没有人希望被逼疯，但如果你可以帮助你们家学习如何疯狂，而且乐在其中的话，那真是件很了不起的事。事实上，我想那也许是你感受到家庭给你压力的原因。如果你能打破你们家这种可怕的理性，他们可能也会试一下疯狂是怎么回事。"

卡尔几乎就在明指，他们家之所以逼得克劳迪娅快发疯，正是因为他们对不被那么严格控制有着强烈需要。但他显然不想在这儿说清楚这个拐弯抹角的问题。他抬头看看钟表，"今天就到这里吧。我还有工作要做呢。"

卡罗琳望着我，样子有点生气，"也许我什么地方弄错了，但我实在很困惑。我们刚开始专注于某件事，然后又出现了一个新的话题。"

卡尔已经起身，正要拿起电话查看留言，他们家其他人也站起来准备离开。劳拉在后半小时里一直挨着丹，差一点要睡着了。在大家离开的声响中，她还昏昏欲睡一脸迷茫。

在最后一刻，卡尔转向卡罗琳，回应她的问题，全家人都停了下来。

"恕我冒昧，我认为你的困惑是很好的。"他说："困惑是创造力的开始，如果你想为家庭开创新局面，就必须感到困惑。但我要给你一些忠告，不必去做理性的整理分析。让它就种在你的心里，也别在家里讨论这些。在我们继续谈下去时，一些重要的事情会自然解决，并且你会开始明白这其中的意义。"

他停顿片刻，每个人都在等待。

"下个星期还是这个时间吧？"卡尔问。

他们夫妻点点头，于是我们互道再见，卡尔在劳拉走过时温柔地拍了拍她的头。大卫和卡罗琳离去时表情有点茫然，但我觉得无可厚非。

面谈的基本模式已经建立起来。我们要求家庭采取主动，他们做到了。他们不仅冒险将一些互动的方式显露出来，同时还让冲突超越了他们在家里所能允许的限度，可以达到互相刺激对方甚至公开发怒的新境界。虽然在进行过程中有所阻碍时，我们也曾介入，但我们的作用大致上是观察，并为他们提供安全感。然后在结束前，告诉他们我们所看到的一切。这就是我们的基本模式：让受治疗家庭有所行动，然后我们以促进他们成长的方式来施加影响。

　　他们对我们的看法产生疑惑，事实上是积极的预兆。这表示他们已经暂时停止挑彼此的毛病，转而将这项工作移交给了我们。身为旁观者，我们能更容易察觉他们自己无法看到的东西——并不是因为他们不聪明，而是当局者迷。困惑意味着他们需要更多的参与，他们需要将监督及解释矛盾来源的工作交付给我们。

　　一家人可以接受治疗，也可以参与治疗。这个家庭就是在参与。

第 6 章　基本的冲突

——分离和亲密，能分也能合

　　家庭是一个小型社会，有它的社会秩序、隐秘的规则、微妙的用语、矛盾、互相较量、封闭的生活风格和思考方式，外人不易一眼看穿。家庭拥有一个大家投注多年心力才建立起来的系统，他们不愉快时，会和治疗师商量想要改变，但双方都明白他们会抗拒改变、抗拒治疗师。治疗师的诊断也往往不被家庭认同，家庭抗拒"每个人都有份"的界定方式，治疗师必须努力说服家庭认清这一点。

　　家庭中有很多使治疗师不安的东西，如压力、家人对立两极化及争吵白热化、父母子女三角关系、总是寻找责备怪罪的对象、全家共生过度扩大的认同感、担心生活停滞与生命死亡，等等，这些都是家庭基本冲突的来源，且均源自夫妻原生家庭的不安全感，卡罗琳和大卫虽然是两个成年人，但过去生命中有一些未解决的情绪掺杂在彼此关系分、合之间摇摆不定。于是克劳迪娅变成了父母的战场，他们通过她争取分离的自由，通过她呼喊对亲密的渴求……

治疗进行的时候，卡尔和我采取坐在一起面对家庭的方式，是有很大原因的。因为家庭固然是为了求援而来，我们也试图伸出援手，然而同时我们也在向他们宣战，他们对我们亦然。治疗一开始，我们就和家庭开战了——关于谁该出席面谈、该由谁来主持以及由谁主动，等等。我们对诊断方式也有争议，接受治疗的家庭通常自认为他们是为了帮助家中某一成员而来，而我们不单对他们所谓的援助对象感兴趣，还忙着重新界定问题，促使整个家庭都做出改变。虽然我们和家庭都不清楚到底该做多大改变，但他们往往不会赞同我们对问题的诊断。

家庭和治疗师最终应形成一个相当紧密的团体，朝着共同的目标一起努力。但是在新系统力量仍然薄弱的时候，没有任何一方能真正了解或信任对方，因此关系紧张是必然的，因为两个不同的世界正试图携手合作。

6.1 家庭是隐密的小型系统

家庭是一个小型社会，有其社会秩序及规则、结构、领导、语言、生活风格及精神内涵。家庭中所有隐密的规则、微妙的用语、秘密的仪式和舞步等自成一个独特的小型文化体系，外人不容易一眼看穿，但是它们确实存在。比如妻子明白丈夫用某种眼神看她的时候，代表什么意义；丈夫也清楚妻子每次声调转变，意味着有什么事将发生。但是他们的邻居可能就不知道这些信号到底在暗示什么，像你、我这样的外人到现在也还弄不清楚。家庭经过多年共同生活才建立起他们的世界，而他们目前的经历与过去的家庭史也有着特殊的联系。家庭一走入治疗室，以往发生过的事——包括那些并未发生在他们身上，而是发生在上一代家人身上的事情，全都会在家庭系统里活跃起来。

家庭无须告诉我们其世界中的每一件琐事，从他们之间关联的方式中就可获得证据：他们就座的方式、交谈的方式、语调、对生命的看法和假设等。种种外力在他们身上产生的作用，再加上他们自己的意愿，塑造了他们的生活模式。这种模式不但有组织，而且可预期，同时还具有独特而无法替代的意义。他们的经历是可预期的情感循环。全家人似乎都遵循着明确的轨道围绕彼此运行着。他们的经验本身就自成一个世界、一个太阳系、一个小型的宇宙。

治疗师同样也有他们自己的世界。他们之间互相认识多年，也独自或共同拥有一些经验，他们对生命有自己的看法。上述经验，有些属于专业性，有些是个人的，有些则是两者的综合。与家庭仿效大社会的明确规定和价值观不同，治疗师的想法多少有点激进的倾向，不太为社会秩序所接受；而家庭却生活在这种秩序之中，直到治疗前仍大致接受着它的教条和教化。事实上，治疗师的主要任务就是帮助家庭质疑过去有关人际关系的教导是否正确。

经由治疗，家庭表面上会承认他们以往的生活模式至少在目前是失败的。他们生活的规则、秩序和一致性正在或即将瓦解。治疗师明确表示他们或许有一个较好的模式，家庭可以从这种模式的世界观里学习到一些东西。所以，表面上家庭是顺从于治疗师的引导的。

以上都只是表面的，因为家庭也不确定治疗师能给他们什么。而且即使治疗师真有能力做到，家庭也不确定他们是否真的想改变。毕竟，他们拥有的是一个大家投注多年心力才建立起的系统，其中包括家庭中的人、微妙的用语、语调，等等。这个系统是他们生活重心的延续，是他们的过去与未来之间的桥梁。假若就此改变，会变成什么样子呢？改变是否将威胁到这种连续性呢？改变以后他们的生活是否还依旧是一团糟呢？

因此，尽管他们同意家庭必须改变，并且允许治疗师协助，但是家庭同时也明白他们会抗拒改变，而治疗师也了解这一点。所以对抗是双方参与的，系统对抗系统，治疗师被允许以他们的世界观侵入家庭，然而他们自始至终都明白这个任务十分复杂。最后的结果将由这期间的种种变数而决定，包括家庭是否有足够的勇气和意愿冒险，以及治疗师是否真的不论内在或外在都与他们专业性的角色一致。假如家庭的状况很糟糕，治疗师本身甚至还需要再成长，以便更有能力应付危机。治疗师和家庭双方面的情况都极为复杂，两种系统会互相冲击、混合，然后产生一种难以预测的化学反应。

6.2　一般家庭的共同模式

让我们试着刺激家庭与治疗师之间两极化对立的局面，以便观察二者潜伏的紧张关系，例如他们接触时表面上的摩擦等。首先，就从家庭的动力开始。

治疗初期的轻松气氛结束以后，卡尔和我坐在那儿聆听家人交谈时，通常都会注意到一些令我们不安的事情。我们开始发现家庭所出现的差错、问题以及苦恼。寻找错误虽然只是我们工作的一部分，但其实蕴含着深意，因为家庭的生活方式常常会危及我们自身。在他们的世界中，存在许多我们不喜欢以及不想参与的事情，其中有些也许只是令人不悦或毫无价值，但有些则可能会在我们内心深处掀起波澜，并与我们自己生活中的问题产生共鸣。不论原因为何，一开始我们总会发现自己不由得四处探寻，找出家庭中令我们不安的缘由并扪心自问：到底出了什么问题？然后，我们在每个家庭中几乎都可找到一些共同的模式。

一、压力。所有家庭都生活在压力中，我们社会里的压力也很多，一般前来接受治疗的家庭所承受的压力早已超出了负荷。通常压力的来源似乎都很难解释。而布莱斯家承受的巨大压力则显而易见，从他们紧张的姿势、郁积酝酿而爆发的怒气，以及充满戒心的防备姿态中都可以略知一二。他们的表情在压力下变得疲惫不堪，连声音也虚弱无力，万分沮丧。这种压力一直持续又持续着，仿佛用电量的负荷超出临界，在治疗室内发出噼噼啪啪的声响。

当卡尔和我开始找寻家庭压力的来源时，我们发现了数种压力的类别。其中包括生活中不可避免的正常的疲惫与摩擦、紧张的工作、抵押贷款的烦恼，它们都在构成压力，甚至抬一张沙发也会使肌肉拉紧。如同著名的压力界权威汉斯·塞尔耶[①]所说的，即使是呼吸、走路和说话都会形成某种压力，甚至会导致身体筋疲力尽。生命本身就存在压力，这是恒久不变的

---

① 汉斯·塞尔耶（Hans Selye，1907—1982），加拿大病理学家，被称为"压力理论之父"，首创应激学说，推动了病理学和内分泌学的研究。——编者注

事实。

1.突发的情境压力。指任何人在生命某个时期中可预期的危机。它可能是一场大病、换工作、生孩子、搬家、家人死亡等，这些都会造成巨大的压力，迫使人学习如何适应突然改变的新环境。研究显示，在我们面临上述突发的变化时，常常容易生病，这表示身体正在对抗压力。

2.人际关系中的压力。包括原本应该互相合作的人们之间产生的冲突与不和。我们有时非但不会处理生活中无数的实际问题或较小的突发事件，反而常去攻击自己的朋友、同事和家人。家庭的分裂非常复杂也最令人费解，因为通常与上几代所发生的事有关，这些事件残留的情绪遗传给了下一代。家庭的认同感由家人所持有的冲突模式所维系，这种想法似乎很奇怪，但是这就像孩子从父母身上学到价值观和事实时一样，他们同时也学习到了冲突与压力的情绪模式。

3.个人内在的压力。指个人与自己的战争。人内心的冲突并非源于自己，而是外在压力内化的结果。一个屡遭父母伤害的小孩，长大以后会内化转而攻击自己，而后将会把自我攻击转移到与他人的关系上。

以上各种类别的压力意义都很重大，并且值得我们注意，其中对家庭治疗师来说研究人际间的压力更为重要，特别是家人之间的战争。因为家庭投入治疗时，往往已经濒临彻底瓦解的边缘，所以家庭关系便有决定性的影响，而弥补这些裂痕则是我们最优先的任务。

二、对立两极化及争吵白热化。布莱斯家呈现给我们的只是一个简化的和经过组织的修订版本，其实背后还有更大的压力存在。最简单的说法就是"都是克劳迪娅的问题"，而我们也从一开始就拒绝接受这种说法。我们知道问题远比克劳迪娅大得多，所以拒绝考虑通过替罪羊来解决家庭问题。当我们将全家人集合在一起时，立刻出现了第二种简单的说法："问题是克劳迪娅和她妈妈的战争。"听起来似乎比第一种说法好一点，但我们仍然保持怀疑。

这确实是场战争。克劳迪娅和她妈妈是陷入了一场痛苦的对决中，并逐渐扩大升级到有可能酿成悲剧，我们大家都一眼就看穿了这种过程：一方先挑衅，另一方就立刻回击，这又导致前者再度发动攻击。双方每回应一次就增加一些压力，使这种攻击与反击的往复过程快速达到更为紧张的地步。我们小时候在操场上都玩过这种游戏，跟别的孩子互相煽动挑衅，最后鼻青脸肿或外套被撕破，危机就此收场。家庭如此，加油站竞争也是如此，甚至国家与国家之间也是经由这个过程才逐渐发展至惨烈的战争。

系统理论学家十分熟悉这种对立两极化，以及战争白热化的过程，他们还用不同的名词来形容这种过程。我选择如下说法："正向的反馈螺旋"（positive feedback spiral）。假设所有的系统都有某种稳定和平衡，通常是平静的状态。再假设这类系统需要某种信息告知其是否仍在维持原先的方式或平衡，这种信息就叫作反馈，分为正向和负向两种。正向反馈向系统显示事情正在发生变化，并逐渐脱离平衡。而负向反馈则告知系统其正在恢复以往常态的模式之中。（注：在系统理论的语言中，正向和负向并不似一般含有价值判断，而是指出改变的方向乃朝向或远离常态。）

起初，这家人，特别是克劳迪娅和卡罗琳，会为一些不明的原因而几乎完全陷入正向反馈的螺旋。他们每跨一步，家庭关系就离稳定的模式远一步。当然，每个系统有时不免需要改变，需要正向的反馈。但母女之间的恶性循环却严重威胁整个系统的稳定，平衡或稳定状态的中间时距变得越来越短。克劳迪娅拒绝接受父母的监督，而父母也拒绝让她自治，周而复始，他们就陷入了大家都害怕却也无法改变的命运之中。

这场母女之战的意义确实很难弄清楚。她们的争执似乎并不算严重，还不至于闹到要自杀或发疯的地步。但这些似乎都已经造成了伤害。为了了解这个痛苦的螺旋，我们不得不怀疑背后还有更多事情，一些隐藏的争执还有待发掘。先了解它才是改变这种螺旋的前提。

三、三角关系。我们可以很轻易发现杰伊·哈利所谓情绪困扰的基本问题——三角关系。几乎在所有的症状中，哈利教授都发现了这个简单、悲伤而平常的故事：父母在感情上互相疏离，在极端的孤独之下，连累孩子也过度介入于他们的挫败情绪中。当这些孩子在困扰中长大成人后，他们也会不自觉地重蹈上一代的覆辙。

卡罗琳和大卫的婚姻无疑出了问题，然而在我们提出这点之前，这个问题却仅仅像阴影般掠过他们的意识。一旦我们提出来，他们好像有心理准备一样，立刻承认他们的婚姻确实已经冷淡疏离多年，而且每况愈下。克劳迪娅的困扰与他们的婚姻问题的关系已毋庸置疑，只是短时间内我们还不清楚这种关联的性质，或是该如何去处理。

有一种方法是用旧式的性观点来看克劳迪娅和父母之间的三角关系。如同弗洛伊德所描述的恋母情结和恋父情结一样，大卫在疏远妻子之后，渐渐依赖于和女儿情感上的亲密，时日一久，这种关系就会出现某种略带不正常的性意味，大卫没有意识到自己正在利用克劳迪娅来取代妻子。

同样，卡罗琳也不明白自己为什么会对克劳迪娅这么生气。也许是因为大卫摸克劳迪娅头发的方式，他晚上一回到家就先找克劳迪娅说话，他对克劳迪娅说话时流露出的爱，又或许是他花了很多时间陪克劳迪娅做功课。卡罗琳，事实上，强烈嫉妒着自己的女儿。

到目前为止，这种对情势分析的观点还算正确。但这种观点显然也有些问题，其中一个就是因果关系的用语，如"大卫过分关心克劳迪娅，这是卡罗琳生气的原因"，意指大卫对克劳迪娅做了某些事。这种说法将大卫当成了罪魁祸首，而卡罗琳和克劳迪娅只不过是随之反应而已。这种旧式物理学的因果关系用语，即使在物理界都已过时，而用来分析家庭关系如蜂窝般的复杂性和合谋性，就更加不恰当了。

我们不妨换个角度来看：大卫和卡罗琳都表示婚姻关系变得越来越疏远。我们暂且无须深究原因，事情就是这样发生了。既不能单怪大卫，也不能把责任归咎于卡罗琳，而是两人在生活多年后，不知不觉共同酝酿出来的。但是夫妻在心理距离上并未留白，反而将孩子填补了进去，尤其是克劳迪娅。夫妻之间逐渐变得冷淡和疏远，随着克劳迪娅的成长，她便成了父母无言但紧张的冲突下的人质。在大卫需要满足情感上的亲近时，他就待在女儿身边；卡罗琳则借此向女儿大吼，间接表达她对大卫的不满。夫妻经由女儿而替代性地、间接刺激地共同生活着。这种情况对克劳迪娅而言，显然十分困惑也万分痛苦。

但克劳迪娅也不仅是牺牲者。在某种意义上，我们怀疑她默许加入这场闹剧，原因是她可以从中获得权力。克劳迪娅被父母"晋升"到了近乎成人的地位。而介入父母的婚姻，则给了她很大的权力。如果妈妈不答应她的要求，克劳迪娅可以依赖与她暗中结盟的父亲，因此她可以公然反抗母亲，而且逃脱处罚。卡罗琳偶尔会以恳求或有失身份的态度面对女儿的违抗，这些都源自夫妻间的分裂，而克劳迪娅清楚并且利用了他们的分裂。

由上可知，包括克劳迪娅在内的三个人都不知不觉共同创造了这种荒谬的局面，因此并无任何人该单独认罪，而是全部的人都有份，需要大家都踏出特定的舞步才开得成这场家庭舞会。短期内舞会似乎对大家都有利，但是发展到某个地步就失去了作用，并且就如同我们在治疗之初所看到的，变成了家庭的一出痛苦的讽刺剧。

但为什么卡罗琳和克劳迪娅之间的疯狂战争会威胁到家庭的完整呢？为什么卡罗琳和大卫不直接与对方发生冲突呢？为什么要通过克劳迪娅争吵而破坏克劳迪娅的生活呢？我们认为，原因是他们都非常恐惧任何可能的公开战争，他们深爱对方也太依赖对方，因而不愿冒险表现对彼此的敌意。尽管他们表面上互相疏远，但暗地里早已结成了紧密而又恐慌的同盟。而一场真正争吵所必备的明晰和坦诚的意见分歧，对这种脆弱的结合来说是非常危险的。所以紧张必须另寻出路，比如在卡罗琳和克劳迪娅之间。

还有一个有趣的假设：克劳迪娅和妈妈之间逐渐蔓延升级的战争，其实在逐渐加剧的婚姻冲突中占有一席之地，会促使夫妻的紧张关系平缓下来。理由有很多，例如卡罗琳和大卫的冲突暗中加剧时，为了帮助他们处理这一冲突，全家人就会心照不宣地制造一场卡罗琳和克劳迪娅的战争。更重要的是，无论母女之间的战争显得多决绝、多惨烈，总是能使父母关系更亲近。他们不得不如此，因为必须合作才能应付女儿。克劳迪娅甚至抱怨这个自己加速促成的结果：

"爸，你最近都比较着妈！"

一如精神分裂症患者，在家庭婚姻之战升温时就住院治疗一样，家庭将孩子排除在外以换取婚姻的稳定，这样做付出的代价极大，也极为痛苦。

四、责备怪罪。家庭最痛苦的挣扎就在于它迫切寻求某位成员作为可以怪罪的对象。怪罪是一个具有强大威力的过程，家人不但互相谩骂指责，而且轮流推卸自己的责任。卡罗琳确信，只要克劳迪娅肯改变，家里就会太平。而克劳迪娅对卡罗琳也有同样的想法，只要妈妈肯改变，家人和她都会大大松一口气。双方都视自己为无力的牺牲者，而将对方视为有权力、能够控制自己命运的人。

卡罗琳和克劳迪娅坐在那儿恶狠狠地看着对方和给对方施压时，她们无意间泄露了自己在争执点和观念上的误解。她们都非常清楚对方，却对自己一无所知。她们不了解自己的感情，也没发觉自己有行动和改变的可能性。刚开始，她们甚至无法好好谈论自己，更不用说考虑自己也可以有所改变。她们总是谈论对方，认为只有对方才是那个最应该改变的人。

克劳迪娅和卡罗琳完全无法视对方为一个独立存在的个体。对她们而言，对方只是抽象的存在，例如有权力的实体、威胁性的力量、愤怒的形象、或是一个在焦虑的丛林里具有象征意义的陌生人，等等。对克劳迪娅而言，她妈妈代表着惩罚性的权威、背叛者或令人透不过气的一团浓雾。对卡罗琳来说，克劳迪娅代表叛逆、不知感恩的藐视者或恫吓者。谁猜得透她们瞪着对方时到底看到了什么？卡罗琳凝视女儿时，我们不知道她看到了丈夫，还是看到了她母亲？她自己？或是她某个兄弟姐妹？这场争吵掺入了很多复杂的因素，以至于卡罗琳和克劳迪娅几乎完全看不清对方的真实面目。卡罗琳当然看不见卡尔和我眼中那位惊恐、孤独而又困惑的女儿；克劳迪娅也自然无法感受我们眼中痛苦、恐慌、胆怯又寂寞的母亲。陷在这场狂怒的风暴中，对方对她们来说都是"威胁"，而不再是一个"人"。

我们以上谈到的不只是知觉上的误解，因为问题远比那个严重得多。人对于他人的认知根源于自我的经验，而家人之所以无法将对方视为活生生的人，便是由本身的经验所限。我们无法在认知上教他们如何对别人有不同的感受。但首先，他们必须对自我有不同的发现。这就是家庭治疗所采用的途径：发现。

五、认同感的扩散。在家庭中还有比敌对成员之间政治性的战争更严重的问题。若假设家庭中只有性别政治的冲突，那就未免高估他们了。卡尔和我相信，每个家庭一旦产生任何严重的问题，所有人都会紧密、艰难地联结起来，没有任何人可以例外享有自主和独立权。因为他们之中虽然有些是成人，却往往不够成熟。通常"全家共生"（family-wide symbiosis）的意图，会抑制家中成员的个体性。他们互相依赖，害怕失去对方的支持，这种恐惧心理使他们下意识达成共识：必须同舟共济。家人之间陷入一种僵化的模式，借设计复杂的机制和迂回的例行程序来保全家庭的完整，却因此而付出了牺牲每个人个体性的代价。例如卡罗琳本来可以直接向大卫说出挑衅的话，但是她不敢。又如大卫也可以在周末独自露营一次，但他也不敢。家庭的自发性、创造性以及活力都在相互取悦和维持平衡中一再地妥协让步。恐惧使他们不敢真正成为自己，至于恐惧些什么？他们自己也说不上来。

五个单独分离的个体组成的家庭变成五人的组合体——家庭。甚至不是家人操纵家庭，而是家庭系统严格控制了每个家人的角色。家庭的规则就像钢爪般操纵着全家人。这种由压力而产生的共生集合体反而制造出了新的压力，它威胁到家人的个体性和自主性。在这场困境中每个人都为失去自我而感到恐慌。家庭为了适应这种失去自我的恐慌就会创造一些冲突。其实战争正显示了家庭成员独立分离的需求，而从中脱离独立的方法就是与某一成员起冲突。但不是冲突的程度还不够，就是过于激烈，破坏性和代价都太大。

治疗初始，家庭每个成员通常都想大声抱怨自己被某人吓到了。显然他们真是如此认为，他们真的"感觉"到了恐惧。但是丈夫和妻子、妈妈和女儿，异口同声指控对方"你吓到我"时，他们所受的威胁与其说是来自彼此，不如说是来自每个个体对彼此的需要。他们的不安全感如此强烈，竟然愿意为了追求安全感而屈从于这种共生关系及其他需求之下。所以，威胁和奴役他们的并不是某个家庭成员，而是这种共生关系、这个系统和这场家庭舞蹈。因此事实上家庭本身才是他们该向之乞求自由的对象。

但不只是自由和独立濒临危险，他们家外表的和谐一体也是假象。家庭开始投入治疗时，其成员通常会有个人疏离和紧紧束缚混合的沮丧感。他们丝毫享受不到真正独立的自由，也不愿尝试真正亲密的快乐。他们只是被孤独地禁锢在这个虽然珍爱却又无法获得快乐的家庭中，陷入了无止境的炼狱般的折磨。

六、停滞。家庭中还有比害怕失去对方更大的恐惧，那就是害怕一成不变和静止，事实上就是害怕死亡。我们对死亡的认知隐匿于所有经验之中，而这种意识也是家庭关键的动力的来源。

大卫和卡罗琳开始感觉岁月之轮朝他们碾过，而其中很多年都没有真正享受生活。虽然他们并没有这样告诉自己，但是内心却感觉十分恐慌，生怕永远再没有机会一起创造令人满意的生活。

就像许多夫妻一样，大卫和卡罗琳的关系随着岁月流逝而越趋冷淡和疏远。但是若从较深的层面来看，他们彼此的感情绝非冷淡那么简单。事实上，反而随着岁月流逝在对方身上投入的心力逐渐增多，彼此的感觉也越来越强烈，任何一对夫妻都是如此。但假如这说法是正确的，又该如何解释夫妻表面上的疏远和冷淡呢？为什么会产生既孤独又厌烦的不愉快感呢？

最大的问题出在夫妻双方从原生家庭所学来的亲密关系的模式。他们在成长过程中都没被允许充分活出自己。他们从小就学会将自己的"情感温度计"调到最低度，因此当他们的婚姻开始产生压力时，原生家庭的关系模式便暗示他们选择疏离来处理调节这些激烈的情绪。但是这些火山下的岩浆并没有消失，而是在地表下暗暗流动，随时准备寻找出口迸发。

这个时候，克劳迪娅正好可以做夫妻表达情感的媒介。性、愤怒和痛苦，这些父母企图压制克劳迪娅的地方，其实正是他们自己需要释放的一部分，克劳迪娅象征着他们不敢想象的各种追求自由的愿望。因此，家庭宛如一个和自己煎熬作战的人，其中一方（克劳迪娅）呐喊自由和寻找生机，而另一方（大卫和卡罗琳）则镇压前者，低声喝道："安静！忍着点！"可以说，这其实就是场生死之战。

克劳迪娅不仅是父母表达自我的象征，更是他们应付外在世界的激发者、调停者和信差。这个高喊"我要做我自己"的女孩成了父母寻求自我个体化的榜样，而人所面临的最具挑战性的任务就是"成为一个人"。因此，当克劳迪娅传递了许多家庭的绝望的同时，她也代表着想打破深植于家庭的严重惰性和缄默的愿望。既然克劳迪娅代表了如此多的意义，也难怪他们拒绝改变她在家中扮演的角色。我们在诊断上跟家庭有所冲突也并不奇怪，因为重新定义问题对他们而言意味着必须重新定义家庭。

幸运的是，家庭中的危机意识和混乱，正好呈现了一个现实的（或许很短暂）可以打破僵局的间隙，也为治疗师提供了一个切入点。如果不治疗，家庭很可能会以类似方式再次形成长期慢性的冲突。但是目前，他们都相对坦然地接受了治疗师的"介入"。

6.3　辅助治疗系统的示范

这里，我们暂且将话题转向治疗师 —— 家庭专业关系的层面，以及两位治疗师的世界。

卡尔和我曾表示，家庭有与外界社会系统接触的需求，而我们两个正是一种社会系统。治疗之前，我们是分开来的两个个体，各有其专业背景和个人经验，有各自的家庭及世界观。我们进入家庭时，也将以上这些个别分离的经验一起带了进去。

我生长在佐治亚州南部的一个小镇，卡尔则在纽约州北部一个农场长大。然后我前往康涅狄格州读大学，主修英文，希望成为一名诗人，然后又回到佐治亚州一家学校教英文。卡尔离开家乡的农场进入大学，就读于雪城大学的医学院。他原本想当妇产科医生，但一次心理治疗的经验使他转向了精神病学。而我在英文研究所进修时，也是类似参与治疗的经验，引导我成了一名心理学家。

卡尔卓越的职业生涯包括了许多类型的临床经验，如少年犯、精神分裂症患者、夫妇和家庭。他当过精神医学系主任，也从事过多年全国性演讲和咨询的工作。而我的事业可谓刚起步，以前曾尝试行政管理和教学，临床上多半是家庭和夫妻方面的经验。我已婚，妻子叫玛格丽特，有三个孩子，最大的也正好在青春期。卡尔和穆里尔有六个孩子，最小的刚刚上了大学。

描述我们的生活细节其实并不重要，重要的是我们两个都各自将有用的经验带进了治疗。卡尔发现和精神分裂症患者或孩子讲话的时候，"疯言疯语"的方法非常有效。他以往治疗重度精神病患者的经验使他接触到了潜意识和非理性的世界，而这种非理性的经验在治疗受严重困扰的家庭时是很有用的。而我在心理学上则更重视常态发展，正好弥补卡尔偏向临床的背景。除此之外，我的学术经验使我可以对家庭做出有逻辑的解释，至少在情况还好的时候是很管用的。通常，家庭会欣赏我的严肃认真，但他们同时也可以从卡尔的幽默感和他即兴的玩笑中受益良多。

我们若能给家庭带来什么帮助，部分功劳应归于过去自己接受治疗的经验。卡尔曾经接受过五次心理治疗，我则尝试过三次。我们也会运用自己良好的婚姻和家庭关系作为亲密关系的示范。年届六十的卡尔抚养六个孩子长大的经验十分有用，我目前也有一些教育的经验。卡尔强韧的父性特质和我较为母性的倾向配合得很好。尽管我们也时常在治疗中不自觉地互换角色，轮流扮演父母，但重点在于我们能够巧妙融合这种复杂又坚固的关系，并把它带进治疗中，一种能分能合的混合关系，可以搭配出很棒的专业性"婚姻"。

我们认为治疗其实是一种象征性的"为人父母"的经验，而辅助治疗关系是治疗的基本工具。若家庭中父母关系疏离，那我和卡尔这种坚定而轻松的关系形成的团队配合的能力，就能为家庭治疗提供不可或缺的权威或力量，在治疗时也可以使家庭恢复信心，同时也获得他们的信赖。在治疗深入，以及家庭的个体化渐趋明朗之后，家庭才会开始对我和卡尔之间分离的、个人化的、相异的治疗方式感兴趣。但是治疗初期我们结合的力量是最重要的。

谈一个性别方面的观点。一些治疗师坚持辅助治疗应该一男一女，这种看法并没有错，因为理想上的治疗团队应该同时扮演丈夫和妻子的角色。但这并不表示辅助治疗师必须是异性才能为家庭树立象征性的父母形象。真正有帮助的应该是两位治疗师能超越年龄、性别的界限，正如一位杰出的治疗师阿夏·卡地斯（Asya Kadis）喜欢说的："灵活运用多把钥匙。"卡尔有时可以像个温柔的母亲，有时又像个顽固的老头子，而我自己有时也客串一下叛逆的青少年，扮相也还不坏。这些远比生物学上简单的性别分类要复杂得多。

在开始和一个家庭接触时，我们会有一些优先的目标。首先，就是将替罪羊的角色偷过来。原先克劳迪娅在家里有几分治疗师的味道，因此我们决定取代她的角色，以找到家庭三角关系的入口。我们之一会先卷入家庭中人或事的纷争，然后再退回辅助治疗关系的避风港。这种"一进一退"的运作就像克劳迪娅离家出走和回家一样，我们希望借此打破僵局，如克劳迪娅原先的企图一样。又因为我和卡尔拥有彼此做后盾，因此一进一出之间比单打独斗风险更小。

我们和家庭成员之间建立的关系总是易变的，此刻支持或压制某人，等一下目标又会对准另一人。我们也以此来避免成为某人的永远支持者，或陷进某种角色。我们工作的性质是"整个"家庭的代理人，可承担不起卡在某个特殊关系里的代价。

身为整个家庭的代理人，我们在治疗初期有一些大致的目标。在家庭开始长期挣扎于打破僵化和压力时，我们相信最富意义的突破往往在最高值的经验中发生。发生时不一定刚巧在治疗室里，但至少期望是受治疗的刺激所致。以下的两种经验似乎是最关键的：其一，家人冒险让彼此间更独立、更具分歧，甚至比平常更愤怒；其二，家人冒险让彼此间比平常更接近、更亲密。

事情发生的顺序应该是下面这样：家庭开始信任治疗师提供的凝聚力，然后利用这种支持，发泄长久累积的怒气。结果，既没人死掉，也没人提出离婚。事实上，每个人反而会觉得异常兴奋与平静。怒气爆发之后通常紧跟着极度亲密温暖的气氛，有时却要等上很长时间，特别是在家庭累积了太多怒气的时候。

我们发现家庭亲密和关怀的能力，往往会与他们独立和分歧的能力同步发展，相辅相成。除非确定可以再分开，否则家人不可能冒险彼此接近。假如不能确定可以独立依靠自己，那么牵扯太深也是十分令人恐惧的。同样，如果不能依靠残存的温暖和关爱把他们系在一块儿，他们也不敢真的制造独立和分歧。因此当他们越有力量、越独立时，也就越容易冒亲密和接近的风险；反之，他们越亲近，就越可以冒险追求独立。

但如何把这种想法付诸行动？如何使家庭从死气沉沉、令人生厌的假亲密和假独立中冒险踏出第一步呢？该如何帮助他们打破这种挫败的纠缠关系呢？我们多少都得以身作则示范这个过程。我们必须自己先冒险，好让他们觉得也可以冒险试试看。如果想使家庭取得"存在意义上的转变"，变得更真诚、直接和富有活力，我们自身就必须先做到真诚、直接和富有活力。

在协助家庭成员朝个体化及亲密前进时，我们希望从两代分离先做起。克劳迪娅过分介入父母的事情，反之父母亦过分介入克劳迪娅的世界。在家庭个体之间能分离和区别之前，两代人之间也许需要先进行分离和区别。这并不是个简单的问题。因为后来发现，即使是克劳迪娅的父母也并未真的从他们的上一辈中分离出来。

除非大卫和卡罗琳这一代先有改变，否则他们不会允许克劳迪娅和他们真正分离。这意味着他们必须先解决自己紧张的婚姻问题，才可能放开克劳迪娅，任由克劳迪娅过她自己的生活。在那之前，父母太需要克劳迪娅和他们纠缠在一起了。此外，虽然卡罗琳和大卫似乎乐意审视和谈论他们的婚姻，但要帮助他们改变，远比我们预想的困难，就像要解开一团被顽皮的猫弄乱的毛线球，得花上很长的时间一样。

第 7 章　外祖母的阴影

——母亲是原生家庭的受害者

在治疗过程中，从克劳迪娅对卡罗琳桀骜不驯的态度上，治疗师发现母女二人相处的模式中隐藏着过去的阴影：卡罗琳不自觉地将从前母亲加诸自身的影响，带进自己与女儿的关系里。治疗师敏锐地分析了这种微妙的互动，抽丝剥茧理出了一些头绪。卡罗琳要怎样才能做到自我肯定、不攻击、不自贬、有尊严和受尊重呢？

卡尔和我知道要处理这对夫妻的婚姻问题是件很棘手的事，有点像精密的外科手术。卡罗琳和大卫对他们的婚姻很不安，我们必须格外谨慎。我们也知道，单从卡罗琳的脸上就可以看出她有很大的困扰。在克劳迪娅这个明显的替罪羊背后，还有更大的家庭受害者，就是克劳迪娅的母亲——卡罗琳。

我们对大卫倒是比较放心。他脸上一直挂着笑容，面对家庭问题时总是很积极地说："我们来解决"，让我们相信他不会再从治疗中退缩。

事实上，治疗开始一阵子后，他便负起了督导整个家庭前进的责任：和我们商量下次见面的时间、向其他的家庭成员提出一些有益的问题，甚至主动解释他的所听所想。当然，我们有点怀疑他如此热心帮忙的动机——他显然急着要把焦点从他身上移开——但我们还是很高兴他对家庭治疗这么投入。

卡罗琳就完全是另外一回事了。到这里来对她而言是很痛苦的，几乎是才前脚踏进就想后脚离开。她的内心翻滚着莫名的不安，使她不知所措而不得不极力压抑。她时而愤怒，时而溃败，尤其是和克劳迪娅对峙时最明显。那种溃败的表情只有在没人注意的时候才会闪过脸上。在倾听克劳迪娅和父亲谈话时，我会偷偷瞥卡罗琳一眼，她被悲伤笼罩着。用"溃败"这个字眼形容她是很恰当的，卡尔和我对这点都很困惑。

我们也担心卡罗琳会在治疗中退缩。母亲是这个家庭的中心人物，我们实在不能让她抽身离开治疗。在最初几次重要的面谈中，父亲常常担心自己会被忽视，于是他们便乐于参与家庭治疗，即使是做边缘的参与者也无妨。但如果母亲对治疗缺乏兴趣，那么治疗就会失败。她们事实上等于是打开家庭心理生活大门的钥匙，也是外人进入家庭心理生活必经的门户。卡罗琳是否在为克劳迪娅的问题自责？她是否害怕我们会指责她？她心里到底在想什么？我们不知道，但显然，在这对夫妻能够挺身面对他们婚姻的压力之前，卡罗琳必须全身心地投入治疗。

7.1 沮丧挫败的母亲

那天的会谈就从丹一贯半认真、半不耐烦的玩笑开始。"我知道我们今天要谈什么？嘿嘿，我们应该换个话题谈谈克劳迪娅的房间。"

像往常一样，卡尔也回他一句。"我们就谈谈'你的'房间吧。我敢说你一定在里面养了蝎子和蛇，而且我也相信那是你妈妈最喜欢待的地方。"

卡罗琳稍微笑了一下，"你怎么知道？"尽管她强颜欢笑，但声音还是带着颤抖，"除了没有蛇和蝎子以外，那些电线和什么杂七杂八的——你们是怎么说来着？闪光灯，他都有。最好离我远远的。"

大卫戴着厚厚的眼镜，显出一副严肃睿智又亲切的样子，他接着解释："丹的房间里面有一套高保真音响，而且他还接上了这些灯，好配合着音乐同步闪动。这已经够糟了，更要命的是，他想把房间刷成黑色来增强效果，这就太过分了！我们只刷了一些线条——黑色的。所以他那个白房间里头经常闪些稀奇古怪的灯光。"

他对丹暗自骄傲。

卡尔一面准备点烟斗，一面对丹说："可惜你过不了那一关。黑色的房间很容易让人绝望或发疯。你可以借给全家每一个人用，如果有人需要的话。"

这话又是卡尔不知不觉改变对话含义的一招，突然间我们谈的不再是房间和里面的闪光灯，而是充满象征意味的绝望和疯狂。这次治疗显然由此开始了。

克劳迪娅几乎立即有了反应，她语气尖锐地朝她母亲逼近："那正是我想要谈的——丹的房间。我房间乱的时候，你总在背后盯着我，可是你却随他任意胡闹。为什么就不像管我那样去管他？为什么偏偏只针对我一人？"

卡罗琳叹口气，好像认命似的投入了和克劳迪娅另一回合的战争。"我要他清理房间，他最后都会做。你却不是，我要你整理房间，你理都不理。"

"所以你就像个泼妇一样盯着我，死命唠叨！"克劳迪娅显然在向她母亲挑衅。

但卡罗琳这时却一副吃了败仗的模样，看不出她是否要吵下去。她努力着，但语气却很弱："克劳迪娅，我不能忍受你对我讲那种话。"她的话软弱无力，克劳迪娅瞪着眼睛，卡罗琳却是快要哭出来的样子。

她转向大卫，跟他说话时声音里怒气倍增，好像是他的错："你听到没有？你让她这样跟我说话？"

大卫虚弱地笑一下，转身对我们说："他们一直暗地里要把我扯进去，我可不要跳进这陷阱。"

卡尔和我都不作声。这时候他们需要的是勇气，不是诠释。女儿正在激怒母亲，而母亲显然想放弃，这情况看来很可怕。

"难道不是吗？你什么时候对我放松过？克劳迪娅，这么做！克劳迪娅，那么做！克劳迪娅！克劳迪娅！"她模仿着她母亲埋怨的语气。

"你想激我跟你吵架，对不对？"卡罗琳说。

她已经冷静了下来，讲话的语气也变得冷冰冰。她的眼睛眯起来，嘴抿成一条线，"呃，我才不会为那些幼稚的字眼和你吵。"

克劳迪娅并不就此罢休，"那你想怎么样？再把我关在那个鬼房间里？那个破家里？好啊，做啊！看我在不在乎！我啊，就是想怎么样就怎么样！"

我对克劳迪娅如往常一般十分同情。我已经领教了母亲对她的唠叨、批评，也看到她被夹在父母的三角关系里的境况。但今天却不是这样，我坐在那儿想："这小鬼！卡罗琳干吗这么容忍她？"

我又打量了一下克劳迪娅，她今天穿着一条膝盖有补丁的牛仔裤和一件扎染的衬衫。她的头发清爽发亮。虽然这两个女性的相貌和身材如此相像，但此时此刻她们却成了截然不同的对比。克劳迪娅极有活力、年轻、充满攻击性；她母亲却很疲倦、衰老、沮丧、脸上出现皱纹。

这对母女之间有个奇怪、令人不解的现象。卡罗琳越冷漠、消沉，克劳迪娅就越生气。卡罗琳越恳求克劳迪娅冷静下来，克劳迪娅就越不断激怒着她。接着我看到克劳迪娅怒视她母亲，眼睛四周绷紧恐惧的线条时，终于明白了是怎么一回事。原来女儿害怕母亲会投降！

我对克劳迪娅说："嘿，克劳迪娅，停一停好吗？这样下去不会有结果的。"

克劳迪娅松了口气。她的喋喋不休戛然而止，仿佛这些话并不重要。

"好啊，"她有点轻率，"我闭嘴了。"

"你为什么对你母亲这么生气呢？你想做什么？"我问她。

克劳迪娅低下头。"我不知道。她让我生气，我不知道为什么。她干吗老在背后盯着我？告诉我为什么吧！"

"我现在对你妈妈没兴趣，我们来谈谈你。"我不喜欢她极力想把讨论的焦点转移到她母亲身上。

"好吧，那你告诉我。你是专家。"

我开始越来越能了解卡罗琳的无奈，也开始生起气来。

"你听好，"我说，生气地瞧她一眼，"就算她允许你可以那样跟她讲话，但跟我可不行。"

我现在真的生气了。一时间我在想是不是要继续下去。我想象着克劳迪娅起身逃离办公室，留下我张口结舌一脸错愕，就像上次她从她父母身边跑开一样。想到这里，我把语气缓和下来，小心地用平静而简短的话来缓解怒气："我不是你母亲。"

克劳迪娅沉默下来，整个房间都沉默了下来。劳拉不再摇摇椅，丹在卡尔的写字板上画画，这时也停了下来。奇怪——我并无意使事情变成现在这样，但我想不出该怎么样应付这尴尬的沉默。所以我什么也没做。沉默依然如故。最后我开口说话，声音相当温和，但仍有一点怒气。

"我想说的是，你看起来很害怕母亲会就此屈服。似乎是你得用和她吵下去的方式来防止她放弃，你是不是觉得害怕？"

克劳迪娅又回到那种嘲讽的态度。"不，她才不会放弃！"

她在说谎，但我却霎时陷入了僵局。这就是我问一个十多岁的孩子这么直接的问题所得到的结果。这个年纪的孩子有时候很率直，有时候却很难捉摸。

该卡尔上场了。他甚至连坐姿都没有变换，只是柔声清清嗓子，卡罗琳好像受到提示一样，马上转过脸去看他。

"我在思考你扮演的角色。你知不知道是你让事情演变成这样的，女儿使你丢脸，而你却束手无策！"

这其实是在巧妙而温和地责备她，同时也是在暗示她自身的权利。她慌了，想了好一会儿才回答。

"我实在不知道。"她终于说，"几年前克劳迪娅和我的关系很好。我觉得那段时间我们真的很亲密。"

她停下来，回忆了一会儿。"然后事情就发生了，有些问题是因为在学校的那群朋友而起的。那些孩子我实在受不了。我劝她离他们远一点。这种争议似乎隔断了我们曾拥有的信赖和爱。之后我们就为了一件又一件的事情吵个不停。"

卡罗琳的神情恍惚——若有所思、困惑、伤心。她回过神来，微笑着把手伸向劳拉。小女孩嫣然一笑，然后拉起她妈妈的手。

卡尔希望事情进行下去，"但对青春期的孩子而言是很正常的。他们专挑父母不赞成的事做，父母也会一致反对，于是接下来的战争就会在两代中间生出代沟。代沟是必然的，虽然争吵过程相当痛苦。"

"我可以理解。"卡罗琳平静地说："但要接受还是很困难。我们也想给克劳迪娅自由，但她似乎无法处理这种自由。她好像坚持我们得监督她一样。当我们把责任交给她时，她的表现不像是能负起责任的样子。"

对话这样持续了一阵——节制而理性，卡罗琳的沮丧显而易见。自始至终卡尔都开玩笑似的说这个过程是每个人都来凑一脚的一支舞：克劳迪娅要求自由，等她有了自由却又害怕起来，而且诱使她的父母跟前跟后监视，好让她自己可以再度获得轻松。克劳迪娅辩解说她一点也不轻松，卡尔则反驳说至少比完全自己一个人负责要好一点。

"你不会想要那样的——那样成长是很可怕的。"

"我倒想试试看！"她语带嘲弄。

"但愿你会有机会。"卡尔对她说，然后转向卡罗琳。似乎到现在还没什么能真正触动她。

"你对丈夫支持克劳迪娅反抗你的事怎样想？现在还有吗？这是不是击垮你的一个原因？"

卡罗琳抬起头："是的……不……呃，以前是有过。但我想现在已经改变了。"

卡尔："他今天的确是置身事外了。"

停了一下，"你觉得这是你感到沮丧的原因吗？如果他不插手，只让克劳迪娅跟你吵，你会觉得不知所措吗？"

"好像会。"她说。

7.2　外祖母的怒气与挑剔

从刚才到现在，我一直很专心地在听他们这段绕来绕去的对话，事实上卡尔是在含蓄地安慰卡罗琳，而我有些糊涂了。她的绝望是独有的，别人很难触及。她和克劳迪娅一场争战下来，宛如被自己打败了一样。她到底在忧伤什么？她为何变得如此悲观？是她的丈夫让她感到挫败吗？她的原生家庭究竟发生过什么？于是我直截了当问她。

"这一切和你与你母亲之间的战争相不相关？这和你自己家

的问题是不是很像？”

卡尔和我从前曾按这条线询问过，我相当清楚卡罗琳将怎么回答。

这个问题令她既吃惊又烦恼。

“我妈和我？”然后她不自然地笑了一下，“不，和现在并不像。”

“你可以说说看你和你母亲之间是什么样的争吵吗？”

“我妈在我们家是一个很——嗯，要怎么说呢——一个很能吵的人。没有人敢惹她，尤其是我爸爸。她的脾气暴躁，她的脾气从没有好过！还有，她很挑剔。”

卡罗琳停下来不高兴地看着卡尔，好像觉得进入这个话题是被出卖了一样。

“为什么要谈我妈？她和克劳迪娅的事根本没有关系！”她恼怒了。

“当然有关。”卡尔十分肯定地说，“她是你身为人母唯一的典范，而我们谈的是，你作为你女儿的母亲。”

卡罗琳仍旧不高兴，“但我一点也不像我妈。我不觉得我妈和这事有何相干。”

大卫动了一下，似乎想决定要不要开口。他冒了险：“卡罗琳，如果有人一说你母亲，你就生气。我想这么多年来你还是一直在讨好她。”

卡罗琳转向大卫，咧嘴笑道：“听着，你这个心理医生，我才是这里的治疗医师，你可别插手这事！”

他的口吻十分轻快，大卫忍不住微笑，虽然因为又被逮到在分析他的太太而有点尴尬。如果大卫介入对话，那问题就严重了。因为我们知道大卫很为他太太和岳母间的往来而生气，而卡罗琳抗拒着不愿谈她母亲，多少也是由于大卫在这方面给了她很大的压力。在我们问到她生命中的这段回忆时，我们也因她而对大卫颇为生气。

卡尔不想就此受阻："所以你母亲对每个人都挑剔吗？她到底生气什么？"

今天真是卡罗琳备感威胁的一天。不是她女儿，就是这该死的治疗师！但她还是勉为其难回答了。

"我也不怎么清楚，我只知道我妈一辈子都很辛苦操劳——她是个老师，十分坚强的人。我爸爸则相反，背部受过伤，或许就是这样，他花了很多时间看书、做零工和找工作。他不时也会工作一段时间。但家里基本上是靠母亲支撑，而这点她一直不忘提醒我爸爸。"

卡尔："所以你母亲为你父亲整天闲着而气愤，也气自己竟让他如此逍遥。"

卡罗琳放低声音，好像在对自己说话："我想是吧，可是她真的把气都撒在他身上。他也为此忍受了很多，我们其他人也是。"

"你也是吗？"我问。

"我也是。"她回忆时脸上又闪现出那种挫败的表情。

"你和你母亲相处得怎么样？"我问。

卡罗琳转向我，看起来很怕这个问题，不过她显然还是愿意回答。她把腿交叉起来，从皮包里拿出一支烟，一边说一边小心翼翼点上。我从来不知道她会抽烟。

"我想我一直很怕我妈。"卡罗琳狠狠吐了一口烟说，"就像我先生说的，到现在都还想讨好她。"她停了一下。"她对我很挑剔，不时地伤害我，总是把我弄得哭哭啼啼。"

我很惊讶听到"伤害"这样的字眼——我们显然同意她的感受。她越谈论她母亲，她的身体就越紧绷。的确，我们是在逼迫她，但是温和而缓慢，我们也都明白她的痛苦。

"她挑剔些什么？"我问。

"哦，那不是问题。"卡罗琳生气地说，"我做什么事她都不高兴——我管教孩子的方式、我住的地方、我穿的衣服。她只要一恼火起来，生什么气都不重要。"

接着她心情好像转变了，轻轻笑起来，"但别想错了，她也有很多优点——而且我们之间也有过不少美好的回忆。"

"你知不知道她为什么这样伤害你？"卡尔问，"你不是你父亲最喜爱的孩子，或这之类的原因？是吗？"

卡罗琳脸红了。"嗯，不是呀，我想不是的。我爸爸和我一直很亲，虽然我不确定我妈是否知道。我想她会说她和我很亲。在某些方面她讲的也没错。对我而言实在很困惑。"

卡尔："所以其实你和你父母的羁绊都相当深？"

"我想比其他兄弟姐妹都深。"卡罗琳坦诚以对。

我问她其他兄弟姐妹是不是都比她小，她说是，有一个弟弟，一个妹妹。我还有一个问题，虽然还没问就觉得已经知道答案。"你和你母亲吵过架吗？她吵的时候你曾经顶过嘴吗？"

卡罗琳缓缓摇头，"没有，我说过，我一直很怕她。"

"现在还怕吗？"我笑着问，"甚至到……现在她多大岁数？"

"她六十八岁。"卡罗琳想了一下，"也许我已经不怕她生气了，但我还是怕和她吵架，怕那样会伤害她。"

我默默想象着她的母亲，想描摹出这个令她女儿觉得坚强有力却又容易受伤的老妇人的形象。还想到她现在已经老多了，而且可能变得虚弱不堪。接着我想到了她软弱、却能让他妻子如此愤怒的父亲。这些都是朦胧不清的影像，充满矛盾。我脑海里卡罗琳如何适应他们的生活的画面也模糊起来，虽然有些细节似乎相当清晰。

7.3 受伤自贬，无力管教

卡尔显然也想到了一些类似的事，他说："对这件事我可以再多说些什么吗？"

卡罗琳试探性地说了声好，她心里并不知道卡尔想做什么。

卡尔："想想和你母亲的事之后，现在你能理解克劳迪娅和你之间发生的事了吗？"

卡罗琳："不能，这非常、非常不一样。我绝不会用克劳迪娅对我讲话的方式去和我妈说话。再过一千年也不会！"

任何将这两种关系类比的想法，都令她异常愤慨。

卡尔微微笑一下，"这就是我的意思。是很不一样。就好像你事先安排好，让克劳迪娅用你从来不敢对抗你母亲的态度来反抗你、贬低你。"

"是吗？"卡罗琳有点轻蔑地说。

"所以在这支舞蹈里，你成了你母亲，克劳迪娅变成了那个想站出来和母亲吵架却不敢的你。"卡尔仍带着微笑。

卡罗琳对卡尔看似温和的说法很反感，她恼火了。"我可没有安排克劳迪娅来反抗我。我根本不准她这样！我再激烈反对，她也懒得理。她一反抗我，我就很火大。"

"抱歉。"卡尔说得很简洁，其实他的意思是"你错了"。然后他用坚定、平稳的语气说："重要的是已经发生的事，而不是你说的你希望发生的事。"

他又加了一句，声音很轻，看了大卫一眼，"当然，你丈夫也有份，我没有要让你做替罪羊。"

他停了一下，"但如果我们在治疗中避开不去探讨你的问题，那将会是个错误。"

卡罗琳依然愤怒："我不懂。我不相信是我想让女儿用这种方式对我说话的。"

卡尔丝毫未见退让地说："但发生的事实就是这样。"

卡罗琳："但并不是我要它发生的啊！"

卡尔是老练的斗士，所以他改变了一下坐姿。"事情可能远比你借由女儿进行替代性的反叛还复杂。在克劳迪娅开始贬低你的时候，在你脑海里她就变成了你的母亲——你知道的，打击你，挑剔你。于是你有了孩提时候的感觉——挫败。"

卡尔转向克劳迪娅，把烟斗从嘴里拿出来，双手放在膝上，身体前倾。"你有没有意识到你竟变成了你外婆？你自己妈妈的妈妈。"

克劳迪娅紧张地傻笑起来，然后正经地说："可是是她在一直挑剔我、唠叨我！"

卡尔忍不住咧嘴笑起来，"那些时候她只是在模仿她的母亲，你们俩都在轮流模仿她母亲。你觉得是不是这样？"

克劳迪娅不以为然地摇摇头，想摆脱卡尔，"我觉得你疯了，惠特克医生。"

卡尔："你知道，那是我的职业病。"

卡罗琳很难在卡尔的幽默里再继续生气，但她仍在努力。"我不明白我妈为什么会和这一切有关，我不想把她扯进来。"

卡尔："太棒了！我完全赞成。"

卡尔继续往下说，卡罗琳则一脸困惑。

"但是想不把她扯进来的方法就是承认她已经卷入了这场战争。"

"我还是不懂。"卡罗琳坚持着。

我一直密切注意着卡罗琳和卡尔之间的战争，我也要加入："我不懂你干吗这么抗拒，这也许是好计策。也许在和克劳迪娅争吵时，你可以学到怎么吵架！"

卡尔马上把话接过去："对！你可以学到用有意义的方式和克劳迪娅交谈。这对她有帮助，而你可能从此也能够和你母亲好好对话，更别说是和你丈夫了。"

卡罗琳完全不理会我们对大卫的提及，"我对克劳迪娅吼、尖叫、跺脚，这些一点用都没有！"

卡尔突然严肃起来："这不是吵闹和大声的问题。问题要比那些严重得多。这是你用不同方式处理与体验的问题，你要觉得自己值得被尊重，也要求受到尊重，并且对自己作为人更有信心。但我想，对你特别重要的是，你要能够感受到，自己对克劳迪娅而言是长辈。"

卡尔的语气越来越温和，看得出卡罗琳听了这些安抚的话后已经冷静了下来。

"在我看来，你母亲的力量或攻击——因为我不确定她是不是'觉得'自己很强大——对你造成了许多痛苦，所以你在某时某地下定决心不要那么独断或那么蛮横。这其实是一个慈悲的念头——不愿让你的孩子受到你曾经历过的伤害。但你也不喜欢被别人压制，你也不该被别人如此对待。"

卡尔眼光停驻在卡罗琳脸上，依然保持着严肃而冷静的态度。他顾虑她的难处，想要帮她找到一些办法，来解开这僵局。他下结论说："也许你可以找到某种方式表现自己的观点，而又不会觉得自己太残酷或太刻薄。"

"听起来很不错。"卡罗琳说，她已被卡尔的温和解除武装，"但怎么做呢？我对克劳迪娅尖叫时，自己也觉得糟透了。"

我也暗暗对卡罗琳产生了同情。我可以理解她肩负着与母亲相处的悲伤以及与克劳迪娅冲突的双重痛苦。她动也不动地坐在丈夫身旁的椅子上，大卫忧心忡忡地望着她。有些时刻，就像现在，你会想走过去把某个人拥进怀里，抱抱他（她）。或许卡尔和我应该这样做，但我们没有。我想到整个气氛转变得真快——几分钟前卡尔幽默却不乏气势地给卡罗琳施压，那时她还很生气，戒备心很强，在我们打破僵局前，离我们远远的。

治疗师在给家庭中的某一个成员施压时，往往会充满摩擦和不快，但它们都有一个目的。当事人通常都是在接近一个与自身所压抑的痛苦对峙的局面，并且极力要战胜那个对峙的时刻。治疗师的坚持等于是有说服力的措施，也是强烈关心结果的举动。这一刻终于到来时，当事人的悲伤和挫败感也一下子公然暴露了出来。那时，只有在那时，治疗师才可以直接触及那长期被否认的痛苦。

这对治疗师来说是个大难题——你不能光是对人温厚和慈悲，因为那不诚实也不被尊重。他们会认为你在逢迎、你很无能。你必须逼近他们，有时还得逼得很凶。但你也不能光是用逼迫的方式——你也得关心。卡尔逼迫卡罗琳，在她放下防备后我们对她就温和了很多，以便能了解并接近她的脆弱。

虽然我们不能用身体去拥抱某人，但我们可以用声音去拥抱他们。那正是我对她说话时的感觉。

"听起来你对来自母亲的伤害很在意。"

卡罗琳抬头望着我。

"可是现在你却在伤害自己，或者借克劳迪娅伤害你。"我停了一会儿。"你是不是总把自己逼得很急？"

"对。"她用力地说。

"也许那正是你要打的第一仗。"我借用卡尔神秘的语调。

"你的意思是？"她说。

"对抗自己是很艰辛的。"我关切地说。就好像我同时也在说——"打起精神来"一样。

我觉得很平静，整个房间内也很平静。没有任何戏剧性的变化。当卡罗琳承认很困扰、很沮丧，以及现在或许可以让我们接近她的痛苦时，紧张的局面已经缓和了下来。我们静静地和她说话时，她已不再防备或生气，愿意让我们接近她，这使我们大大松了一口气。

卡尔置身对话之外已有好一会儿了，这样他可以站在有利的位置观察不同的事，以便得出积极参与其中的治疗师所未能察觉的一些新观点。

"你父母之间的战争怎么样了？有没有解决？"他问。

卡罗琳明显退缩了一下。接着她直视卡尔，平静而哀伤地说："没有，他们之间相处得很痛苦。看到人的晚年那样过实在让人伤心。"

然后她凝视着窗外午后的天空。我望着她的侧影，窗子上的光辉映着她脸颊上的泪滴。她默不作声。

"现在，我觉得我更了解你的悲伤了。"卡尔温和地说。

第8章 面对婚姻

——情感转移是夫妻关系的隐形杀手

治疗师通过克劳迪娅，终于找到布莱斯家真正的问题所在：大卫和卡罗琳的婚姻。卡尔当着孩子的面谈论了夫妻之间的性关系，更想借着讨论性来探索婚姻里更深层更复杂的症结——情感转移。卡罗琳把盛怒的丈夫当作孩提时代好挑剔指责的母亲，仿佛自己还是委委屈屈的小女孩。两人争吵，大卫很有默契地大怒，卡罗琳也很有默契地流泪，双方借此收手，成人世界中平等的讨论永远无法进行，紧张也就永远存在。婚姻中有太多奢望，太多"帮帮我"的非分要求，一旦力竭，双方都会变成受伤、孤单、戴着大人面具瑟瑟发抖的孩子……

接下来的治疗有了一番新气象。卡罗琳全心全意置身于此，而不只是面容忧戚地呆坐，盼时间快点过完。她坐的方式也与从前不同，让人觉得她很想多待一会儿似的。她前次冒险把自己一小部分的痛苦表露出来，而我们也报之以寻常的人性关怀，没有什么夸张矫情。但对卡罗琳来说，这些关怀却非比寻常。如果你认为心理治疗师至少在象征性地（或者在内心里）扮演一个母亲，那么之前卡罗琳对我们持有的态度，必定有几分像她对母亲的感觉——接近他们是很危险的！她下意识地觉得如果她向我们表露真实的情感，也许会重蹈以前受伤害的覆辙，一如她被母亲伤害一样。因此，她在治疗之初会先把自己隐藏起来。

好一个标准的移情（transference）。治疗师即使心知肚明，也得表现得很迟钝，安慰自己病人其实从一开始就做出了反应——像一个真实的、个体的人一样。就某种程度而言，确实如此。但如果治疗师未能察觉，病人正在与自身过去微妙而无形的梦魇和想象奋战挣扎，那治疗师不过是在自我蒙蔽而已。卡罗琳最大的问题就是她预期我们会像她母亲一样，批评她和指责她。而当她发现我们并未如此时，她不禁松了一口气，颇感惊异。突然之间我和卡尔不再那么危险不可靠近，我们给了她一些安全感，因此她决定冒险投入。我们很高兴，尤其重要的是我们得以更自由地使治疗过程往前推进。

我们开始问一些直接的问题，例如：

"你们的婚姻出了什么问题？"

然后静观其变。刚开始，问出来的东西不多。夫妇俩只是坐在那儿，努力试着回答。

卡罗琳，如我们所知，对大卫整天工作十分不满。即使在家，他不是打电话就是埋首书桌。书桌是放在卧室里的，卡尔没有浪费这个开玩笑的好机会：

"如果他在卧室放书桌，那至少你可以坚持让他在办公室也放张沙发床啊！"

大家都笑了，但并不是真的那么有趣。这是大卫和卡罗琳的伤疤。

8.1　性在家庭中的影响力

读者或许会认为，在家庭治疗中当着孩子面谈论性问题是不可行的。但事实上只要能迈出尴尬的第一步，不但可行，反而会相当有趣。你只是需要点胆量去打破一个过时却仍十分普遍的观念——孩子完全不懂性，也不需要懂。布莱斯家的局面如此紧张，其中主要原因就是卡罗琳和大卫的性生活并不美好。事实上，家庭危机中十五六岁的克劳迪娅或许比她父母有更丰富的性经验。而那也是卡罗琳对她如此生气的原因之一。

我们一直到治疗后期才完全了解克劳迪娅的性经验，现在我们和她父母一样只是知道，克劳迪娅经常和不同的男孩过夜。那并不是很健康的经验，而是偶然性、强迫性、几乎没有爱的。这种在青春期过早发生的性自弃本身就是一个复杂的课题。

我们认为克劳迪娅的性经历，存在着一个非常隐秘而潜意识的主题，就是为了寻求温柔和支持。这些温柔和支持的特质，一般人称之为"母爱的抚慰"（mothering），实际上包括了父母双方的爱。克劳迪娅一度相当依赖父母，一旦她和父母开始宣战，她的依赖性便不得不转移到别处。所以她开始以性来伪装，在一连串显然是偶发的邂逅中，寻求生活中所缺乏的自由和抚慰。她需要和别人感觉亲密，但又害怕真正的亲近会带来束缚和封闭。所以她逐渐发展出一种随意性的性关系，作为解决她对自由和亲密需求的折中办法。

克劳迪娅的问题也反映出家人对性的焦虑和罪恶感。大卫和卡罗琳含蓄地责备克劳迪娅，但是他们的责备中却隐藏着无形的暗示和鼓励。他们用一种听起来像"做吧"的方式来教训克劳迪娅"别做"，克劳迪娅收到的正是这种鼓励的信息。

大卫和卡罗琳有千百个理由在潜意识里鼓励女儿追求奔放的性生活。毕竟，他们自己无法谈论性，但至少克劳迪娅可以为他们提供一个面对这个问题的机会。至于孩子为什么会发现父母隐藏的焦虑和需求，而将它们表现出来，至今仍是个谜，但事实俱在。克劳迪娅在性方面的问题正是她父母之间的性问题，克劳迪娅不过是追随父母微妙的指引而使自己惹上了麻烦而已。

如果克劳迪娅能享受性的乐趣，情况也许不至于那么糟。她的父母至少还可以从中得到一些东西，帮助他们改变压抑和焦虑的生活。可是克劳迪娅却和父母一样陷入了相同的罪恶感和压抑之中，她的性生活变成了毫无成就感的自我毁灭。由于父母并没有用健康的心态来帮助她成长，克劳迪娅现在自然也无法以如此不健全的方式来协助他们。但是，克劳迪娅还在尝试，至少她给家里制造了一些焦虑。而焦虑在治疗中往往十分有用，因为可以促使改变。

我们并没有追问克劳迪娅性方面的事情，她受的压力已经够大了，而且我们也明白真正的症结在她父母身上。但是由于我们揣测到大卫和卡罗琳尚无法坦诚谈论性的问题，所以就得询问克劳迪娅有关父母性生活方面的问题。这真是个紧张时刻！

卡尔和往常一样微笑着转向克劳迪娅："能和我们谈谈你爸妈之间性的问题吗？你认为他们之间的性生活和谐吗？"

卡罗琳脸色变得十分苍白，而大卫则倒吸了一口气。

克劳迪娅嘲弄地说："我不知道，但我不觉得他们之间很美满。至少妈妈总是显得不满意。"

她从容不迫的回答使我们大吃了一惊，仿佛她等着谈这个话题已经很久似的。她也可能喜欢借由谈论这个伟大的禁忌来占点上风。

"那你爸爸呢？你觉得他也在这方面很受挫吗？"卡尔问，卡尔总是努力让每件事保持着平衡。

克劳迪娅笑着说："我想和他工作过度总有些关联吧。"

大卫勉强挤出一句俏皮话："你觉得我太'爱'工作吗？"

虽然大卫努力想表现幽默，但夫妻俩毫无疑问都很震惊，没想到卡尔竟向孩子打听他们的性事。

卡尔转向丹："你认为呢？你觉得你爸妈的性生活怎么样？难道他们没跟你说？"

"他们没告诉过我。"丹面无表情。

"你也没问过吗？我想告诉你一个南太平洋的风俗。那里的孩子每天早上必须问他们的父母前一天晚上性事是否和谐。你知道的，是为了确定每件事都是顺利的。"卡尔微微一笑，"我们这里很落后，有一大堆罪恶感和这个那个束缚着。"

然后卡尔对丹眨眨眼，"想想看，如果你们依照那种风俗去做，对你父母该有多大帮助啊！"

丹不安地笑了笑。

虽然卡尔的这个话题并未获得多大进展，但是他还不想放弃。他狡猾地看着劳拉，而她则避免和他的目光接触。

"你对性知道多少呀？"卡尔问。

"一点也不知道。"劳拉害羞地噘着嘴。

"哦，别告诉我你不知道！"卡尔说。

"你只是在假装自己是个保守的女孩而已。可是我知道现代的女孩懂的可多着呢！"

然后，语调变得严肃，"你可以问爸爸妈妈有关性的问题吗？"

"我可以问妈妈。"劳拉望着她妈妈，母女俩温暖对视。

"很好，"卡尔说，"可是你不能冷落爸爸啊。如果你不问，那他怎么有办法了解这方面的问题呢？"

"他知道啊。"劳拉腼腆地回答，低头望着地板。

"我知道他明白许多刻板和无聊的事情，可是他可能不知道一些，像性不是件坏事之类的事，因为他的老古板父母只会告诫他性是一件坏事。如果你问他很多问题，他可能会发现性是人性自然的一部分。你知道吗，长大的过程中性总是个大难题。"

卡尔表面上是和劳拉说话，实际上是借劳拉的爱和天真无邪向大卫传话。也只有用这种方式，卡尔才能温和而自然地带出这些他还无法直接和大卫或卡罗琳对谈的话题。

用开玩笑来解除孩子的武装后，卡尔终于可以将矛头转向父母，可是我抢先了一步："性在你的婚姻中属于困难的部分吗？"我问卡罗琳。

她看起来有点窘迫，好像我在请她当着孩子的面赤裸裸表演性行为一样，但她仍鼓起勇气设法回答。

"是吗？我想是很困难。当然不满意。"卡罗琳害羞地瞥了丈夫一眼，"但我认为问题远比这个严重得多。最大的问题是我们不再共同拥有属于两个人的生活。性生活不足只是一切不足的一小部分而已。"

"觉不觉得你们俩可能都有外遇了？"卡尔神秘地问。

现在卡罗琳已经学会用更坚定和更复杂的态度来对付卡尔了。她稍微扬起眉毛，说："据我所知是没有。"

卡尔笑了："我来告诉你吧，一般常见的模式是，丈夫的外遇是他的工作，太太的外遇则是孩子。而彼此都觉得是对方不忠。"

卡罗琳感到痛苦万分，她一向欣赏卡尔的率直，但现在开始对卡尔的一些问题感到气愤。她试着微笑，但挤出来的却是痛苦的表情，"是的！大卫的工作对我来说当然就像妻子对另一个女人的感觉。而我好像还一直被蒙在鼓里。"

自从大卫的工作成为众矢之的后，他看起来有点怯懦，但是他也发怒了："其实我也觉得你太关心孩子了，还有，再加上你母亲！"

他们似乎很快对峙了起来。

关于性的讨论并没有持续多久，一方面是他们感到尴尬，另一方面则是卡罗琳说得没错，真正的问题比性更复杂，也更混乱。我们所熟悉的愤怒气氛很快又出现了，而且还会僵持一阵子。不过，刚才简短谈及的性的问题十分有价值，因为借此告诉了布莱斯家我们并不避讳这类话题。性的话题也等于告诉他们，在我们眼中，任何社会禁忌的事都可以畅所欲言："尽管谈吧！"我们暗示他们："谈谈看！"当然，我们也发觉必须尊重这个事实，布莱斯家此刻真的无法谈论性的问题。但总有时机成熟的一天。

请读者们不要被我们的玩笑、介入或过分干预的方式给迷惑了。正如我们前面所述，治疗师得施加一些压力，才能打破家庭在治疗之初极力维持的"一切都好"的假象。同时我们也尽量尊重他们主动选择自己的话题或按照他们的速度进行下去。我们试着维持"推动"和"等待"二者之间的平衡，但有时我们也不免会出错。

再说幽默感。难道它不敏锐吗？我想并非如此，因为幽默感通常很管用。家庭在困境下很容易会变得很冷酷，而且病态地致力于对彼此问题和立场的质疑，局外人听来也许荒唐可笑，对他们而言却是生死攸关，每个人都执拗地死守自己的观点，没有人愿意让步，因为那意味着失败、没面子、难堪。而幽默就是治疗师试图用来打破这种冷酷气氛的方法，企图借此将家庭从绝望和挣扎的逆境中唤醒。我们鼓励他们用自我嘲弄的方式来改变心情，哪怕只是一点点也会很有帮助。此外，这个方式也帮助我们在长期面对紧张、愤怒，而又绝望的家庭时，保持更加清醒。

8.2　发怒的丈夫变成母亲

大卫和卡罗琳正蓄势发动一场战争。在前几次治疗中，大卫一直百般回避，但现在他终于有备而来，准备好再度投入了。

"我真的觉得很不公平，你把你的不快乐都怪罪于我的工作！看在上帝的分上，我得靠工作来维持家计啊！"大卫停顿了一下在找合适的字眼，"就像你和克劳迪娅的争吵一样，只要你和某件事情起冲突，那件事就得背负你所有问题的责任。你知道吗，我看其实是你自己有问题。"

"例如什么？"卡罗琳问，"你什么时候了解我的问题了？"

"例如你和你妈妈的关系就是。我觉得她好像就住在我们那个要命的家里一样，你老是打电话给她。还有像你觉得你没有做任何事，其实你做了很多女人该做的事，但那好像还不够。而这显然也都是我的错，你并不满足于做一个家庭主妇和母亲！"

以一个好久没出声的人来说，大卫表现得相当不错，而卡罗琳也着实被他的怒气吓了一跳。

卡罗琳寻思报复："你光说我妈，那你爸爸妈妈呢？我们为什么要搬到这里？还不就是为了逃离你爸给你的压力，还有你妈整天在你跟前抱怨她和你爸爸之间的问题！"

她表现得也不错。

"还有，我认为你那么努力工作就是为了取悦你那位伟大的父亲大人。你得按照他的标准过活，赚到一百万美元才够！不错！我可不想像你妈那样自我牺牲、那样有耐心。我不甘愿跟一个男人的事业结婚！"

大卫发怒反击："但是你也没花什么心思来改变这种情况啊，比方说找个工作或别的事来做，而不是让你老妈整天烦你！"

卡罗琳因大卫的怒气而畏缩了："好极了！那我们两个最好都各忙各的，然后永远看不到对方。"

大卫挖苦道："是呀，也许到时你就会了解我的困难了，你才会知道负担家计是什么滋味！"

卡罗琳："但你也从来不肯了解我打理这个家和三个孩子的

困难。你根本不屑于这些芝麻小事！"

两个人的怒气都逐渐提升，争论变得十分紧张。此刻他们正瞪着对方，不知道是否要继续扩大事端。然后大卫爆发了。

"你到底希望我怎样呢？要我捶胸顿足吗？辞掉工作吗？你到底要我怎么做？我只是一个普通人啊！"

他的声调充满了怒气，像只无形的手一样将卡罗琳推回了椅子。在此之前她一直为自己辩解，然而大卫的暴怒使她产生了戏剧性的转变。突然间她哭了，决堤的泪水从脸上无声地滑落，卡罗琳这方的辩论瞬间崩溃。我们只听到默默抽泣的声音，她竭力不使自己失控号啕。大卫惶恐凝视着他引发的后果，显然觉得糟透了，一时之间也不知道该做什么。这场争论几乎还未开始，便就此结束了。

在思索该如何解决的时候，我突然有个强烈的冲动想去安慰卡罗琳。她的头发垂在半边脸庞上，看起来十分悲伤无助，可是也有种很奇怪的柔顺动人的特质。我很容易受眼泪欺骗，特别是女人的眼泪。但是这次我并没有立即反应，因为卡罗琳哭泣的原因似乎让人猜不透。前一分钟她还很生气，后一分钟她却崩溃大哭。这种转变实在太突然了。我心想："她看起来不就像个被打屁股的小女孩吗？"

这个念头一闪而过，我开始打量眼前这个几乎比我大十岁的女人，她确实像个刚被责骂而哭泣的小孩。我觉得自己充满了父爱，进一步在心里盘算："小女孩、打屁股、是谁打她？大卫吗？她爸爸？她妈妈？对了，就是她！"

我对卡罗琳说："我可以把我的想法和你分享吗？"

卡罗琳已停止抽泣，抬起头，眼妆花了掉在脸颊上。

"好啊。"她说。

"我有个很清晰的想法，就是大卫对你大吼时，他突然变成你那挑剔又喋喋不休的母亲。"我停了几秒之后再继续，"有一刻他是个非常生气的丈夫，而你则是他愤怒的妻子。后来他更加生气，然后转瞬间，仿佛触动了某种开关，他变成你妈妈，而你变成了一个小女孩。"

我急着表达我的想法。显然，卡罗琳将大卫当成了情感转移的对象，一个象征性的人物。这种情感转移经常在婚姻中发生，然而如果有任何一方在原生家庭中曾遭受重大创伤或挫折，这种将配偶当成父母的转移就可能严重影响婚姻。像刚才它就中止了这对夫妇的争吵。

卡罗琳直视着我，泪眼婆娑，面容忧戚。她用纸巾沾了一下眼泪。

"你的说法很有意思。"她出神地说，"我当时觉得非常害怕。我也不知道为什么。"

我想解释清楚："我认为当时你回忆起了小时候的母亲。突然之间，大卫不再是大卫。他变成了惩罚、批评和责备的代表。而这类事发生时的确非常恐怖。"

我的语气听起来有点像家长一般。接着又问："这种情形在家里发生过吗？当你俩争吵时，你是不是会像刚才一样感觉受到了威胁呢？"

卡罗琳仔细回想着家中不常出现的争吵，之后说："对！我觉得是这样。"

"我告诉你可以怎么做，"我说，我想提供一些建议。"这种情形再发生时，你应该告诉自己：'他不是我妈妈，我也不再是个小女孩！'然后你就可以继续争吵了。"

"我想我可以试试看。"卡罗琳半信半疑地说。

8.3 停止彼此心理治疗的游戏

卡尔已经沉默多时。直到他开口，我才发觉自己已经完全将焦点放在了卡罗琳身上。

"那可能挺有用的。因为在我看来你们两人似乎都害怕争吵变得激烈，所以就一起合作使它中止。大卫很有默契地将声调提高到你无法忍受的程度，而你也很有默契地崩溃。然后大卫就被你的眼泪弄得不知所措。整个争吵只好瓦解。"

卡尔公平分配着双方的责任。

大卫觉得受到了指责，"我可并不想把卡罗琳弄哭。"

卡尔的语气更加坚定："你没听懂我的意思。那不是你一个人制造出来的。你们两个人似乎都感到害怕。所以你们只有合作才能停止争吵。"

然后卡尔微笑着说："真可惜，如果你们不那么害怕，也许就有机会在台面上公开讨论一些问题。"

大卫叹气，转而面向卡尔："拿到台面上公开讨论？或许吧。至于能不能解决问题我可不知道。"

卡尔一边在堆积如山的信件里找他的烟斗通条，一边对大卫说："我和纳皮尔教授一样，也可以给你一些建议。"

大卫显然迫切想听卡尔的忠告，"多听点建议总是有用的。不管我是不是真的能照办。"

卡尔回到大家中来，拨弄他的烟斗，开始清理。"其实这是给你们两个人的建议。"他停了一下，"你们最好停止为彼此进行心理治疗的游戏。"

"我不懂你的意思。"大卫十分茫然。

"我的意思是，"卡尔用和蔼、从容不迫的声音说，"你们一直在扮演对方心理治疗师的角色。"

"我并不想扮演卡罗琳的心理医生。"大卫愤愤地说。

"你当然是,"卡尔立刻回答,"你谈论着卡罗琳和她妈妈之间的问题。又说现在孩子渐渐长大,她找不到自己新角色的问题。你听起来就像个忧心忡忡的母亲。"

他停下来,微微一笑,"但是先别急着怪你自己。卡罗琳对你也是一样,想帮你从那强迫性的工作中解脱出来,以及你和父母的问题。"

卡尔停下来,让大卫消化他刚才说的那番话,而大卫也认真回想着之前的争吵。然后大卫冒出一句辩解:"我可感觉不出卡罗琳是在帮我。"

"那你认为她在做什么呢?"卡尔问。

犹豫片刻后,大卫说:"指责。"

卡尔:"这点我赞同。指责显然对任何一方都毫无益处。但问题在于,你自以为很清楚卡罗琳的问题,大加谈论;而她也如此谈论你。只是虽然你们一直在尝试,却显然帮不上彼此什么忙。"

卡尔说话的时候,卡罗琳变得越来越激动,她终于打岔说:"那,婚姻到底是什么?难道不是互相帮助?"

我情不自禁插嘴:"远比那个复杂多了。"

然后我们就开始了一场有关婚姻和互相帮助的冗长辩论。

我们的观点是,刚结婚时,一般人往往会幻想另一半是理想的典范——父母、心理治疗师、伴侣、朋友和伙伴,等等,一个能够满足所有我们对婚姻的渴望和需求的人。甚至会期望另一半能帮助我们解决那些成长过程中一些困难和尚未解决的问题。现代人的恋爱自然少不了"帮助"这两个字,只要听听流行歌曲，到处充斥着"帮助我""我需要你"或"你无止境的付出"之类的词儿就不难明白。

令人困惑的是婚姻有时的确具有疗效。已婚的人平均说来都比单身的人长寿，这也许是因为他们有人在身旁分担生活的担子和压力。同时婚姻还可以帮助人们改变，它使人们变得更灵敏、更关切、更有责任感，也更了解他人的需要。一个人在工作上受到挫折之后回到家里，如果配偶能安慰几句并且体谅地拥抱一下，确实是很有帮助的。能与一个人坦诚谈论自己的问题是件非常有意义的事。但是同时也有一个很大的限制——因为在和配偶分享生活苦痛和挫败的过程中，往往也会引发一些问题。

如果夫妻双方都是有安全感的人，相当独立和强韧，拥有基本的自信和自立，那么他们就不太可能向对方要求过分的帮助。他们接受生命的苦痛、孤单和压力，事情严重时，他们会自己处理这些事。虽然他们知道如果这时和别人分享一些压力，生活将愉快些，但他们通常不会逃避生命基本的要求，不会逼迫另一半替自己承担自己生命中必须担当的责任。

但卡罗琳和大卫婚姻开始的方式和大多数人一样，即使我和卡尔也是如此，我们都抱着一堆不切实际的期望。当人们感觉害怕并且需要依靠时，便会大力寻求配偶的支持，要求配偶做其生命的"主要"支柱。每个人都希望我们的另一半可以提供具有魔力般的图腾式的安全感。当然，我们也需要刺激、陪伴和实际的帮助，以及其他许许多多的要求。我们真是将太多需求带进婚姻中了。

假如配偶一方成长良好而且很独立、很成熟，而另一半只是稍微有困扰和稍微不成熟，这种帮助的历程也许会运作得比较好。成熟的一方可以帮助不成熟的，然后双方在平等的地位上携手同行。但根据我们的经验，上述情况很罕见。似乎总有某种神秘的化学反应链将一对有类似心理问题的伴侣联结在一起。他们是真正意义上的同伴。虽然两者的心理问题看起来可能大不相同。例如一位酗酒者的妻子，和她幼稚又依赖性强的鲁莽丈夫相比，可能显得较为成熟。但是一旦剥开那层表皮，她很可能会和丈夫一样是个没有安全感的人。她只是很巧妙地借着扮演照顾丈夫的救星角色来获得安全感。

我们相信已婚夫妇在很多方面都是绝妙搭档，例如他们的成熟度、亲密的能力、对生气的容忍度、性爱的热度，以及他们对粗俗的容忍度、自发性、诚实及其他众多心理特质的能力。而更重要的是，双方带进婚姻的问题也都是相当的。

通常是以向对方提出小的要求开始。

丈夫说："唉！我今晚觉得糟透了，老板整天都在找我麻烦。"

妻子说："哦！真是糟糕。来，坐下来，我替你冲杯咖啡，然后再好好谈谈。"

情况十分简单，这位丈夫向妻子吐露心事之后，必然感觉好多了。而隔天这位妻子很可能也是一样，她向丈夫抱怨烦重的家事、好管闲事的邻居，或是令她觉得嘈杂不堪的孩子。但这种向对方求助的方式却会滋生出更大的问题。因为假如小小的帮助很受用，为什么不要求更大的？因此向对方的索求也就会愈来愈多，不久双方也将更重的压力带进了婚姻之中。例如"帮我解决我和父母的关系""帮我看看我在事业上该如何抉择"或"帮我应对自己的不快"，等等。他们通常不会直接提出要求，但恳求帮助的愿望无所不在。

事情很快变得复杂起来。配偶将开始害怕自己不能满足对方的需求。

"我都不知道如何处理自己的事，叫我如何帮助她处理她的情绪呢？"丈夫默默自问，然后开始感觉恐慌。

妻子也自问："我自己都不满意我现在做的事，叫我如何帮助我先生解决工作上的不愉快呢？"

她也同样感到恐慌。而每一方都在拉远和对方的距离，因为对方提出的要求变成了压力。事实上他们根本就爱莫能助。

然后他们又对彼此退缩的态度感到惊慌。开始用各种方式暗示对方："请不要让我失望！我爸妈就是像你现在这样，我可无法忍受。"但是彼此的距离依然如故，于是恳求很快转变成愤怒的要求和压力。彼此暗示着："假使我不能说服你满足我的要求，那我将采取强制的手段，看着好了！"于是他们将兴趣转到"替代品"身上——他的工作及她的孩子、她的母亲、他的酒肉朋友、他的外遇、她的情人，等等。他们努力想让对方嫉妒，试图表明自己目前在某人或某事上得到了支持与参与感，这些正是他们想从对方身上获得的，但是他们现在身段摆得很高，不愿直接提出要求。这种交互作用又会变成气愤和纠缠，无边的压力、间接的要求，以及需求不能满足的痛楚。在这场愤怒和责备交加的风暴之下，夫妻其实就像两个寂寞、受伤、孤单、瑟瑟发抖在一旁哭泣的孩子，却摆着一副大人的姿态。虽然彼此都知道对方心里有个要糖吃的小人，却不敢承认他（她）的存在。他们都想放声大哭，承认自己多么害怕和寂寞，但却没有人敢这样做。

在"帮帮我"的历程中，还有一些并发症，其一就是在长期奋战中双方会开始将对方视为父母。这种将对方象征化的过程并非出于自愿，有时甚至不会被意识到。但是这种向对方求助的经验的确开始"诱发"他们对童年时代的回忆。例如卡罗琳原先依赖着大卫，但后来当他开始生气和挑剔时，卡罗琳再次感受到和被她母亲责难一样的伤痛。如果卡罗琳不把大卫当成母亲，那么她还有可能认为大卫只不过是与她对等的、很普通的丈夫，只是发顿脾气而已。可是卡罗琳并不这么想，大卫发怒在她看来极具威胁和危险性，她完全陷入小女孩的状况，就像抬头望见的是震怒的母亲一样。将对方象征化的过程也同样发生在大卫身上，在治疗后期我们将会揭露，卡罗琳又是如何转移成大卫眼中的父母形象。

8.4　拒绝对方"帮帮我"的需求

夫妻对原生家庭许多记忆的再度唤醒，是造成婚姻中性关系发生问题的一个原因。性成为夫妻寻求安全感下的牺牲品。他们因为缺乏安全感，开始将对方视为父母，生活中的性爱因而很快变成禁忌与不安，这也正是他们从原生家庭中所学到的。事实上，婚姻中成年人甚至有可能因为"父母亲化"的过程，而使得性关系开始沾染乱伦的意味。想同时扮演一个人的伴侣和父母毕竟是件十分困难的事。

我们交替使用"父母""母亲"和"治疗师"这种情感转移的字眼是否会令人混淆呢？老实说我们的确想指出布莱斯夫妇就是在相互扮演这三种角色。"父亲"都到哪儿去了？假如卡罗琳可以将丈夫视为生命中的某个象征，她又为什么不能把他看成父亲呢？实际上，我们将为数不少的象征形象轮流投射在配偶身上，使他或她一下子变成母亲、父亲、兄弟、姐妹，甚至祖父母。我们在婚姻中再创造各式各样的家庭关系，用以解决过去发生的一些问题。然而我们并未就此罢手，甚至很快将下一代（孩子）也牵扯进来，这些毫不间断的尝试就是为了重新创造我们的原生家庭。

由于母亲—子女关系是我们亲密生活的最初模式，因此它成了婚姻亲密关系最深层的基础。这个早期的关系模式似乎设定了我们生活中一些重要的观点，例如该在何种范围内信任与关心他人、信任与关心自己；该在何种程度内区别自我和他人这两种貌似分离却又相关联的个体。父亲在孩子幼年期的生活中当然非常重要，其中最大的影响是通过父亲在婚姻中的参与来表现的。如果夫妻间的关系良好，那么母亲和子女之间的关系通常也会很好。而不管家庭情况是好是坏，孩子多半是从关系最密切的母亲那里接收到有关家庭的信息的。因此这种母亲—子女关系在孩子长大后便常被强烈转移到孩子的婚姻里。孩子婚后发展出的温暖、关爱和归属感都模仿自幼年时期的母亲—子女关系。母亲和孩子心理上的任何困扰，都将会影响到孩子成年后的婚姻状况。所以配偶间互相请求"帮助"时，他们其实是在要求对方完成"母爱抚慰"的过程。如此，不管配偶生理上的性别为何，帮助和母爱抚慰似乎变成了同义词。当然，"母爱抚慰"亦可能是心理治疗的主要模式。

在我们的文化中，父亲的传统角色是联结家庭亲密关系和充满压力及竞争的外在世界的媒介。而传统上加诸父亲身上的坚强和客观等特质也是治疗过程中极为宝贵的要素。一般母亲—子女关系最容易出现的问题就是过度的母爱抚慰，一种共生式的纠缠关系，往后如果被转移到婚姻中，将造成可怕的后果。因此，治疗师必须在心理上采取"双性的"亦父亦母的态度，不但要像传统母亲一般易于亲近，还要像传统父亲一样教导他们如何独立断奶，并且能够面对家庭边界之外的世界。

卡罗琳和大卫所背负的压力超过了他们自己感觉能处理的范围，他们也都敏锐察觉到对方的要求远超过自己所能给予的。但他们都在尽力应对，虽然不快乐也很勉强。终于，大卫在律师事务所获得重大的晋升，突然之间必须负责最主要的部门。同年劳拉开始入学，只剩卡罗琳一个人在家里，百无聊赖，仿佛失业一般。而此时，处于青春期的克劳迪娅开始极力想摆脱母亲。因此，在大卫工作压力倍增的同时，卡罗琳觉得自己不被需要和不再重要的压力也越来越强烈。她试图拉回大卫的注意力和更多帮助来处理她的沮丧，但是大卫有他自己的问题。克劳迪娅，意识到父母之间的矛盾越来越多，于是就很有默契地把自己变为焦点，企图缓和家庭中日益变大的压力。

这次面谈中，卡尔和我的主要工作是提出了婚姻中"帮助"的过程，以及我们对其中一些问题的看法。我们采取的是较为低调和理性的态度。谈得越久这对夫妻就越发不安，仿佛我们正在逐渐破坏他们生活中的基本原则。最后，大卫说出了他心中的疑虑："如果我们不必互相帮助，那么我们该做些什么呢？难道要彼此伤害吗？"

这个烫手山芋是卡尔的，他很重视他们的顾虑。"当然不是。不过你们必须承认自己想成为对方的治疗师的尝试已经失败了。所以请不要再企图帮助对方。你们甚至大可向前一步，若对方要求帮助的话，可以自由地拒绝对方。"

"这是为什么？"卡罗琳问。

"唯有如此你们才可能开始视我们为你们的治疗师，"卡尔强调，"并且也可以减轻一些你们套在对方身上的枷锁。有我们在一旁担任治疗师，你们便可以自由自在成为对方的同侪、爱人、朋友、对手或伴侣。千万别再玩那些老套的游戏了。"

大卫很感兴趣，却仍抱着怀疑的态度："假如我们不再向对方要求帮助，而你们又不会时时在旁边，那该怎么办呢？我们的情况会一直这么糟吗？"

"不会。"我说，"我认为不会。我们希望你们家中每个人都可以从治疗中获得足够的指引，必要时将成为自己的治疗师。你们将不再感觉那么需要对方，也不再感觉那么依赖对方。一旦你们每个人都确信自己可以独立处理一些生活中的基本压力时，'帮助'对你们而言将有崭新的、不同的意义。它将代表分享生活，有福同享有难同当，不再因为家人未给予你足够的保护而挫败沮丧，亦不再因为自己未保护家人而感到罪恶愧疚。"

"没错！"卡尔附和。卡尔和我的意见完全一致，简直就像一个人的意见。

"治疗结束之后，你们彼此帮助的方式将会更有意思、更自然、更自由，也更安全。但是在达到这点之前，你们必须先加强自己的独立分离，来克服以前过分的集体依存感。"

丹一直专心倾听，这时他愉快插嘴说："我喜欢这个主意，我赞成老爸老妈重新变成情侣。想想看！简直就像《星际旅行》里的情节嘛！"

卡尔转向丹："你很喜欢是吧？"

丹："呃，虽然听起来有点尴尬，但至少是个转变呀。"

我瞥了克劳迪娅一眼，她在这一个小时里一直保持着沉默。她仿佛陷入了深思和困惑，好像第一次如此严肃地、有意识地开始考虑她父母的婚姻状况，并为找不到自己的位置而忧心忡忡。想到她可能再也不被需要，克劳迪娅完全没有心理准备。

第9章　局部的解决
——保护父母的婚姻，母女再起冲突

卡罗琳和克劳迪娅又发生了冲突。她们不但争吵，卡罗琳甚至动手打了克劳迪娅，布莱斯家赶紧向治疗师求助。

卡罗琳坚持让克劳迪娅遵守她的规矩，不然就要克劳迪娅滚出家门。在治疗师的旁观下，母女之间长久积压的愤怒公然爆发，克劳迪娅气急败坏，又再次夺门而出。"碰巧"办公室的门锁上了，她怎么用力也打不开，仿佛纳皮尔教授潜意识里为了防止克劳迪娅出走，不知不觉把门锁上了。

但治疗师更关心的是：为什么大家都没来帮卡罗琳准备晚餐，而卡罗琳却专挑克劳迪娅一个人发脾气？为什么在刚要开始探讨布莱斯夫妇的婚姻时，母女间却爆发了这样的冲突？全家都"合作"着不让婚姻的内幕曝光，克劳迪娅又一次成了替罪羊。

我们天真地认为，既然卡罗琳开始合作，而且她和大卫也开始探讨他们的婚姻，我们也许可以进一步寻找解决婚姻问题的方法。婚姻的结一旦解开，克劳迪娅就可以从她与父母之间复杂而纠缠的关系中解脱出来，自由自在地成长。我们的假设是多么一厢情愿啊！

八月一个湿热的星期三傍晚，六点钟左右，卡尔接到一通大卫的电话。当时卡尔和穆里尔正打算出海兜风，所以那通电话来得实在不是时候。卡尔和大卫谈了几分钟后就打电话给我。我刚结束一个约会，进门后如同往常一样受到三个孩子的拥抱，妻子玛格丽特温柔地说："回来啦！"

然后指指桌上——"你的电话。"

我扮了个鬼脸走过去。"你好啊，老家伙。"

卡尔愉快地说："抱歉，你一回来就打扰你，今天晚上愿意来和一个家庭见面吗？"

"今天晚上？"我说，觉得自己好像从云端坠入了深渊。玛格丽特和我一直盼着晚饭后可以和孩子高高兴兴地去骑车兜风。

"是谁家？"我边问，边猜想是哪一个接受治疗的家庭有了麻烦。

"布莱斯家，"卡尔说，声音听起来也很疲倦，"大卫打电话说克劳迪娅和卡罗琳又争执了起来，他似乎很担心。"他停一下，"我明天早上九点有空，我们也可以今晚见他们，你的时间怎么样？虽然我也很不想这样，可是他们好像等不到下星期。"

"我明早没空啊。"我悲哀地说，仿佛薄荷巧克力甜筒在眼前融化，却一口也吃不到一样。很难说卡尔和我到底谁更不快乐。

"好吧！在我的办公室还是你的？"

"何不在你办公室？离大家都比较近一点儿。"卡尔说。

一个小时后我踏出家门，天还有点亮，但稍凉了一点，和风轻轻拂过湖面，吹向树梢，孩子正兴高采烈跨上自行车，玛格丽特忙着将老小抱到车前的儿童椅上绑好，我很不情愿地向他们挥挥手，钻进了老爷车里。

我把车停在褐色砖房的办公大楼前，平时喜欢的桦树沐浴在沉沉暮霭中，白森森的枝干在微光中闪烁。布莱斯一家已经到了，正陆续走下他们的旅行车。丹一路跳着走进办公室，劳拉则拉着卡罗琳的手穿过停车场。克劳迪娅躲在后座的阴影里，大卫从前座转过身来，显然正在劝她进办公室。

我快步走向大楼，开始寻思，为什么是克劳迪娅和卡罗琳？我以为她们已经平静下来了。到底是怎么回事？搞什么鬼？我在黑暗中摸索着打开前门，接着穿过重重门禁、开灯、备妥咖啡壶。卡罗琳和两个孩子坐在接待室里，神情疲惫而忧虑。克劳迪娅和大卫还没现身。室内十分闷热，我将窗子打开透透风，一辆车呼啸而过，车灯消失后，余音仍回荡不已，然后就只剩夜空下的虫鸣。我坐下环视这空荡荡的办公室，想着玛格丽特和孩子们。走廊里远远传来一点声响，是卡尔，他和克劳迪娅、大卫一起进来了。

9.1　根深蒂固的旧三角关系

他们一家很快进入办公室，好像很乐意到这儿似的，只有克劳迪娅例外，她最后一个进来，而且还低着头。大卫与卡罗琳一起坐在那张大棕色沙发上，其他两个孩子坐在四周较小的椅子上。卡尔和我照例坐在一块儿，克劳迪娅面对着我们，坐在一张软皮椅上，她的目光仍避开我们。最后她终于抬起了头，我惊叫道："我的天，你怎么了？"

她的右眼又肿又黑，整张脸也哭肿了。

大卫回答："她和她妈大打了一架——到现在还在吵。"

他微微笑一下，好像为这场架或为调停这场争吵感到有些得意。然后笑容消失了，全身上下散发着严肃的气息。

卡尔和我不约而同看着卡罗琳。她也一副刚打过架的样子，领子上的钮扣掉了，印花上衣撕破了，头发也散乱不整。她的下巴紧缩，眼睛因生气而眯成一线。

"怎么回事？"我问卡罗琳。

大卫再一次搭腔："她们都准备好要吃晚饭，卡罗琳想要大家帮她摆好餐具，然后——"

卡尔制止他："让她们自己说好吗？她们才是当事人。难道你也介入其中了？"

"没有，这次没有。我故意不管，怎样都不插手。"

卡尔："你置身事外，再回过头来当汇报人？"

大卫和卡尔之间有点僵。大卫处理这场冲突的态度的确有点自以为是，我也不太喜欢。

我又问卡罗琳："到底是怎么回事？"

"我不知道有没有办法谈……"她咬紧双唇，突然间，长吁了一口气，似乎想从郁结的压力中解脱出来。

克劳迪娅的眼睛马上垂下来，然后生气地抬起头，眼睛直勾勾瞪着她母亲。

"开始了。"我想，不知会发生些什么。

卡罗琳似乎在犹豫要不要再和克劳迪娅起冲突，然后她转向我，显然费了好大劲儿克制自己不和女儿进一步正面冲突。

"我正在做一顿自认为特别好吃的晚餐，"她开始叙述，"至少做法很复杂，要四道工序才做得好的法国菜。当时我已经很累了，因为前几晚没睡好，早上又起得早，白天一天还到处奔波办事。"

她回想发生过的事。"突然间我想到家里其他人都可以随心所欲做他们爱做的事，而我却得在热烘烘的厨房为他们做饭。"又停顿一下。"丹和大卫在地下室玩象棋什么的，劳拉在楼上玩洋娃娃，克劳迪娅在餐厅里弹钢琴，就在厨房隔壁。我受够了，我跑到厅里大喊要人帮忙摆餐具。"

丹说话了，有点害怕，埋怨道："我没听到啊，妈，真的！如果听到了，上帝，我一定会去的！"

大卫也主动帮腔："那倒是真的，卡罗琳，我们俩都没听到你在嚷嚷。"

"我也没听见，"劳拉幽幽地说，"我在听唱机。"

"不管怎么说，克劳迪娅总听到了吧，她离我也就3米远，可是她也没过来！"

"我去了呀！"克劳迪娅埋怨道。

"我吼了你才来的！"卡罗琳说，她现在已经站稳立场，不准备退缩。

然后她平静下来再度转向我："克劳迪娅终于停止弹琴，走进厨房，沉着一张脸，好像我打了她一样。她马马虎虎不甘不愿把餐具摆了起来。可是还有很多别的事要做，沙拉还没拌、厨房的地板要擦、客厅要整理、餐厅的椅子前一晚搬到客厅玩桥牌也没有搬回来。一大堆事情要做，可是她只做我吩咐的，还一直嘟着嘴，做完就溜了。我很生气，到现在都还在气！所以我追到另一个房间向她大吼，问她是不是就只打算做这些而已，然后——"

她停下来，心里盘算着要用什么字眼。"她用很恶劣的话顶嘴。我没办法重复。不过我一下子火了，我可不能让自己的女儿对我那样说话。"

克劳迪娅坐在角落里生气地瞪着眼睛，一副困兽独斗的姿态。

大卫清清喉咙好引起我们注意。"我可以说话吗？"

"当然。"我说。

"那时候我正要上楼，刚好听到克劳迪娅说那句话，难怪卡罗琳那么生气。"

卡尔意味深长地说："这时间还真是巧啊？！"

他是指大卫刚好在克劳迪娅说了那句令卡罗琳气急败坏的话的当下出现。他们之间旧有的三角关系如此根深蒂固，大卫无可避免要卷入这场正在扩大的风暴中。但除了我以外没有人听得出卡尔话里的含意。我急着想知道是什么事引爆了卡罗琳的脾气，于是继续问她：

"克劳迪娅到底说了什么？"

卡罗琳的样子极为尴尬，突然克劳迪娅及时拯救了她。她怒气冲天朝着我说："我说去你妈的，要做你自己做！就是这样而已，没什么大不了。"

卡罗琳光火了："没什么大不了？那你倒说说看，什么才是了不得的事？我绝不允许我的女儿跟我这样说话。这对我来说是难以忍受的！"

我并不希望她们又吵起来，所以继续问卡罗琳："然后呢？"

她稍微缓和一些，接着描述她们后来吵架的情形。

"我火透了，使尽全力对她叫嚷，叫她滚出去，如果她那样跟我说话，我绝不让她和我住在同一个屋檐下。然后她嘴里嘟囔着，说些什么我已经记不得了，突然间我就打了她。我不是故意要使那么大劲，可是我真的狠狠打下去了。"

克劳迪娅看着地板喃喃抱怨："我只说我绝不走，就这样而已。"

"真有意思，"我私下想，"原先卡罗琳一直担心克劳迪娅会离家出走，现在她却要赶她出门，而克劳迪娅偏就不走！"

战争依然如故，只是立场却在不知不觉中变了。卡罗琳看我们一眼，又看看克劳迪娅。她稍稍提高声音说："这是最后的底线了，真是大逆不道！她好像颐指气使，命令我做什么我就必须接受一样！哼！我绝不再忍气吞声了！"

她和克劳迪娅又再度处于冲突边缘，她们同时望向卡尔和我，似乎视我们为克制自己的安全阀。

这真是艰难的时刻，她们希望我们提示下一步该怎么走。她们该像以前一样继续争吵呢？还是拿来和我们讨论并设法为自己的立场辩护？她们是否该从过往的经验中寻找某些线索，帮助她们了解这些愤怒的缘由？事实上，他们吵到一半打电话给我们时，就已经给出答案了。争执已经发生，动作也已做出，他们只是希望我们在一旁监视，以免搞到无法收拾。在这个关头，治疗师常常担心会发生家庭暴力，所以他们会以各种含蓄的方式暗示："现在，请大家理性一点。"这句话的背后隐含着治疗师对发怒的恐惧，好像在说："请冷静下来，我很怕你们生气。"

但卡尔身经百战，场面见多了，该做什么，他毫不犹豫："你可以把这话告诉克劳迪娅吗？"

他建议正在抱怨的卡罗琳。卡罗琳意识到这正是她们俩所要的暗示，意味着该继续吵下去。

她转向克劳迪娅时，脸上闪过一丝恐惧，我们也听出她说话时力气已经使尽。"克劳迪娅，我实在不能接受你这种行为。"

克劳迪娅扬起头，挑衅道："我也受不了你打我！"

我没办法像卡尔那样信心十足以这种方式处理这种场面。我发现自己正看着克劳迪娅身旁桌子边上重重的玻璃烟灰缸。然后我又看到距离卡罗琳咫尺之外一尊玛格丽特送我的小石头雕像，她只要一伸手就可以抓住。多好用的一件武器，想象着它横飞而过的情景，我抓紧旋转椅的把手，突然生出了一个非常离谱的念头：不知怎样才能将血迹从干净的地毯上清理掉。

接着我脑海里遥远的地方响起一声安抚："等一等，你太激动了。"

就在自言自语的刹那，我明白是怎么回事了。突然间我看到了自己的原生家庭，家人围坐在餐桌旁，静静地交谈，貌似愉快，但事实上却在为一堆不敢提起的琐事而彼此互生着闷气。很多时候你、我们甚至对自己的怒意都毫无察觉。多年之后，我才了解到当时我们是多么小心翼翼掩饰着家里所有的愤怒和攻击。这次面谈所发生的事早年我自己也经历过，"生病"的家庭开始打破我们家不成文的规矩——不可以公然表达愤怒！而我一如我的双亲，很容易将言语上的愤怒当作危险的身体暴力行为。在"病人"突破我的家规时，我变得不安起来！过了这么些年，有了这么多自己的治疗经验，这么多的训练，而且以不同的规则建立了自己的家庭（玛格丽特和我当然也会吵架），我好像应该了解得更清楚。然而这仍是家庭治疗师面临的一大困难，家庭的力量如此强大，而人又不得不投身其中，所以对治疗师本身的生活自然会有深入的影响。你所治疗的家庭瞬间变成你原生家庭的翻版，而你则成了"病人"，在你自己的感觉中不断挣扎。这也是进行家庭治疗必须有辅助治疗师的另一原因——两个治疗师通常不太可能同时都变成病人。

因此卡尔平静地告诉布莱斯家尽管继续吵，而卡罗琳和克劳迪娅也尝试交谈下去，我也设法让自己轻松了一点。但仍不时盯住离烦躁的卡罗琳不安生气的双手不远的那座雕像、克劳迪娅黑肿的眼圈，以及柚木桌上那枚导弹般蓄势待发的该死的烟灰缸！

9.2　神秘莫测的争吵

卡罗琳直接和克劳迪娅说话时就渐渐心平气和了下来，仿佛卡尔给她正面冲突的许可，已经减弱了她虚张的声势。

"克劳迪娅，我这么生气不是因为你的话，我以前也听你说过那种话。是你的态度惹火了我，那种轻蔑、嘲弄和不尊重。我不知道为什么要花那么久的时间到这儿来，也不知道刚才是怎么回事？突然间我再也无法忍受了。"她等待片刻，再度开口时，语气中带着一种平静的诚挚，不再是平日那种战栗不安。她很认真地说："也许我可以无限度忍下去。但我不愿意。我们已经到了应该改变的时候。你得改变态度，否则就必须离开。"

然后她想到了什么，脸上泛出笑意，以一种近乎玩笑而且孤注一掷的语气说："要不然就是我走。我想也有那种可能。"

然后她转向大卫。"如果你觉得这次是她对，错在我身上，那么也许我该离开，让你管教她。"

她越来越冷静，而大卫紧张了起来。

大卫结巴着："我……我……不知道现在该不该说什么。我以为我跟这次吵架没什么关系啊。"

"把你的感觉说出来。"我说，我对他的心理活动很好奇。

大卫对卡罗琳说："我想我是站在你这边的。我觉得克劳迪娅的态度很差。我不知道她是不是该打，但我认为她应该对你尊重顺从一点，或是你愿意把这叫作什么。"

现在他的声音听起来比较有力，卡罗琳也听出了他强调的重点。她知道丈夫在支持她，便保持静默。

我瞧着克劳迪娅，她显然很愤怒。

"我觉得她也应该多尊重我一点，比如说不该打我的脸！那叫尊重吗？我怎么可能尊重一个只因为顶嘴就打我耳光的人？我不过是拒绝做别的事而已——老天，她叫我做的事我都做了啊！"

卡罗琳立刻凶回去："克劳迪娅，在这个家我们的地位不一样。我是你妈，我不能让你用那种态度和我说话。"

她的语气转缓，带着情感："我很抱歉打了你。我真的不是故意的，至少我没有想过要那么做。很多时候我能体谅你的感受，至少我在尽量这么做。我没有瞧不起你，我也不能忍受你瞧不起我。"

克劳迪娅已经按捺不住尖叫道："根本不是这样！我做的每一件事你都不满意！"

卡罗琳大为震惊。起先她像平常一样用一副超然冷漠的态度回应克劳迪娅的暴怒，接下来有所改变，她转向女儿，眼光里闪着怒意，语气强硬坚决："克劳迪娅，我可没挑剔你。我唠叨、骂你都是为了要叫你做点事！"

克劳迪娅又叫起来："当然有！一直都有！"

卡罗琳稍微退缩，然后扬起声音咆哮，不似克劳迪娅那么大声，但却更气愤："我挑剔也是你逼的！我要你做什么事，你不是心不甘情不愿，就是根本不理睬！"

她的语气低下来，但力量并没有消失，直截了当地说："我不管事情合不合理，只要我叫你做的，不管你想不想照办，你都得去做！"她的声音又大起来，逼向我们每一个人，"否则你就滚出这个家！我不知道你明不明白这一点，但是你只能选一样，服从我，不然就离开！就这么简单！"

这回轮到克劳迪娅震惊了。她一下子手足无措起来。她们两个都坐在椅子边缘，彼此怒目相向，然后又退缩，陷在一场作用力和反作用力的风暴里。很快，克劳迪娅又恢复了桀骜不驯的态度，吼道："你以为我是什么？六岁孩子吗？只因为你是妈妈，你说的每件事就都对？我都应该照做？哼，我可不觉得那样是对的！我也不是六岁的孩子！"

卡罗琳仍然很大声，但已不是吼叫。"那不是重点！如果你可以证明你能为自己负责的话，我百分之百愿意给你更多信任。现在的问题是我不要和一个不服从我的女儿待在同一屋檐下！"

屋里其他人都脸色发白僵在了那里。劳拉吓坏了，整个人缩进沙发。大卫脸色苍白，眼光一直落在这对针锋相对的母女身上。丹瞠目结舌，张着嘴巴。卡尔和我静观其变，并非不知道该怎么办而是未采取行动。我们遵循事件的发展，也明白我们就像是一场激烈竞赛的裁判，现在正是重要关头。

从前布莱斯家一直回避争吵，压抑他们的愤怒和不满，不然就是单向的，一个人发脾气，却得不到另一方的回应。即使有争吵，也在其中一人拒绝再吵下去或干脆离开时戛然中止。但这次争吵两边都很激烈、很强硬，没有人态度缓和，也没有人放弃立场或后退一步。以往虽有争吵，但总是有无形的绳索将对峙的双方紧紧绑在一起，仿佛每一次争吵似乎只有一个"个体"存在。但这次卡罗琳和克劳迪娅冒险将联结她们的绳索挣断了。现在她们是两个分离、独立而且非常愤怒的个体。无论多痛苦，无论引起多大的骚动不安，这场架仍颇值称道、堪谓成就。如果从前在这对母女之间真有一条象征性的锁链，迫使双方必须不断向愤怒妥协，那么现在这条锁链已经在烈火熊熊中付之一炬了。

争吵仍在继续，时而激烈时而缓和，卡罗琳的力量越来越明显。她异常坚持克劳迪娅必须承认她的权威，否则就得离开。起初我认为这场架十分令人振奋，卡罗琳新生出来的自我肯定，以及对身为人母角色的确定，还有克劳迪娅强烈表露处境不公及被强迫的感觉，在整个情势中看都像是必要的，有治疗性的宣泄，虽然是一个危机但也可以促使她们二人彼此接近。

但随着争吵愈演愈烈，克劳迪娅变得越来越忧虑。她意识到母亲坚持在她们的关系中扮演"大人"的角色，可是她却不愿屈服。她又回到以往多疑的神情，好像万一输了这场仗，她将另借其他一些迂回的方法来维持立场。我看到她在渐渐发慌，开始担心她可能会做些什么。

9.3　克劳迪娅，别走

克劳迪娅不知该如何回应她母亲，当她沉默思索怎么回话时，我突然觉得她是那么年轻、那么脆弱。从前，我总是看到她的愤怒、她的叛逆。现在我看到的却是一个害怕的女孩，即将被迫离家。我还想到她离家后的情形：法庭上的听证、搬到寄养之家、指派来的社工人员，以及这个漂亮又麻烦的女孩如果被迫搬出家里，我们想再为她治疗时的种种困难。克劳迪娅面露困惑，仿佛被出卖，同时也忧心忡忡。

我自己也开始感到有点迷惑。无法确定这次治疗是有帮助的，还是会造成另一场灾难。随着面谈的进行，灾难理论愈居上风。克劳迪娅就是无法勉强自己对母亲让步，就算让她尽其所能尖声大叫也不管用。我看得出来我所担心的事就要发生了：克劳迪娅会保护自己，提高她的声音及机智来对抗母亲渐增的力量，而她母亲也会做类似的事。战事会继续加剧到其中一方崩溃为止，灾情何其惨重，代价何其高昂！

此刻最急迫的问题是这时候克劳迪娅心里在想什么。她焦躁不安地瞥了几眼房门，不知是否又打算跑出去。一切就看这异常微妙的时刻了。克劳迪娅受制于母亲的新力量，显然十分挫败。大卫坚决站在卡罗琳这边又更让她泄气，除非她继续抗争，否则非彻底投降不可。我坐在那儿想："克劳迪娅需要一些支持。"但我不知道该怎么做。卡尔变换一下坐姿，似乎也在思索如何帮忙。

然后突然间事情就发生了。克劳迪娅站起来，大步走向门边，泪流满面，愤怒地脱口而出："哼！去你们的吧！我再也受不了了！"

一如从前，每个人都吓得动弹不得。她经过大卫和卡罗琳面前时，他们俩都呆若木鸡；卡尔和我也眼睁睁看着她走过面前。她必得挤过我的膝盖和沙发之间的狭窄空隙才能到达门边，我很想挡住她的去路。但留住克劳迪娅毕竟不是我该做的事。

如果有人要制止她，那应该是她的父母，而他们显然无能为力。所以我就不动声色，卡尔也是。如此激动的时刻，所有的灾难又在我心中重新涌现：法庭听证、寄养之家，还有随之而来所有的痛楚。

接着克劳迪娅伸出手，握住门把手，并且用力扭转。四周惊呆的观众都听到如假包换"铿"如枪响般的一声，那是门锁打不开的声音。门动也不动。一定是我开门进来拔钥匙时，无意间又将门锁上了，这是那种少见的两边都可以上锁的门。

克劳迪娅转身看着我，张着嘴满是惊讶。这简直太可怕了！——和你的父母及家人困在治疗师的办公室里！

"搞什么鬼！"她说。

坐在我右边的卡尔突然笑起来，温和但具有感染力的笑声随即打破了一屋子的严肃。每个人都如多米诺骨牌效应般笑得前俯后仰，原先堆积的焦虑不安，都一股脑在这荒谬中收了场。我们原来徘徊在悲剧的边缘，眼看受伤、愤怒的女儿就要演出冲到危险的外界去的剧本，还好有错误的舞台道具辅助。

"搞什么鬼嘛！"克劳迪娅又说了一次，极力想忍住不笑。一抹尴尬的笑意挂在脸上，但仍抖着声音抗议坚持着她的权利："我要离开这里！"

"真是抱歉！"我笑着说，"我一定是潜意识里不想让你走。"

这话又令克劳迪娅生气，"该死，我要出去！"

"我希望你留下来。"我柔声说，表示话虽如此，但我知道实在无权挽留她，这只是请求而已。"我觉得你应该在这里和你母亲争出个结果才对。"

克劳迪娅怒视着我，然后又瞪向她母亲，这时室内又陷入一片沉寂。我作势从口袋里掏出钥匙。就在拉出钥匙的瞬间，卡罗琳说话了。语气中带着体谅和歉意，立场已经软化了下来。

"克劳迪娅，坐下来，我们谈谈。"她停了一下，"求你了！"

这同样也是请求，而不是命令。似乎她也明白了克劳迪娅真的会离开，会一走了之，她请求她留下来，正表示她承认了这一点。

克劳迪娅叹口气，屈服在了母亲温柔的声音下。真正的关怀出现时，是绝对难以抗拒的。她回到座位，颇为放松地坐了下来。这时候，为了表示对她的信心，我将上锁的门打开了。

9.4　女儿，再扮一次替罪羊

一时之间，平静无事。克劳迪娅仍然无法开口和母亲说话。

就在大家都有点不自在时，卡尔介入了，他对克劳迪娅说："你不妨说说看，你夺门而出是想表达什么？或者谈一谈那些让你很难过的感觉好吗？"

他的态度非常认真而体贴。刚才的笑对每个人都是不可思议的解脱，表现了整个情境底下荒谬的结构。但和刚才一样重要的是，此时此刻我们必须避免对着克劳迪娅笑，或让克劳迪娅误以为我们在取笑她。

然而克劳迪娅还是一言不发，卡尔担心起来。我想我看到了问题的所在，她觉得自己很无辜，一直被当作替罪羊，所以不管对方的态度有多温和，她都不愿成为任何人责问的焦点。因此我转向卡罗琳："你是不是也觉得你生气的原因不全是克劳迪娅，这也许也是她那么恼怒的原因。"

"什么意思？"卡罗琳问。

我平静地说："这一切都是从你生气没有人帮你弄晚餐开始

的。但最后克劳迪娅一个人却得受了所有的气。我并不是怪你气克劳迪娅看轻你,我只是想谈谈这次争吵其他方面的事。你觉得全家人都没有好好帮你,他们都利用你、什么都想靠你是吗?"

"不错,"卡罗琳终于回答。又停顿一下,"每个人都算准我会将一切料理得妥妥当当,照顾他们的三餐、衣食住行,还有一切日常琐事。我已经很厌烦了。"

卡罗琳的火气又大了起来:"丹长这么大几乎没有自己挂过一件衣服!他应该拿垃圾出去倒,可是我已经懒得再唠叨他,干脆就自己倒。劳拉,也许还太小,但她应该可以摆摆餐具。"

"那你先生呢?"我微笑着问,"你没跟他说洗碗的事男人也能干吗?"

"他?"卡罗琳瞧着大卫,声音混合着怒意和惊讶,大卫帮忙做家事的想法令她觉得十分突兀,"他才不会这么委屈自己呢!"她挖苦他。

很意外地,我们这么轻易就从卡罗琳和克劳迪娅之间的争吵,转移到了这个很少为人探索却很重要的问题——克劳迪娅觉得被母亲当作替罪羊,而卡罗琳却觉得被全家人利用。

卡尔接着说:"如果你打开门将晚餐扔到后院去,结果一定会很有意思。也许下次他们就会乖乖听你的了。"

然后他转向克劳迪娅,她因为焦点从她身上移开而看来颇为轻松,也有些茫然,"你还好吧?还生气吗?"

我以为克劳迪娅会再度站起来,一脸报复和指责的表情,但她却开始低声哭泣。话语和眼泪交织在一起:"每次都是这样,一有事情发生我总是挨骂的人,好像都是我的错。"

"不,当然错不都在你,"卡尔温和对她说,"你真相信都是你的错吗？"

克劳迪娅哽咽回答："她那样吼我，我就忍不住这样想。"

她的声音渐渐开始高亢，仿佛陷入了被母亲攻击的痛楚中，"开始变得好像就是我，每件事情出错都是因为我。"

"绝对不是这样的，"卡尔一再强调一再保证，"我希望是谁的错就该谁被责备才对啊。"他依然温和地对克劳迪娅说道："听到你除了生气外还承认自己受到很大伤害和惊吓，我觉得这很好。使我感受到了你更丰富的人性化的一面。"

克劳迪娅在低泣中惊讶地吸了两口气，竭力不哭泣并温柔地注视着卡尔。然后，很不好意思地将视线移开。然而在那短暂的一刻，他们俩已然交换了关爱的眼神。

房间里又变得静悄悄，所有人面对这重要的一刻都肃然起来，在一连串的攻击谩骂后，听到有人坦露她的痛楚，真是一大解脱。大家都继续默默思考。卡罗琳的样子平静多了，一脸忧郁，坐在克劳迪娅对面。

"你在想什么？"卡尔问她。

"啊？"卡罗琳从沉思中回过神来，"我有点难为情。听克劳迪娅这样讲，我好像有点太过分了。我也不知道为什么生这么大的气。"

"其实事情是很清楚的，"卡尔说，"刚才大家沉默的时候我想起我们第一次的面谈，那时我们必须避免你们当场吵架。这份怒意在你们身上已经酝酿多时，势必要在你们家的系统下发泄出来。我认为这次争吵肯定是老早就计划好的。"

卡罗琳很担心："但一定要这样吗？难道没有更好的方式可以解决我们之间的矛盾吗？"

"我当然希望有，"卡尔说，"这种方式对每个人来说都是很残酷的。"

他停下来，沉默中带点沮丧，"或许现在你们已经将一些气发出来了，可以试着找一些比较温和的办法。"

"可是怎么做呢？"卡罗琳不解地问。

"我也不太知道该怎么做，"卡尔承认，"如果我有方法的话早就告诉你了。"

他停下来沉思片刻，"家里有许多事一下子同时发生了。你想对女儿树立某些权威，而同时她却企图寻求更多的自由和独立。其实你们今晚的争吵早在十年前就该解决。你和大卫想在貌合神离多年之后重新复合，而你也正在想重新把这个家组织一下，好让每个人都多承担一些责任。所有的事都纠结混乱在一起，这得花上一段时间才能理出头绪。"

"的确是一团糟。"卡罗琳消沉地说，"希望，"卡尔的声音轻扬起来，"就存在于我现在听到的这个新声音中。新声音听来体贴得多，也更有人情味儿。我觉得真正需要解决的，不是该谁来负责的问题，而是建立更好的人对人的关系。"

卡尔越说越振奋起来："我觉得所有的父母都不该被子女轻视，但应对这些复杂的情况时，我也不相信父母都要掌握控制大权。因为有太多地方需要控制了。一个家必须要凭借某种一致性的直觉来运作，就像是想赢得胜利的团队一样。你们表现得好是因为你们想要这么做，而不是别人强迫你们，要你们如何如何。"

卡罗琳说："我们离那还远呢。"

她很快瞧了克劳迪娅一眼，克劳迪娅的目光和她接触一下，马上又移开。

"你们刚才看对方的那一眼就是个开始，"卡尔说，"你们想再进一步吗？有没有什么想跟对方说的？"

"很对不起发那么大的脾气。"卡罗琳语带悔意对克劳迪娅说。

克劳迪娅仍然觉得受伤和愤怒，犹豫地回答："我也觉得。"

她故意说得含混不清，让人无从判断她是在道歉，还是在责备她母亲。气氛又有些剑拔弩张。

"嗨，你们两个，"卡尔斥责道，"虽然你们已经不像刚才那么生气了，可是你们并不是真的觉得歉疚。不要找借口说你们之前说的话是无心的，往往生气时所说的话，才是我们真心要表达的意思。所以你们就爆发吧！那又怎样？我们尽管继续下去。"

这次治疗已接近尾声。紧张的情绪缓和下来后，每个人看来都非常疲倦。我很喜欢卡尔与卡罗琳的谈话，但我仍有些不安，这场争吵对我来说，似乎仍神秘莫测。治疗一开始就困扰我的问题仍然盘旋不去："为什么，在我们终于可以着手探讨大卫和卡罗琳的婚姻时，会突然爆发这次争吵？"一时之间，前次面谈结束时，克劳迪娅那张忧愁的脸在我眼前闪过，我豁然悟出了其中的关联。

"克劳迪娅，"我说，"我可以跟你分享一个想法吗？"

"可以啊。"她迟疑地说。

"我想我知道这次争吵的原因了。记得上次的面谈吗？你的父母正开始要探讨他们的关系，不是吗？"

"啊？"克劳迪娅略为不解。

"嗯，我想那吓到他们了，你，还有其他人也都惶恐起来。所以全家又不知不觉同意再回到你和你妈妈的战争里，好把你父母亲从如坐针毡中解救出来。这样一来他们就用不着面对彼此，你也不会失去在他们当中的位置了。"

"我从来没想过这一点。"克劳迪娅脸上渐渐浮出肯定的笑意。

"只是这一次差点弄砸了。"我笑着补上一句。

"怎么说？"

"这次和以前的争吵不一样啦，你和你妈妈都得到了一些新东西。"

"感谢你那扇不可思议的门！"卡尔笑着结束了这次治疗。

第10章 暂停治疗
——停止替罪羊的游戏

卡罗琳和克劳迪娅在冲突过后反而更能够和平相处，卡罗琳和大卫已经知道如何不必大吼大叫就可以保持父母的权威，也知道按照孩子的年龄尊重孩子的独立自主，家里看起来暂时风平浪静。这之后的几次面谈气氛也十分和谐。布莱斯家与治疗师讨论是否继续治疗，最后双方同意暂停，静观发展，一旦他们有需要，随时可以回来。大卫因为治疗师允许随时可以回来而高兴。原本最抗拒治疗的卡罗琳却脸色刷白，似乎为终止治疗而忧心忡忡。克劳迪娅已经摆脱夹在父母之间的压力，不再是替罪羊。劳拉仍低头画画，仿佛无所谓。卡尔则半玩笑半严肃警告丹先别太得意，说不定下一回就会轮到他。

卡罗琳跟克劳迪娅争吵后的那几天，卡尔和我都觉得很不安。我们担心她们之间也许还会发生更多的争执，也关心上次在我办公室治疗的情况。治疗师的一个首要原则，就是要尽力预防某位家庭成员被逼成替罪羊。而我和卡尔违反了这个原则。我们竟然坐视争吵扩大，让克劳迪娅委屈万般。炮火漫天之际很难及时抉择，但我们仍难辞其咎，在克劳迪娅难过得想逃离治疗室之前，我们应设法解救她。

　　通常，大卫会站在克劳迪娅那边，但是上次他却投靠了卡罗琳，将调停解围的任务留给了我和卡尔。也许我和卡尔为卡罗琳突破以往失败者的姿态而震撼不已，以致低估了她的盛怒对克劳迪娅的影响。至少现在我们开始明白大卫为什么会不断介入妻子和女儿之间的争执，因为在卡罗琳走出沮丧开始战斗的时候，她郁积的怒气会产生一股极为强大的威力。此时克劳迪娅极可能需要适时的保护。

　　我们担心的后遗症——继续爆发争吵——并没有发生。因为一直没有接到布莱斯家任何紧急求助的电话。在隔周例行面谈的时候，一家人谈笑风生地走进了治疗室。克劳迪娅看起来非常愉悦、轻松，微笑看着正跳来跳去引人注意的丹。只是脸上的黑眼圈还依稀可辨。克劳迪娅和母亲坐在同一张沙发上，劳拉则小心地夹在她们中间。整个气氛仍然相当友善。我的猜测获得证实，克劳迪娅和母亲交换了那种假装生气却又被丹乱吼乱叫的猴戏逗得很开心的眼神。"卡尔，你猜你要说什么？"

一家人坐下之后，丹脱口而出，吸引了大家的注意。

"请叫我惠特克医生，"卡尔笑着回嘴，"你难道还没记住吗？"

"哦，我忘了。"丹道歉说，"惠特克医生！"

"这还差不多。"卡尔说。

"我刚要说，就被这位冒失的医生给打断了。"丹继续道，"家里发生了一些有趣的事。妈妈和姐姐现在互相讲话了。有时候居然还很友善呢！真的，家里变得好安静！"

接下来的回忆证明丹的观察是正确的。爆发上次的争吵后，克劳迪娅和卡罗琳开始尝试亲近对方。她们的"谈话"开始于某天晚上两人一起洗碗的时候，这次特别的谈话持续了将近一小时。谈话的内容并不重要，重要的是她们能够交谈。真正的突破则发生在星期天早晨，卡罗琳习惯在这个时候到附近公园散步，这次她主动邀请克劳迪娅一起去，克劳迪娅也答应了。

"我不记得我们谈了些什么，"克劳迪娅回顾说，"但是跟妈妈分享一些事的感觉很好。"

经历过上周的危机之后，大家对这种平和的气氛感到有些困惑。

我大胆提出自己的看法："也许你们的语气才是最重要的。你们听到了对方的关怀。"

"我想你可能说对了。"卡罗琳说，听起来好像还有点不太适应这种改变。

10.1　重新发展新的语言多权力系统

后来的谈话是由布莱斯家主动发起的。他们想知道今后该怎么做才可以避免争吵。卡尔和我指出最好的方法就是多吵，适时将怒气发泄出来。把小小的意见不合迅速表示出来，才可以避免因怒气积压太久而酿成危险。

我们也谈到他们需要发展一种新的语言系统，这也是我们在治疗过程中反复提到的一点。家庭中的每一份子都应该学习谈论自己的感受，而不是偏激地攻击别人。例如卡罗琳不该对克劳迪娅说："你只会偷懒！"

她应该说："我在厨房里感觉好烦好难过，你可以帮我吗？"

我们解释这种新的语言的时候，全家人都很用心地听着。他们当然都了解我们的意思，可是真正实践起来却不容易。改掉老毛病总是很难很慢的。

我们还建议他们将冲突均等分配给每位家人。以前所有的争吵似乎都集中在卡罗琳和克劳迪娅之间，为什么卡罗琳不和大卫吵呢？丹和劳拉是不是每次都可以幸运地不挨骂呢？这些都是简单的课题，却非常重要。家庭中所有的压力不该都由母女二人来承担，如果家庭越能把冲突视为"团体的"来处理，对他们来说就会越有意义。

这次的主题是家庭如何才能成为更好的团队。卡尔跟我喜欢用团队这个比喻，因为可以比较生动地表达团体运作时需要的同步性，虽然每个成员有其个体性的角色。我们认为卡罗琳太担忧控制不了孩子，特别是克劳迪娅。晚餐经常性的不愉快就是很好的例子。他们该如何使父母，特别是卡罗琳改变肩负所有责任控制全局的状况，而建立一个全家人共同分担权利及义务的新系统？如何使他们对相互扶持产生不同的看法？如何协助他们更热心参与家务劳动，使家庭更有团体感？

我们委婉向他们表示，不论孩子的年纪多大，我们都不赞成父母用贬低或摆布的方式对待孩子。这点很重要，卡罗琳确实对克劳迪娅特别严厉。但是我们很欣赏他们夫妻的信念，大人的力量不是靠厉声严斥来表现的。他们可以一种人性化和灵活的方式来表达。做父母的若能如此，则家庭中的权力或许可能民主分配，也就是说孩子可以适时承担一些责任。

有一点请读者看清楚，我们并不赞成家庭用激烈争吵的方式来解决问题。一旦家庭的怒气积压过多，他们就常需要通过某种场合来发泄，因此他们应学习以安全的方式疏解释放。在治疗中我和卡尔偶尔也会疏忽犯错，但治疗中发生的争执都在我们小心监督之下，比发生在他们自己家里来得更具活力与建设性。我和卡尔并不鼓励一个家庭将一切心事全部掏出来，尤其当他们面对的不是有经验的治疗师时。这样的做法往往非常冒险，理由是家庭的问题太复杂了，如果错以为"表达自我"这种简单的处方就能治疗一切，那么他们长期奋战之后所得到的，很可能是另一种失望，或是另一场未知的冒险。

面谈接近尾声，一家人显得轻松多了，虽然有关他们自身的话题并不多，但他们看起来还是很兴奋。接下来的治疗也洋溢着温馨的气氛，多半在开玩笑或聊天。克劳迪娅跟卡罗琳依然维持着"和解"状态。卡罗琳在自我肯定之后，能够放松对克劳迪娅的限制，而克劳迪娅对获得这种自由的反应是愿意多待在家里。听起来非常矛盾，只有在卡罗琳显现做母亲的力量并且放松控制的时候，克劳迪娅才愿意听从母亲。

布莱斯家为了重新分配家事召开了很多次家庭会议，并达成一项协议，包括大卫在内，所有家人都应该分摊一些家务。大卫负责监督并协助孩子饭后清理厨房和房间，这令卡罗琳大为欣慰。截至目前新的家庭系统似乎已经开始有效运作了。

10.2 治疗告一段落

再接下来的面谈内容也是大同小异，甚至因为看不到任何冲突而显得有些无聊。我不太喜欢"社交性"的谈话，大家光谈些天气时事，偶尔才勉强讨论一些小问题。卡尔外表上看不出有什么不耐烦。他将劳拉抱在膝上，合画一幅有两只怪物的图画，劳拉管它们叫妈妈和爸爸。卡尔还跟丹开玩笑，说丹缺乏自信正好可以充当我们下一位研究的对象。卡尔跟大卫谈论工作和政治。卡罗琳则谈起将到家里小住几天的双亲。

看到上面这些情况，我想我该说几句话。

"你们知道吗？"我直言不讳，"我觉得我们不像在治疗。我们谈的都不是什么重点，没有完成什么重要的事。"

屋子里一片沉静。

"我有同感。"卡尔轻轻地说。然后他吸了口烟斗，"我想或许我们该告一个段落了。"

卡罗琳，原本最抗拒治疗的人此时却脸色发白。显然停止治疗的建议令她非常害怕，但是她一言不发。

丹的反应恰恰相反，他高兴得大叫："太棒啦！"接着又说，"我们现在就可以走了吗？"

"耐心点，小家伙！"卡尔对丹说，"如果你再不小心一点，下一个替罪羊可能就是你了。"他停了一下，又加一句："到那个时候，我们就'真的'要帮助你了。"

"什么意思？我会变成替罪羊？"丹有些生气，又有些害怕。

"嗯，有些事情你也说不好。"卡尔很神秘地说，"一个家庭为了要解除压力，有时候会选择三四个替罪羊，一直到问题解决为止。谁也说不准啊。也许他们会看在你还只是小毛头的分上而放你一马呢。"

丹朝卡尔吐吐舌头。卡尔的话听起来有点像开玩笑，但是声调中却带着严肃的意味。

大卫也开口了："其实，我也正在考虑是不是该结束治疗了，可是我想或许你们两位专家比较清楚。"

"恐怕正好相反呢。"我说，"只有家庭本身才知道什么时候该结束。我们治疗师一旦接触一个家庭，就会不断追根究底。你可不能靠我们来决定。"

关于该不该结束治疗的问题继续讨论了好几分钟。这家人仍然犹豫不决。因为在以往的治疗工作过程中，我们建立起一种模式，虽然它也带有威胁性的一面，但面谈与面对问题的节奏，已经变成了一家生活的重心。告一段落的可能性使得一家突然静下来，他们开始意识到，自己其实早就开始依赖这每周一小时的面谈、我们提供的中立战场，以及我跟卡尔两位治疗师。

每个家人的态度也不一致。卡罗琳和克劳迪娅似乎担心会停止治疗，也许她们害怕一旦停止治疗，家里又会恢复以往的争吵。大卫举棋不定，他正忙着用他那种强迫性的态度衡量这中间的利弊得失。丹仍旧坚持停止治疗，而劳拉则无所谓。时间就在抉择当中慢慢流逝。他们找不到任何确切的理由。

卡尔和我各自拿出记事本。我们坐在那儿看他们一家人，而他们也看着我们。终于到了该下决定的时候。

"好了，"卡尔语气温和地说，"我们该怎么做？"

"我不知道。"大卫回答，习惯性皱起眉。

要不要继续面谈在这个时候变得异常重要。

经过了暗潮汹涌的三十秒沉默之后，卡尔终于如我所料采取行动了。

"或许我们应该先暂停一两周，然后视情况而定。如果一切正常，那再好不过。万一出了什么事，你们也随时可以拿起电话通知我们。"

"我认为这个主意很好。"大卫高兴地说。

卡罗琳依然沉默，我们必须听听她的意见。这时大家都转向她。

"呃，好吧！"卡罗琳看起来有点担忧。她勉强挤出一丝微笑。"可是如果有需要，我们还要回来。"

"当然可以！"我和卡尔异口同声地说。

说完这句话之后大家就离开了。丹和劳拉看起来就像学校刚放暑假般高兴。大卫和卡罗琳外表上也很愉快，内心却还有点不释然。克劳迪娅离开的时候，忧虑的眼神引起了我的注意。

10.3　尊重和支持家庭的独立自主

他们离开之后，卡尔和我又谈了一会儿，谈到之前发生的事情，想象他们家未来的发展。

我们还不太明白克劳迪娅和卡罗琳之间为什么会爆发那么激烈的争吵。她们似乎是想把焦点从婚姻问题上转移开来，以防止我们太快迫向那个敏感又困扰混乱的领域。备受压力的家庭往往具有精密的生态平衡系统，并依赖那个带给他们很大痛苦的结构而生存。若我们突然将问题转移到大卫与卡罗琳的婚姻关系上，就等于抹杀了克劳迪娅日常扮演的角色，也等于突然加深了卡罗琳和大卫的恐惧。就这么"轰"的一下，这家人很快又会按照他们熟悉的老方式重建起来。

但是这次争吵却和往常不太一样。至少在表面上，完全是卡罗琳和克劳迪娅一对一的争吵，大卫并未介入其中，这使得克劳迪娅不能像往常一样依靠父亲，因此她变得非常恐慌。这次争吵，性质上也比往常更紧张和持久，反锁的房门虽及时阻止了克劳迪娅惯用的逃离策略，但家里的压力也随之急剧升高。

争吵另一方面也消除了他们对语言冲突的恐惧，在他们的内心深处语言冲突和谋杀没有两样。怒气真正爆发之后，并没有任何人因此而死掉。事实上，反而还解除了卡罗琳和克劳迪娅之间相互"纠缠"的"共生"关系。当她们互相抨击的时候，她们才明白彼此其实是各自独立的个体，不是同一个个体。这种分离独立的感觉是她们最需要的。有了分离独立之后，一些该有而她们一直缺乏的代沟和温暖的亲子关系才会随之产生。

争吵最宝贵的价值或许在于和解时的亲密感。说来也奇怪，人们常常只有把别人气得痛苦哀号后，才会允许自己表现出关怀。人和人攻击与和解的过程非常神秘，但是这种循环确实在人类中由来已久而且威力强大。在怒气累积到口不择言倾泻而出时，会让所有当事人都非常害怕，因为不确定争吵之后是不是有和解的保证。对质可能会带来两种结果，一是使关系完全破裂，另外则是重新开始互相关怀，二者如何平衡大多取决于家庭成员的集体潜意识。

事实上，布莱斯家力求解决问题的意愿，是他们最宝贵的资源，也是心理治疗最基本的要素。我们回顾这个家庭的进展时，看到他们辛苦挣扎企图突破，也看到他们挣扎的过程中，自行制造出许多有治疗作用的"事端"或"插曲"。例如，第一次治疗将丹留在家里，或后来又让克劳迪娅哭着跑出治疗室，以及在上次争吵中他们试图将焦点从婚姻关系转回母女关系上。

家庭集体的、富有创意的、潜意识的生活决定了这所有的一切，这种种直觉的潜意识的集体历程，最终与治疗师的潜意识相结合，成为家庭治疗展示真正效果的载体。治疗最有威力的时候，就是当家庭的潜意识历程与治疗师的潜意识思考碰撞在一起时。如卡罗琳和克劳迪娅冲突快要结束时就制造了这种时机，克劳迪娅忧心忡忡的眼神，使我对整个家庭有了一种新的启示。这些最有启示性的时刻是我们所衷心期盼的，也是可遇而不可求的。

我们对布莱斯家最近产生的那种既幽默又轻松的谈话方式感到很好奇。他们有可能真的从此结束治疗，因为主要问题都获得了解决。但我们当然怀疑此种可能性。我们称这种改变为"假象的健康突变"，他们害怕改变历程发展得太快，所以就"创造"这种假象，借以逃避治疗。于是，他们用全家一致同意"痊愈"了的方式来处理之前的焦虑。这样有点像孩子打针前看到注射器的时候，常常会跟父母亲说"现在真的全都好了"。

家庭过早结束治疗，另有一层正面的意义——显示家庭已经逐渐达成坚定的保证决议，他们一致同意："我们可以自己来。"

不管后来有没有继续治疗，他们现在演习的独立精神，确实是日常生活的基本要素。借由决定中止治疗，一家人自信能够控制治疗的速度和深度。向他们自己，也向我们展现，一旦治疗进行得太令人不舒服，他们随时可以退出。

支持布莱斯家的健全意识与独立感是非常重要的。好比父母看着自己的孩子勇敢独自上学一样，我们不想降低他们的主动性和自信心。我们认为他们还需要做很多的工作，但我们假定必要时他们一定会回来。他们一旦主动回来，便可以更自由自在地投入治疗，因为他们发现进展太困难时逃开一下也没有坏处。那时，我们的主题将会有所不同，不但要解决危机，更要改变这个家庭的基本组织。

卡尔和我讨论完毕，准备回家了。桌上堆了一些用过的咖啡杯，椅子也歪歪扭扭。虽然布莱斯家早就离开，但他们的气味依然萦绕在这里，那些焦虑的笑声、期待的眼神以及我们一起度过的紧张和疲倦的时刻。他们的一切都浮现在眼前，仿佛在喃喃低语，诉说他们的关心、期待和愤怒。我想到克劳迪娅六个月前孤零零地面对个别治疗的情况，又想到这个彼此关系密切却又互相用力攻击的家庭。

"你能想象该怎样为这家任何一个人单独进行治疗吗？"起身离开的时候，我这样对卡尔说，"现在我们已经看清楚他们如何互相联系干涉了。"

卡尔锁上办公室的门，露出一个特别的笑容："岂止想象，我做这行已经十五年了。"

然后他的声音变得更低沉，我们都可以感觉到他的疲惫不堪。"回头看过往，总是容易得多。"

第 11 章 潜藏的危机

——外遇是夫妇共谋的婚姻出路

有很多夫妻像卡罗琳和大卫一样，他们的婚姻危机一直深藏不露，局外人却能一眼看穿。

约翰在大学教化学，埃莉诺是他大学时代的恋人。结婚数年，他们很快就陷入与布莱斯夫妇同样的危机，过去那几年约会、恋爱、初婚的快乐时光似乎随风而逝，仿佛仅是一段插曲。约翰与同事特蕾莎在一次聚会中开始了一段不寻常的关系，梦幻般的激情令双方都感到迷惑。埃莉诺起疑，但她想问又不敢问。拖了一段日子，他们终于开始交心、争吵，第一次一起抱头痛哭，也第一次共同觉得他们的婚姻还有一线生机。

在家庭治疗中治疗师发现，约翰将母亲加诸他身上的束缚移情到了埃莉诺身上，生怕被她所束；埃莉诺也将母亲训练出来的依赖感和被遗弃的恐惧移情到约翰身上，生怕对他呵护不够。二人从原生家庭学习来的情绪模式，使他们必须维持精准的平衡。婚姻在沉闷压抑中摇摆。于是二人"偷偷"计划：共谋一场外遇，合演一出呐喊自由的戏……

11.1　累积压抑的婚姻假象

　　幸好，不是每对夫妇都像布莱斯夫妇那么害怕面对婚姻问题。他们承认有冲突，了解双方都有责任，并且一起到治疗师那儿去想办法解决。尤其如果他们去得早，在"不公平"的情况还没有恶化，或在子女尚未深深卷入纠葛之前，这种夫妻的问题最容易、也最有希望解决，对我们而言也是最令人振奋的工作。结婚不久的夫妻在他们新建立的世界中可以迅速做出戏剧性的改变，而帮助他们获得改变往往令治疗师觉得很有成就感。

　　然而，可能也有更多的夫妻和家庭如布莱斯家一样。他们的婚姻危机一直隐藏不露，即使很严重也几乎藏得看不见。这些夫妻简直无视问题的存在，甚至费尽心思回避，视而不见。局外人一眼就可以看出他们鸵鸟心态①的原因，因为他们太依赖对方，他们不愿意承认有问题，非常害怕对两人的关系造成什么损害。多年来他们发展出很好的拖延技巧：生气的时候走开、假装关爱其实内心麻木、期望靠着时间及努力来改变彼此的态度。他们因不安而疏离，在压抑渴望和愤怒中过日子，内心充斥着敌意与使人筋疲力尽的压力，生活虽然平静，却惶惶不可终日。

　　他们同时也会生出大祸临头的幻想。随着内心日益紧张，

---

① 　鸵鸟心态，在心理学中又称鸵鸟综合征。鸵鸟在遭遇危险时会把头埋在沙坑，蒙蔽视线，自以为安全，是种逃避现实、视若无睹、推卸责任、自欺欺人的心理。—编者注

各种威胁的幻象开始侵入他们的意识，短暂的白日梦预示着灾难和毁灭。这些幻象各有不同，视家庭里存在的特殊压力和脆弱点而定。对某些人而言，情感本身就是危险的，会迫使他们在婚姻缠绕不清的关系里陷得更深。有些人则恐惧分开或离婚，视之为灾难。有些人会想象自己尊严扫地，并像小孩般哭泣。但对大多数人而言，愤怒才是无所不在的大敌：潜伏在生命的每时每刻和所有的言语里，是他们自我的一部分，他们希望能够让其消失，因为那是绝对可以摧毁他们基本生命架构的强大力量。

这些夫妻内心里有太多累积的压抑：对情感的需求、对自由的渴望、强烈的愤怒、性欲求、痛苦的孤独感、允诺粉碎的痛楚、多重的失望和屈辱。他们一再落空的渴求，随着时间推移变得越来越迫切，然而任何可以揭示这些需求和挫折的事物本身却变成一种威胁。这些不安是如此令人恐惧，以致使夫妻无法允许自己去感知其存在。所有冲突的剧本都悄然上演，有时甚至当事人会质疑自己经验的现实感："这是我的幻想吗？""他真的那样说过吗？""我的感觉对吗？"冲突出现一阵子，夫妻感到惊恐后，便会含糊地将它丢给"明天"。

心理治疗，尤其是婚姻方面的心理治疗，最有"揭露"婚姻潜藏之危险。夫妻会悄悄暗示自己：

"如果我们俩一起去寻求帮助，那什么都藏不住了。"

愤怒、痛苦、伤害、自责——这些都将是他们开诚布公的后果。"也许这会毁掉一切"则是他们内心的恐惧。他们不仅害怕失去婚姻的稳定，同时也害怕损及脆弱的自我形象。他们宁可拒绝任何挽救婚姻的机会，也不愿失去目前这种痛苦而脆弱的安全感。"太危险了"似乎是他们最后的结论，虽然充其量只是意识不甚明晰下的决定。

布莱斯夫妇的逃避"策略"就是以克劳迪娅为替罪羊来掩饰问题，而替罪羊并不只限于青春期的孩子，任何年龄段的孩子都有可能。孩子也会因所背负的重担而产生各种不同的"症状模式"：多动、嗜睡、成绩下降、尿床、口吃、厌学、脾气暴躁、拒食——有此类症状的孩子很可能正承受着来自父母婚姻压力的痛苦。与我们持有同样理念的治疗师会洞悉其中的关联，一旦接到病例就立即会展开家庭治疗。

家庭中的替罪羊也不一定是孩子。配偶中的一方也可能会在潜意识里同意成为"问题所在"。他或她可能会变得很沮丧、有紧张性头痛、强迫性在意工作上的表现，开始失眠、喝酒、罹患胃溃疡或高血压、与孩子或下属吵架、恐惧，等等。妻子变得没有先生陪伴便不敢出门，甚至连杂货店都不敢去。最后直到她先生考虑要离婚，他们一起去治疗，才总算找出她恐惧症的缘由。原来妻子早就感觉到了婚姻失和的征兆，她直觉到丈夫的意图，所以不知不觉制造出一种病情，好将他留在身边。

为什么夫妻中通常只有一方有"症状"呢？因为他们需要保护的不只是婚姻，还有整个家庭。他们当中至少要有一方能够去适应外在的现实世界，而另一方则"专门"接触两人共有的情绪困扰。即使真正的危机在婚姻上，那个"生病"的一方也可能只会去进行个别治疗。这样的决定仍可能对夫妻产生严重的后果，这部分我们稍后再讨论。

家庭中症状的产生代表两种相反的趋势，或潜意识里的"计划"。由于压力只"属于"某一个人，所以家庭可暂时不必面对真正的婚姻困境。然而这其中却有一个第二层的潜意识计划。一个处于危机中的成员最后可能与家庭以外的人发生关联，使得家庭系统失去原有的平衡而引发公开的危机。因此这种替罪羊的机制只能维持短暂的稳定，问题到最后终将全面爆发。

11.2　夫妇共同密谋外遇

夫妻俩创造出来用以避免面对婚姻问题的策略，同时有可能将他们引向另一种模式，那就是外遇。这是夫妻极力想突破婚姻僵局所采用的致命手段，一个常会使夫妻关系濒临灾难边缘的方式。让我们看看这对夫妻，他们可以说是我们临床经验中最典型的例子。一如布莱斯夫妇，约翰和埃莉诺刚结婚那几年的生活很亲密也很满足。但那种由爱而生的愉悦、活力并没有持续多久，他们很快就陷入了和布莱斯夫妇同样的矛盾：感到互相束缚，乐趣越来越少。他们就像孩子般不快乐，过去那几年约会、恋爱、初婚的快乐时光似乎随风而逝，不堪回首，仿佛仅是一段插曲。他们目前的生活单调而乏味，带着一定程度的失望。他们万万没有想到，自己建立的婚姻也落入了与原生家庭相同的感觉，但这却是千真万确。

约翰和埃莉诺的婚姻僵局平静而持久，有时得费很大劲才能察觉到婚姻出了什么问题。所有的婚姻难道不都是如此——长期的冷淡、苦涩、琐碎却又乏味？他们生气的原因大概微不足道，并不值得花那么多精力，然而源自内心的恐惧使他们学会积压、保留怒气。愤怒白热化时，总是一阵短暂、痛苦、充满毁灭的风暴，吵架不会带来任何益处，关爱似乎也由此消失殆尽，仅剩下责任取代一切。

几年之后他们觉得一切都不会再改变了，两人都怕离开对方及年幼的孩子，因为这些都是他们所爱的人，但他们却对心中暗自向往的事不抱任何期望：重回那些流逝的岁月，彼此都觉得温暖、自由、兴奋又安全的日子。那只是一场梦吗？难道一生就只容许有那么一回而已？他们开始悄悄怀疑，也许婚姻就快要死了。这种疑虑出现后，他们内心隐伏的惊慌开始逐渐生长。

即使后来他们并不明白究竟发生什么事改变了对彼此关系的期望，但毫无疑问某件意义重大的事已经发生了。也许是与他大学时代的室友夫妇共度的那个星期有关，那么近距离地看到一桩比他们快乐的婚姻；也许是她姐姐离婚的事，而她家很少有人离婚，因此她大感震惊；也有可能是一本书或一部电影引起的，或是朋友刚经历的一次危机，等等。不管"它"是怎么降临的，不论它在哪个层次被接受的，夫妻双方都抱着些许可能的反应——尽管最初只是模模糊糊的意识——他们的婚姻可能会有所变化。

经过一番询问后，约翰和埃莉诺终于回想起一次特别的对话。那次他们在电视上看到一部有关丈夫出轨的电影。也许他们早该有所怀疑——晚上十一点半，他们的谈话竟如此清醒，甚至是愉快的。埃莉诺最后幽默地说：

"如果你有外遇，我可不想知道。"

"一点暗示都不行吗？"约翰开玩笑。

"我想我无法接受。"

她笑着说。他们并不知道两人有意无意中正执行着一项计划。

接下来的几个月，约翰发现自己一直在以一种很久没有过的感觉留意着其他女人。他并没有对自己说"我在找某个人"，但这却是真的。就像刚冬眠过的动物，他感到饥饿，开始寻找猎物。他不知道自己正在寻觅一个同样也在寻找的人，对方也是一个同样渴望做件危险的事却一样还没意识到是什么事的人。

关键的情节发生在一次办公室举行的聚会上，那一次埃莉诺因为生病无法参加。基于工作上的需要，以及私底下里某种兴奋，约翰独自赴会。也许仅仅是巧合，另一个和他在办公室里有过几次眼神接触的年轻女同事特蕾莎也没带男朋友去。也许这些都是我们无法理解的微妙无比的计划。不管怎样事情就这样发生了，整个晚上大半时间约翰和特蕾莎都在喁喁私语，他们几乎无暇顾及其他聚会上的事儿。

非常奇怪的是，他们开始聊的竟是彼此的问题。她担心得不到加薪，他则对孩子和家里的一些问题感到灰心。她有点难过男朋友没来参加聚会，而他则对妻子每逢重要的工作聚会就生病感到不是滋味。然后他们很快转到其他话题，从交谈中发现彼此有很多共同点：两个人都喜欢现代艺术和电影，都喜欢养狗和散步。后来他们都觉得累了，微感忧伤，而且都喝得有点过头，但两人内心都为某种微妙、刺激而兴奋不已。

他提议开车送她回家，鬼祟地微笑着，她答应了。车上，他觉得飘飘然，又兴奋又害怕，心跳个不停。当年轻的女人把头靠在他肩上时，他只想吻她。回她家的路上，他们都处于狂喜的状态，就像雕像终于变成了真人似的，然而又心怀恐惧。"我希望这条路永无尽头。"他发现自己幻想着，而且觉得有这种想法似乎很奇怪。他并不知道他所寻觅的就是这次开车回家的经历——和一个神秘、禁忌的女性紧紧依偎的甜美经验。

整个星期，这对情人一直处在天堂与地狱的边缘。他们共度了两次午餐，但他们无法谈心里的事，除非是用暗示。他们都对企盼的事感到害怕。终于，她邀他到她的住处，一到那儿，他们就被一股原始而强烈的力量驱使投入到了对方怀里。接下来的做爱，据他们对彼此所说，是"有生以来最美妙的一次"。

这位丈夫，现在是情人，承受着很大的罪恶感。他无法告诉妻子，他一直对自己说这一切是暂时的。也许，就像她要求过的，他可能永远都不需要坦承这件事。令他不解的是他对目前的情人相当忠诚，他已不再和埃莉诺共享性爱的乐趣，而且总是设法找借口逃避。这对情人开始定期幽会，但他们都觉得次数太少又太匆匆，而幽会时间短暂及连带的罪恶感则更有助于维持见面的激情。这梦幻般的情感令双方都感到迷惑。他们都想维持外遇前的关系，但彼此却又深深为对方所吸引，以致产生了更多疑问。为什么他们彼此都觉得那么有活力，那么有激情？还有，如果他们那么喜爱对方，为什么又不愿离开原来的伴侣？个中情境的错综复杂很是吸引人。两人也默默想过，也怀疑到底是不是真的了解对方，因为可以交谈的时间太少了。

后来埃莉诺开始起疑心。他们性关系上的挫折，约翰在这方面封闭起来的热情，使她开始怀疑。有好几个月她一直回避这些常在幻想中出现的问题，接着这些问题开始变成模糊的影像：男人和女人在一起的情形、什么地方、说什么话、做什么事。通常她都避开不去想他们做的事。她很想问，但又害怕。她只能等待。

夫妻都察觉到有事要发生了，虽然还弄不清会是什么。就像两只在一片陌生的海域上来回飞得很疲累的鸟，他感到罪恶，她则自我怀疑，最后他们栖止于一片失事的残骸上。那其实是一件很小而具体的事：在他口袋里有一个火柴盒，上面是一家汽车旅馆的名字。她所要问的仅有一句：

"是真的吗？"

怀着解脱和恐惧，约翰说：

"是。"

接下来便是传统的对峙。如果约翰的外遇是一种再觉醒，那么这是一次婚姻交心的机会，虽然是很不同的那种。埃莉诺十分愤怒、受伤、困惑，挫败感令她痛苦不堪。约翰则感到罪恶、生气、同时也很迷惘，但却没有歉意。整个晚上夫妻俩都在争吵、哭叫、交谈和探讨原因。第二天早上又是更累人的争吵。隐藏多年的感觉全部窜了出来，从来没想到要公开承认的怀疑和指控全都爆发了出来。埃莉诺想知道所有的事，她知道得越多，就越好奇，丈夫的罪恶感就越重，她的怒气也越来越多，一直到最后他出声喊停。最后也是他求饶，双方才暂时和解。他们一起抱头痛哭，记忆中第一次一起哭泣。

他们振奋了一下子，凝滞而郁闷的婚姻终于有了突破。多年来他们首次共同觉得婚姻还有一线生机。不可思议的是，他们发现两人在愤怒、伤害、罪恶感以及遗弃等极端情绪纠葛中居然有了性生活。他们承认那次做爱是两人"最美好的一次"。他们怎么能这么快从怨恨转变为关爱呢？

几天以后两个人都想到一个问题：那个情人怎么办？他们的关系将如何进行？约翰不愿承诺永远不再见她，见此情况，埃莉诺惊恐不已。争端又起，这次带着前所未有的僵持。他不能，或不愿放弃这个她无法忍受的局面。第二天埃莉诺向一位同情她的邻居哭诉，踌躇不知如何是好。这位邻居建议他们夫妻去做心理治疗。

很多年轻的夫妻就是这样来治疗的。婚外情当然不只是年轻夫妻才有，也有很多来治疗的年轻夫妇并未发生婚外情。但眼前这个情况确实提供给我们一个机会看看家庭治疗中，"病人"

是年轻夫妇的例子。

首先，谈谈一些动力学。如果我偶然听到一桩外遇的闲话，或仔细聆听别人谈论对这种事的看法，一般来说逻辑上的结论相当简单：约翰对埃莉诺不忠。换言之，他对她做了一件事，一件坏事。意味着这种私情是一个人欺骗另一个人的"龌龊把戏"。然而这类以道德为出发点的解释，往往会严重扭曲一个复杂的事件。

我们的观点是，外遇就像许多重要的婚姻事件一样，是配偶共同直觉"安排"出来的。夫妻潜意识中预先协议好，而"无辜"的一方事实上怂恿并促成了这个"罪行"。用"潜意识"这个词也许会有所误导。如果埃莉诺和约翰在关于外遇的玩笑上多花点心思，就会明白他们当时正在"玩"那样的念头，埃莉诺也已暗暗默许。她其实认可了他成为"被选择的一方"，并且还指示他该怎么做——不必告诉她。稍后埃莉诺还可能借着停止性生活、无视约翰找她谈他们之间的问题，以及忽略他寻觅情人的证据等此类行为使外遇更容易发生。他们都遵循着不能明讲但预先安排好且充满暗示意味的剧本演出，由埃莉诺扮演无辜、天真的一方，而约翰则同意偷偷摸摸"邪恶"一番。正如夫妇一手导演外遇事件，他们也共同安排了外遇持续，甚至"东窗事发"的情节。这桩婚姻似乎没有真正的秘密，有的只是心照不宣，小心翼翼不说出他们凭直觉已经感觉到的事。

11.3　原生家庭对婚姻的影响

导致外遇事件的力量并不只源自一个人身上，而这些力量也不仅限于婚姻或这类可怕的三角关系中。有许多人，至少像征意义上，都和这桩婚外情有所牵连。外遇可以看成是一桩政治事件，在其中各种关系，彼此纠结成网，触角伸向所有的方向，但一般而言最常伸向的是夫妻各自的原生家庭。

约翰十岁那年父母离婚。他们的婚姻一开始就矛盾重重，离婚表面上的理由是母亲酗酒，她每隔一段时间就会狂饮烂醉一通，酒后还与其他男人有染。约翰的父亲有他自己的问题，他是一个冷酷的男人，会巧妙而不动声色地虐待妻子。约翰和妹妹跟母亲一起住，不久他便对父母离婚后随之而来的压力厌烦不已。下午他从学校放学回家，他母亲便等着他。她喝酒的时候，想找人说话，从不考虑约翰要做功课或要出去和朋友玩。她必须和人说话才能拯救自己，他只好充当听众。听她骂他父亲、倾诉她满腹的悲哀，还有一些如何成功地报复的不切实际的计划。约翰的任务不只是听而已，由于他成了"家里的男人"，便得适时承受她对他父亲一贯未消的敌意。约翰的母亲对他极端依赖，她以非常不得体的方式爱着他，并且虐待着他。

约翰和他母亲开始出现僵持不下、无声无息的冲突。问题集中在他的自由上：和特定的几个女孩约会、和朋友去旅行、在高中里决定修什么课，等等。他母亲不会对他说"我怕你会像你爸爸那样离开我"，因为她根本没意识到她想把约翰绑在身边的秘密动机。

约翰的母亲虽然想把他绑在身边，但她并未完全忠于他。每隔一阵子她便和前夫约会，彼此纠缠不清一段时间。于是约翰便觉得被遗弃，从而感到沮丧。母亲和他父亲的"外遇"都很短暂，而且几乎一成不变，随之而来的都是她烂醉一场，以及其他更加随便的私情。然后约翰便更加沮丧，因为他被指派的角色完全取决于母亲的一时兴起——忽而是她替代性的丈夫，忽而又仅仅是个孩子。

约翰默默承受痛苦，有时他也可以觉察自己模糊的愤怒，并知道这与他母亲有关。其他时候情况更糟，他感到落入陷阱快要窒息而死一般的痛苦。他恍如看到母亲快溺死而自己正被她拖下去。"我一定要离开这里"，他悄悄忖度。他做过很多纷乱如麻的噩梦，梦里他被人以各种方式杀害，但最常梦见的是窒息而死。

最后约翰真的逃走了，很大程度上是靠他父亲的帮助才做到的。他父亲看到约翰和母亲之间的问题，于是开始花较多的时间陪他。他帮助约翰开始为将来的前途打算，最后送他进入大学。上大学以后，约翰发现自己的头脑很好，表现杰出。有一段时间，追求成就变成了生命的意义，并且令他有如获得救赎般的感觉。他仍旧觉得孤独，但他明白自己可以在知识的领域里谋得立足之地，沮丧和惶恐开始减少。这么多年来他第一次觉得自己活过来了。就在他开始察觉自己的力量时，埃莉诺闯入了他的生命。

活泼、精力充沛、聪明、身材纤长、一头亮丽的头发，埃莉诺立刻就吸引了他。她和他一样喜欢讨论理念，并且和他一样有种让人感觉一见如故的友善。他们很快坠入情网，一起度过了十分快乐的时光。他们在午后的公园里散长长的步，沿着湖边慢慢地跑，骑上租的自行车在寂静的乡间小路上奔驰。夜里，他们看晚场电影，然后在她宿舍外的木椅上相依偎，两个人都没怎么读书。那学期他们都挂了一门课，那是在他们身上从来没发生过的事。

约翰的父亲给予他们经济上的支援，于是他们决定结婚并继续修完学业。他们的生命很快撞击在一起，两人都感到很大的释放，交织如亲密快乐的同步回旋体。其实他们有太多需要调适的地方，但却鲜少注意彼此的差异。埃莉诺显然是两人中较缺乏安全感的一个，但他们所形成的关系却完全是一种双边的"收养"关系，在此关系中，各自都以极度的热忱"照顾抚养"着对方。他们终于都遇到了一个真正关心、愿意为之付出关注和彼此的人。

就像约翰一样，埃莉诺也生长在父母婚姻不快乐的家庭中，但她父母从来不敢把情感上的离异诉诸法律。埃莉诺整个童年都笼罩在父母疏离的痛苦里，她常常想她可以做些什么事，甚至怀疑可能是她的错。她的母亲视孩子如命。最终，埃莉诺变得非常依赖母亲，当然这也是她母亲想要的结果，而母女双方都没有意识到这个问题。

埃莉诺所意识到的是，基于某种无法言说的理由，她无法信任母亲。在她真的需要母亲时，母亲却从未"在那儿"，在心理上而言母亲并没有真的留意到她想要更多独立和自主的需求。她母亲只是利用埃莉诺来充实自己的安全感。她无意间察觉到母亲心中会为自己对孩子的自我牺牲而愤愤不平，所以她一直很害怕母亲会这样丢下她。

所以，约翰和埃莉诺存在强烈对比的"基本的"生命焦虑：约翰怕喘不过气，怕窒息；埃莉诺则怕失去所依赖人的支持。这些都是他们可以感觉得到的焦虑。在埃莉诺太靠近时，约翰就变得不自在；而约翰太疏远时，埃莉诺就很不舒服，甚至起疑心。就这样好几年他们保持着微妙的平衡：不要太靠近约翰，也不要太疏远埃莉诺。两人大学毕业后，继续在约翰父亲的资助下，一面生养孩子，约翰一面读研究生。他的计划是将来在大学里教化学。

11.4　共生束缚逐步显现

一般而言，通常在夫妇彼此密切携手扶持若干年后，婚姻中的压力才会逐步浮现。他们只有在各自获得一些生活经验，并且从婚姻密切的扶持里受益之余，才敢冒险破坏彼此的共生关系。在他们有足够的安全感，想到或许能够独立生存之前，他们绝不把问题暴露出来。

约翰开始在某些小地方，至少对他而言是如此，厌恶埃莉诺，为她过度依赖他而生气。她从不学开车，他得接送她，替她跑腿。还有一些别的事是她"不能做"或害怕做的。她常生病，动不动就哭。这些事凑在一起使约翰很不满，他要求她改变，她曾经试过，但失败了。他的不满逐渐转成愤怒，再悄悄变为日益加深的痛苦。"这些都是小事，"约翰会对自己这样说，"我不该这么难受的。"他开始大口吸气，突然间他对自己说："我在这个婚姻里快窒息了，我得逃走！"

约翰并不知道自己已经将他不满母亲"绑"得那么紧的念头转移到了埃莉诺身上。她对他的索求和依赖的确恼人，但并不至于让他产生那么大的愤怒和惶恐。他从前在家里压抑下来对母亲的那些感觉此刻像一锅热水一样在内心汹涌翻腾，那种力量使他不安。他告诉自己必须从婚姻逃离时，其实有一部分原因是他想逃开那种不安的感觉。

约翰想和埃莉诺争吵，同时要求在他们的关系里多保留一些心理距离，给他自己更多自由、更多呼吸的空间。可是他办不到，就像他以前无法那样对待他母亲一样。相反地，他退缩，这是他十几岁就学得很到家的自我防御。这么一来，埃莉诺变得更为不安，对他的要求反而增加，结果逼得他更加退缩。尽管焦虑日增，但仍可以控制，这正是外遇"计划"的酝酿期。

外遇代表着约翰长久以来渴望的自由。婚姻令他再度产生少年时代被囚禁的感觉，于是他便制造了象征性的逃亡。而那片生机勃勃的野外的确令他雀跃流连。但是外遇的刺激感，在他心里牢牢与婚姻的束缚感联结在一起，他需要婚姻提供的安全感和外遇提供的自由和刺激的感觉，两种感觉缺一不可。

他终于向埃莉诺坦白之后，事情演变成逆向的逃离。突然间她最恐怖的噩梦成为事实：背叛和遗弃。想到一旦可能失去约翰，她一方面盛怒不已，一方面却也恐惧心虚。她已将孩提时代被遗弃的恐惧感转移到了约翰身上。因此这桩本身就具非常意义的外遇便有了催化的作用。她的恐慌和绝望，使他原有的被吞噬的感觉重新复苏。埃莉诺越怕失去约翰，约翰就越怕再度被束缚起来。要他放弃情人的想法，就像要他永远失去自由的想法一样。这股促使他们求助于家庭治疗的循环压力的确非常恐怖，埃莉诺疯狂抓住约翰，虽然她也知道自己这样无异于在逼他离开；约翰企图摆脱他潜意识认定的母亲式的枷锁，行为上却又重蹈了母亲的覆辙（寻求外面的性关系）。夫妻两个人都觉得已濒临疯狂的边缘。

是不是有什么邪魔巧妙利用他们内心最深处的弱点，将他们绑在了一起？这种关系是否刻意安排迫使两人变得疯狂？我们有理由相信，他们之所以结婚，部分原因就是双方都在有意无意间感到很有可能会引发这样的危机。这种关系最终将逼迫他们面对生命中心的恐惧战栗。如弗洛伊德所谓的"强迫性复现症"（repetition compulsion），他们一再替对方制造生命中心的困境，以便借机得到更好的解决。埃莉诺可以控制她对背叛的恐惧感，而约翰也更可以控制对窒息及吞噬的恐慌。

我们看到很多这样的婚姻危机——配偶极力激发对方重新陷入冲突的焦虑，而此种焦虑与各自的原生家庭显然有很大关系。他们这样做并非出于恶意，而是出自相互共谋共生成长的企图。如果他们能够一起面对这些恐惧，也许最后就真的能活过来。通常，只有我们真正爱的人、能触及我们痛处的人，才有可能驱使我们疯狂；而或许也只有这个人才能帮助我们找到最深层的力量。

约翰和埃莉诺最害怕的正是婚姻最大的威胁：了无生气。这种情况下，外遇成为寻求更多精力、更多生命力、更多刺激的行为。它代表夫妻努力对抗系统理论学家所谓的"负熵"（negative entropy）现象，即一个系统一步一步陷入越来越低的能量层。这种趋势不是威胁到个人的生命，就是威胁到他们的成长；而替受压抑的生命力找出路，则是双方共同迫切的需求。

11.5　外遇背后所隐藏的含义

夫妻在寻求更多能量和刺激时，都会很自然集中在性关系上面，但事实上，这只是代表一般性的探索。约翰困惑自己竟会对情人，一个他几乎一无所知的人，表现得如此热情、温柔、狂放，他也不明白为什么他和埃莉诺的性关系会如此严重恶化。答案就在于人心所具有的联结和转移经验的力量。由于婚姻成为约翰和埃莉诺生活安全感的主要来源，他们很容易就会将它与自己的原生家庭联系了一起。婚姻开始有"家"的气息。随"家"这种联想而来的是，两人各自从原生家庭里学到的强烈压抑习惯。约翰对埃莉诺在性方面有很强烈的感觉，但由于他和母亲涉入过深，他无法允许自己公然去感受和体会这些感

觉。埃莉诺对他具有一些"母亲"的意义,这些模糊的感觉正
与他对性的需求相抵触。他压抑自己对埃莉诺在性方面的需求,
借以避免这种隐性的"乱伦"。

埃莉诺要求约翰描述他的情人特蕾莎给她听,约翰沉默了
大概一分钟,然后在首次意识到其中奥妙之后,他惊讶地说:

"她其实和你很像,我甚至觉得你也许会喜欢她。"

他找到一个可以尽情挥洒对埃莉诺长久累积却始终压抑的
性感觉的情人。特蕾莎是埃莉诺的替身!所有这些性的倾泻,
其实是"属于"对婚姻的内在情绪感受。

外遇因此成为夫妻寻求自由和激情的"范本"。埃莉诺不得
不仔细探问约翰的经验,因为她实在想了解这种经验到底是什
么样。如果他们想有美好的性生活,那她也得克服自己的某些
压抑。而这种与对手强烈争夺丈夫的突如其来的感觉,给她带
来她极需要的因素。约翰跑到禁忌的丛林找到一种刺激——打
破禁忌,于是夫妻便将此经验纳入了他们的关系中,借以打破
婚姻中的一些禁忌。有一阵子这样做似乎颇有效果,他们的关
系戏剧性地"热烈了起来"。

外遇事件要求夫妻有比以往更深入的沟通。最初的"爆
发""冒险"的一方显然在向"无辜"的一方传达一个强有力甚
至是断章取义的信息。约翰其实是在暗示埃莉诺"我想和你拥
有这种兴奋的性关系",他也可能是在说"我要更多自由"或
"我喜欢有人对我这么温柔"。他对埃莉诺感到愤怒的那些暗示
当然也不难忽视。只要他的"信息"多少暗示过他们的关系,
那么一旦曝光,这个公开过程就可能变成双向进行。埃莉诺问
约翰他行为背后动机是什么,他试着回答了。于是她也开始多
谈一些她的感觉和她的困境。夫妻开始谈论那些从前不敢面对

的问题。例如，约翰为什么对他们的性生活感到不满意？约翰整个星期埋首研究，埃莉诺对此的感觉如何？他们开始以更坦诚的态度交谈，因为他们必须如此。他们的关系已经跌到谷底，正在分居或离婚的边缘摇摇欲坠，所以他们必须克服心中的胆怯，勇敢地面对彼此。若不趁现在，就再也没有机会！

制造外遇的另一个因素就是为了向外寻求帮助。夫妻对彼此所做的业余心理治疗并不成功，于是"冒险"的一方被选去代表配偶寻找心理治疗。约翰将他们的问题告诉另一个业余者——他的情人，可能是犯了判断上的错误。但是求助背后的意图却是真诚的，这种需求也是真实的。约翰和埃莉诺都急需帮助，危机一旦产生，外遇虽不是很适当的帮助，也算是各种帮助中的一种。

外遇具有很多含义，许多人也或多或少象征性地参与过，但外遇仍是很大的冒险。背叛行为并非事前恶意计划，但通常是原生家庭中背叛行为的仪式般的重现。约翰对埃莉诺的所作所为正是他母亲当年加诸他的行为。虽然夫妻双方都有可能从外遇事件中成长，但对被不忠刺伤的人而言，伤口依旧是伤口，这些伤口有时很难痊愈，甚至根本不会痊愈。

外遇常常意味着婚姻即将结束。夫妻不明白他们处境背后的意义，反而会在谁对谁错的剧烈争吵中变得两极化起来。"冒险"的一方被受伤很深的"无辜"的一方道貌岸然地赶出去，两人都可能暗暗哭泣，渴望对方了解原谅和重新来过，但同时却又摆出自尊骄傲的态度，冷酷严肃、丝毫不为所动。在惊吓后的自我防御中，他们的立场渐渐变得坚定不移，彼此间的嫌隙随着争吵不休而扩大加深。最初一时冲动的外遇，便会慢慢演变成取代苦涩婚姻的满意选择，这时离婚便可能保证结束他们的痛苦，但不一定真的是痛苦的终点。

外遇使整个关系面临着严重的危险。夫妻从一般路径上偏离走到现在所处的恐怖的断崖边缘，小心翼翼地维持着平衡。在这个关键时刻，即使是几句话、几天的时间、几个重要的事件，都可以使整个情势为之逆转。在这种绝望的气氛中，心理治疗很有可能掌握着他们后半生的平衡状况。

第 12 章　重返治疗

——又一个孩子成了父母的替罪羊

夏天快乐道别的布莱斯家，在深秋重返治疗，这回轮到了丹，十一岁的脸庞充满痛苦和怒气。卡罗琳觉得丹最近老是伺机攻击她，身为母亲，她感到惊恐、手足无措。

面谈的前几晚，丹总是迟一个小时才睡觉。他想第二天借用克劳迪娅的自行车，大卫同意他下楼留字条给克劳迪娅，卡罗琳则不准。大卫和卡罗琳意见不合，就把烫山芋抛给丹，要他自己决定该听谁的。丹夹在当中左右为难，奔回房间大哭了一场。大卫生卡罗琳的气，不知不觉地利用丹对抗卡罗琳，也默许了丹攻击母亲。二人迂回斗气，只为了小心翼翼地保护家庭矛盾的根源——婚姻冲突？！

我们再听到布莱斯家的消息，已经是两个月以后的事了。那通电话是大卫打来的，他在电话中并没有告诉卡尔到底发生了什么事，卡尔只觉得大卫的语气很焦虑。

我们在夏初开始布莱斯家的治疗，到八月的时候已经获得初步的解决，或者说是到了治疗的停顿期——不太确定究竟属于何种情况。现在已经是十月初，除了偶尔有冷气团过境，天气大致上还算温暖。即使在这样的好天气，我还是不免觉得冬天已经到了。当时我正开着车赴布莱斯家约会，在路上我想到治疗与季节之间是不是有什么关联。如果说治疗与季节之间真的有关联，我们是否会随着严冬的来临，而用更严肃的态度来进行治疗呢？

当我走进卡尔办公室时，一家人都很热忱地和我打招呼。我不知道应不应该说很高兴见到他们，因为我相信他们并不乐意见到我们。他们的神情显然很担忧，完全不像夏天我们互道珍重的那个愉悦家庭。只有劳拉依旧快乐如昔。

大卫为全家人做开场白。他对卡尔说："我觉得我们急需面谈一次。最近丹的事一直困扰着我，恐怕也困扰了卡罗琳和丹。"

大卫还是和从前一样的沉着而理性，可是我发现在这镇定之下，大卫其实是很难过的。如果他能将真实的难过表现出来，该有多好。

卡罗琳看起来非常激动，她把椅子挪向大卫的方向，迅速瞥了我一眼。卡罗琳和丹坐在办公室中央的两张椅子上,大卫则独自坐在卡尔右手边的沙发。这样一来丹就夹在父母的中间了。克劳迪娅和劳拉坐在左边的沙发上,似乎离我们很远,仿佛她们与我们即将面临的冲突毫不相干。等到卡罗琳开始说话,我注意到丹神情忧愁、心神不宁。丹穿着浅色的外套,虽然屋里很暖和,他却一点也没有要把外套脱下来的意思。

"我当然很难过!"卡罗琳对大卫说。

"为什么不让丹先说说他的想法呢?"大卫很不以为然地瞪着卡罗琳,口气中带着责备。

眼前的景象令我不解,这对夫妻明明是在谈论他们的儿子丹,可是看起来却像在吵架。

12.1 子女该听谁的话

现在话题直接转到丹身上,他比较专心了。丹对母亲说:"我一直到现在还很生气!那是我有生以来最可怕的经历。呃,不对,那不是最可怕的,可是真的很要命!"

丹脸上恐慌又痛苦的表情是我们从未见过的,那并不是出于孩子气的发怒,而是真正的痛苦,令人极难过和困扰。丹又说:"我最气的是你说话时总是一副自以为是的样子。"

卡罗琳马上辩解:"我并没有跟你爸爸说我才是对的。"

在这之前丹一直不愿意正视他母亲,但是他现在开始很生气地盯住卡罗琳,突然用大到几近咆哮的声音说:"你有!你说了你才是对的!"

卡罗琳被丹爆发出来的怒气吓到了,她转向卡尔跟我,似乎害怕和丹继续争执下去,"有件事我很想了解,我们干脆现在来讨论一下。我很奇怪最近几个星期丹老是想攻击我，尤其最近几天特别严重。"

卡罗琳似乎对卡尔和我很生气，好像这是我们的错。

丹并未因卡罗琳这番话而转移注意。他继续大声说着，身体倾向他母亲，双手依然插在口袋里："我就是对你很恼火！我讨厌你老是做一些让我崩溃的事。我很痛苦。真要命！真不好受！"

卡罗琳涨红着脸，紧紧握住椅子扶手，她看来一副好像快要哭出来或是尖叫出声的样子。

在那瞬间卡尔行动了，张开手示意大家听他说话。"嘿，大家等一下。"

一家人都望着卡尔，显然很欢迎卡尔来制止这即将来临的大吵。卡尔很幽默但十分坚定："我很高兴你们能把事情吵开，可是我得帮你们引向正途。"

吸引了大家的注意以后，卡尔停了一下。"我感到非常困惑，完全不明白你们为什么争吵。谁能告诉我？"

然后他看着丹说："你能告诉我吗？到底发生了什么事？是怎么开始的？"

丹原本快要哭出来了，经卡尔这么一问，他的情绪缓和了许多。丹哽咽道："我想事情是从我走出房间以后开始的。"

刚才丹按捺不住和卡罗琳争吵，现在卡罗琳也没办法不干涉丹："离你的上床时间已经晚了一个小时！"

卡尔无视她，继续专心问丹："你本来已经上床了吗？"

丹稍微放轻松了点，"是的，然后我想起第二天要借用克劳迪娅的自行车，就出来对楼下的爸爸大喊，请他帮我写张字条，好让姐姐回家的时候可以看到。"

卡罗琳坚持打断丹的叙述："不，不对，你是请爸爸在克劳迪娅回来的时候跟她说，可是你爸爸嫌麻烦，所以叫你自己写张字条留话给她。"

我很生气卡罗琳三番两次打断丹的话，她实在太斤斤计较。

卡罗琳的干涉显然也影响到了丹。当丹再试图向卡尔继续叙述的时候，他显得越来越杂乱无章。

"所以当我出来向楼下的爸爸大喊的时候，妈妈也在另一个房间大喊，要我上去……去睡觉，她说留字条的事实在很蠢。所以我又对爸爸大喊，请他到楼上我的房间，然后爸爸就……开始正要上楼来。这时妈妈又叫他不要上去，说这实在太蠢了，一时之间我也不知道该上床还是怎么办。"

"后来呢？"卡尔问。

"后来我就问爸爸可不可以下楼，爸说可以。所以我就下去了，可是我知道妈妈一定在生气，我也觉得……有点害怕。我问爸爸可不可以写字条，他叫我尽管去写。那个时候我很担心妈妈可能会惩罚我，可是我还是去书房找了张纸。接着妈妈大声说我最好不要写，她说我应该上床了，不然她就要我好看。那时我真的很害怕。"

大卫首次插嘴，他的语气里带着同情："然后你就回来问我该怎么办，我叫你自己决定。"

大卫这番话使我胸口发紧，听到丹居然被置于如此左右为难的困境，瞬间激起了我的怒气。

卡罗琳紧绷着脸，看起来很生气，"不对，那是后来的事。"

卡罗琳这句话似乎在反驳大卫，可是她却是对着丹说的。

丹原本已经不太能连贯地叙述，现在更混乱、焦急，嘴里冒出一连串的话。

"不……是的……不是……还没有……然后……然后是你，

她对妈妈大叫，说你老是对妈妈让步，她早就知道你会让步，因为她知道她永远是对的，因为她知道你从来不去想真正的理由到底是什么。"

我完全无法了解丹这段话。而丹自己好像也搞不清楚这番话究竟是对他妈妈说的，还是对他爸爸说的。

大卫参与了进来显然是想搭救儿子，话里却多少带着点屈就的意味："不论如何，反正最后的结果是丹回到了楼上的房间，等到我上去的时候，他已经躲在被子里哭了一阵子。那个时候我才第一次了解到丹的处境。我跟丹谈了一会儿，告诉他我会替他向妈妈说情，让他写那张字条。"

我看到丹迷茫地呆坐在一旁的可怜相，内心涌起想要安慰他的强烈冲动。我很想对他说："嘿，事情还没那么糟嘛！"

但恐怕他的问题远比我想象的严重。

卡尔的反应和我非常不一样。

"我的天！"卡尔气愤的字眼显示他不敢相信这样的事居然发生在一个孩子身上。全家人都吃惊地看着卡尔。

"你们两位做父母的看得出来发生了什么事吗？"卡尔对父母说。

卡罗琳有好一阵子脸上笼罩寒霜，但是现在她终于认识到了丹的处境，表情变得比较温和，"丹被这件事弄糊涂了，对他来说确实是复杂了点。"

卡尔快要按捺不住他的怒气。"你们知道丹为什么会搞不清楚吗？"

"我们都很想跟他解释清楚。"卡罗琳说。

卡尔："你们知道丹是在什么时候开始崩溃的？他在什么时候开始逻辑不清的吗？"

"知道。"卡罗琳的语气里略带歉意。

"是在你们两个争着纠正他的叙述时发生的。你们以为是在帮助他说清楚，其实是在互相纠正，不同意对方的看法。当你们把他夹在纷争之中时，丹当场、就在你我的面前，崩溃了。"

"似乎正好和他们为了一张字条争吵的那天晚上的情况如出一辙！"我对着卡尔补充了一句。

卡尔立刻用眼神表示了对我的意见的认同，之后又继续说道："正是！今天所发生的一切都在延续你们那天晚上的争吵。"

12.2 又一个替罪羊

卡尔停下来，考虑下一步该怎么做。"我们可不可以再回到那次的争吵？我觉得那件事相当重要。"

"当然可以。"卡罗琳说。

卡尔的发怒使卡罗琳开始摆出防御的姿态。

"如果我说错了，请立刻纠正我。"卡尔注意到卡罗琳微怒的语气，便把声调缓和下来，并且稍微把身体转向大卫，"你是不是最先告诉丹他可以写字条给克劳迪娅？"

"对。"大卫回答。

卡尔看看卡罗琳："接着你反对大卫的决定，告诉丹不可以，而且一定要他上床睡觉。"

"是的！"

卡尔又转向大卫："然后你让丹自己决定该听谁的，你甚至没有试着先跟卡罗琳商量一下吗？"

"没有。"大卫十分愧疚地承认。

卡尔几乎再也没有办法抑制自己的恼怒。

"你们知不知道你们两个是怎样运作这个系统、怎样肆无忌惮推翻对方的决定的？我认为你们双方都有份。这次也是如此，先是大卫，你先下决定，然后卡罗琳再推翻你的决定。但最糟糕的是卡罗琳根本没有征求你的意见，她表现得就像你根本就'不存在'似的，她只告诉丹得听她的。"

卡尔以更锐利的目光注视着大卫。

"你肯定有时候也会无视卡罗琳的存在。事实上你这次就是这样，你没有强迫卡罗琳收回决定，但是你也没有退让。你只是把烫山芋丢给丹！让他自己设法平衡，好像他必须决定该听谁的。"

卡尔努力试着把责备平均分摊给大卫和卡罗琳，也努力不要过分冒犯他们。"你把决定权交给丹，等于无视了卡罗琳的存在，跟卡罗琳无视你的存在一模一样。"

我则完全同情丹的处境——此时正是我表态的大好时机。"而丹没有办法处理那种左右为难的处境，所以那天晚上他几乎崩溃。他不知道该听爸爸的，还是妈妈的。"我继续说："如果丹选择听从任何一方，结果将是，他成为父亲或母亲的搭档，而父母之中的另一位将会成为孩子的一方。"

丹终于醒悟过来。他的嘴角带着一抹笑意。"那他（她）也会被惩罚喽！"

丹的幽默使他父母笑了起来。

尽管卡尔努力想指出父母双方都有错，但卡罗琳看起来仍然忧心忡忡，仿佛要把过错全都揽到自己头上。

"我不知道自己让丹陷入了这么艰难的境地！"

丹很快就振奋起来，现在他看起来既高兴又精力充沛："看吧，看吧，她承认了！"

卡罗琳悲伤地望着卡尔："我真的很怕丹用这种气呼呼的态度跟我说话，我真的不知道这是为什么。"

卡尔微笑着说："我觉得道理十分明显。那是因为大卫还在为那天晚上的事生闷气，他很巧妙地暗示丹来替他表示不满。大卫虽然没有当面跟你争论，但是他可以借着袒护丹来对抗你。而丹也可以很合作地对你恶言相向。"

这回轮到大卫烦恼了，"你的意思是我在利用丹来对抗卡罗琳吗？"

他停下来想理出一个头绪，"那真是太让人难过了！"

大卫的下一个念头使他更不舒服了，"你认为我也曾以同样的手段利用了克劳迪娅吗？"

卡尔带着获胜的口气，简单明了地说："是的！"

大卫朝卡罗琳不自然地笑笑，"难怪你最近总是对我怀有敌意，原来是我让孩子和你作对了。"

卡罗琳微微一笑。

现在我们已经把罪过从孩子身上转移到了父母身上，我担心我们又会制造出新的替罪羊，所以就打断他们的话，对卡罗琳和大卫说："我认为不论是指责'大卫对不起卡罗琳'，或是'卡罗琳对不起丹'，都是不对的。像这样互相伤害的模式是全家人共同造成的，即使是丹也不例外。依我看，这种情况是全家人引发的，每个人都只有一部分的责任。"

"不错！"卡尔很热心地说。

"你是说不单是我和卡罗琳利用丹对抗彼此，丹也可能利用我们来对抗另一方吗？"

在卡尔还来不及表示意见之前，丹就抢先大叫："哎呀！糟糕！我就怕会这样！我想现在该换我逃离这儿了。"

12.3　夫妻害怕坦诚相待

我和卡尔的轮番质问使大卫和卡罗琳渐渐沮丧起来，但是随着话题把丹也牵涉进来，他们的精神再度振作。大卫对我跟卡尔说："我承认我们家是一团糟。你们两位能不能告诉我们如何才能改善这种情况？我们大家该做些什么改变呢？"

我知道卡尔很想回答这个问题，所以就把机会让给了他。

卡尔说："问题不在于该'做'什么改变。真正的问题是你们夫妻之间有一道裂痕，而亲子关系不和则是你们无言的对抗，当然也是在丹的合作下。"

卡尔看了丹一眼，又转向大卫："你们自己的心理步调都不一致，怎么能管好孩子呢？"

卡尔寻找着更适当的字眼来表达他的意思，他说："还有，我怀疑这整个事件的背后有更大的分歧存在。我想无论你们把注意力放在什么事情上，都会导致同样的不协调。"

卡罗琳试着问："你的意思是我们的婚姻才是真正的问题所在吗？"

卡尔犹豫了一会儿，他不想再给这对夫妻施加更多压力，所以就语气轻柔地回答：

"我看不出你们的婚姻有什么天大的问题。我认为毛病不是出在你们所争论的事情上，而是出于你们对'冲突的恐惧'的心理上。出事的那天晚上，你跟大卫如果能够直接正面冲突的话，情况或许还不至于发展到这个地步。你们之所以不能正视对方，是因为你们还不能坦诚相待如同名副其实的夫妻一般，所以你们很容易把孩子当成中间人。"

我补充说："我还要指出一个更严重的现象，你们从前很可能就是用这种方式对待克劳迪娅的，然后丹是第二个替罪羊。除非你们愿意坦诚地处理你们的婚姻问题，否则丹可能会一直倒霉下去，再不然就是把压力转到劳拉头上，或者又回到克劳迪娅身上。”

一直保持沉默的克劳迪娅，此时又好奇又怀疑，便说道："你的意思是丹恰恰接替了我原先的角色吗？"

"是呀！"卡尔说。

克劳迪娅把身子向前略倾，好看到坐在卡罗琳旁边的丹。

"嘿，老弟！"克劳迪娅用同情的语气说，"我不确定这样做值不值得！或许你应该谢绝这份荣幸！"

克劳迪娅说话的时候，我注意到她的表情和态度都与最初开始家庭治疗时有了极大的改变。她这次穿着毛质衣裙，浓密的头发梳理得整洁有致。最显著的改变则是她说话的语气，充满了幽默与嘲讽。

丹还来不及答话，卡罗琳已插嘴说："你是说我们根本没有改善吗？"

我很有把握地对她微笑，"别这么说！我认为你们已经改变很多了。我们刚才都听到了克劳迪娅对丹说话时的幽默，这就是新的改变！还有，再想想我们大家讨论的时候都是用假设语气，几乎再也听不到从前那种绝望的语调了。再就冲突的程度而言，你们现在和丹的冲突也比以前和克劳迪娅的冲突要小得多，虽然形式还是很类似的。"

"你说的形式是指什么呢？"卡罗琳一头雾水。

卡尔："是你们还没有直接面对你们的婚姻。就因为这个原因你们才一直麻烦不断。"

卡尔停下来，用更肯定的口吻说："并且也带给了孩子很多困扰！"

室内一片沉默，而这是带有正面意义的沉默。如今我回想起那一刻，确实感觉到这家人已经开始接受我们的说法，并逐渐释怀。虽然，这意味着还有更多的工作要做。

这时候卡罗琳叹了口气，仿佛是替大家叹息。然后目光落在我跟卡尔身上，"我想我们需要做更多的改变。"

听到她这么说我就放心了，因为她是最有可能抗拒治疗的人。我很高兴她用的是"我们"这个字眼。屋子里依然一片沉默。我看看劳拉，很惊讶她整整一个小时都如此平静。她看起来很专心，也很投入。

大卫打破沉默，对卡罗琳说："你最好别咬那些珠子，说不定有毒。"

他指的是卡罗琳戴的那条很有民俗风味由种子串成的项链，卡罗琳刚才沉思时嘴唇轻轻碰过那些珠子。

经大卫这么一说，卡尔不由得笑起来——一种很意味深长、很放松、带点暗示性的咯咯轻笑。

大卫立刻猜到卡尔是笑他幻想中隐匿的敌意，马上补充说："我还想要慢慢杀死你呢！"

卡罗琳抬头望着卡尔："你觉得会有毒吗？"她听起来还真有点担心。

卡尔："你会先被麻痹，然后没办法开口说话。"

大卫笑着对卡罗琳说："它绝对麻痹不了你的嘴巴，亲爱的。"

卡罗琳也笑了，她望着卡尔和我："医生们，救救我吧！我快变成替罪羊了！"

第13章　愤　怒

——丹的自我膨胀，老医生陷入搏斗

克劳迪娅全身而退后，丹经常在父母当中摇摆，对母亲大发脾气，对父亲的有心讨好不买账，对同辈小孩子也轻蔑不已。卡尔看在眼里很不是滋味，两人终于爆发了一场搏斗，丹奋力挣扎，老医生则气喘吁吁。最后卡尔击败了丹，还替丹按摩，令丹输得心服口服。丹在父母无意的鼓动下，有了自我膨胀的妄想，自以为可以和父亲平起平坐，甚至可以取代父亲，成为母亲的支柱。一旦父母彼此携手并进，丹就失去平衡，暴怒不安。现在，他重新在两代之间寻找着定位。

布莱斯家再来治疗时，丹看起来很开心，他们全家也不像我们想象中那么沮丧。

丹对卡尔说："惠特克医生，你原来放在这里的磁石呢？我可以玩一玩吗？"

"我以为你偷走了呢！"卡尔若无其事地说。

"卡尔，"丹说，"我怎么会那样做呢？那样一来我坐在这里就很无聊了。"

"不然就得专心听了。"我笑着说。

听我这么一说，丹改变了原来嘲讽的语气，对我们说："对了，我承认上个星期的讨论确实不错，是最好的一次。"

"那是因为你是主角的关系！"克劳迪娅用温柔的语气开着玩笑，但听得出来有点嫉妒。她现在有卸下"替罪羊"枷锁的喜悦，且显然已得到了父母的认同。接着她转向卡尔。"丹还有新武器，这个礼拜要是有谁靠近他，他就说：'你敢惹我？'好像他就要拔出左轮手枪一样。"

"克劳迪娅，你真烦人！"丹突然很生气，显然这些话让他很不好意思。"我喜欢那次讨论是因为伟大的惠特克医生不但没讽刺我，反而还帮我的忙。结果是爸妈的问题，不是我的。"

我问丹："你觉得惠特克医生经常讽刺你吗？"

"是啊，很多次他都这样，但上星期没有。"丹等了一下，然后决定直接对卡尔说："惠特克医生，有时候你对我的嘲讽实在很烂，还有我也不喜欢你用不平等的态度对待我。"

他现在又回到了原来那种骄傲蛮横的样子。

"可是你本来就和他们不是对等的。"克劳迪娅插嘴说,"我也不是,我们都只是小孩子而已。"

丹坚持道:"我不想当小孩子。"

克劳迪娅已经不再争论这个,她好意劝丹:"你最好接受你的角色。"

13.1 丹居高不下的心态

丹并不甘心,开始说些不着边际的话。

"我认识很多孩子,他们都很蠢。就算有个比较聪明的吧,他自以为已经够格投票了,结果他支持某人的理由竟然是'因为他以前念书的时候和我爸爸一起打过棒球'。我觉得这些笨蛋都应该去做智商测试,看看IQ够不够格。拜托,孩子可不都是这样的!"

我发觉自己渐渐对丹恼怒起来,他看起来骄纵、爱挑剔而且傲慢。

卡尔礼貌地问他:"你是说因为你很聪明,所以应该被当作大人吗?"

丹没明白这问题,他虽然聪明,却仍被这突如其来的话弄糊涂了。

卡尔忧心地说:"我担心别人可能会因此讨厌你。"

丹吃了一惊:"讨厌?"

卡尔说:"对!被别人讨厌。"

"每个人吗?"丹不解地问。

卡尔回答得很温和,但轻描淡写却使他的话显得更加有力。

"你要知道，这世界上有很多人没办法肯定自己，觉得自己很笨而且被人瞧不起，所以很难过。一旦察觉你瞧不起他们，他们会因此而讨厌你。"

丹还是没有明白，"谁说过什么笨蛋来着？"

他实在没把自己说过的话放在心上。

卡尔仍然保持温和的态度："我以为你刚刚就是在说这个——学校里的那些笨孩子。"

"噢，他们。"他沉默下来，思考卡尔的话，"我想我是瞧不起他们。"

"你知道你是怎么变成这样的吗？你是怎么觉得自己是属于大人这一辈的？"卡尔问。

丹还来不及回答，卡罗琳便插嘴进来。虽然她极力要表现得很理性，但她的声音却泄露了她的焦躁，一种受到误解的不平："我不知道这是不是离了题，但我还是很为丹担心，我们和他之间有很多问题。"

她说"担心"，但其实真实的意思是"生气"。她把腿交叉起来，身体前倾，一面解释一面比手势。"事情一件一件跟着来。前天他弹琴的时候找不到中央 C 音，结果就大发脾气，对劳拉大吼大叫，不断和她吵架。他常讲脏话，还一面尖声怪笑。而且这阵子老是和我吵架，这是我无法理解的。我们有一阵相处得很好，他甚至还会在厨房里帮我的忙，然后突然之间，就暴怒起来，不时对我大吼大叫。我很吃惊他怎么会对我这么生气，因为有些时候他是很好、很懂事的。"

"我已经注意到了这其中的某种模式。"大卫打岔道："可以让我说说看吗。"

现在整个情境开始困扰我，先是丹，傲慢无礼发怒；然后是卡罗琳，相当愤愤不平；现在则是大卫，迫不及待要替丹辩护。这个过程显现的尽是他们旧三角关系的特征，但卡尔和我还是耐心倾听。

"似乎是当我和卡罗琳相处得比较好的时候，我们和丹的关系就会恶化。上个星期我们俩一直都很和谐，而丹却变得很可怕。"他停下来想了一下，"我想做的是找到丹和我可以一起做的事，你知道，就是两个男人可以一起做的事。我们一起到地下室，在工作室里做些事，或做别的活动。可是没有用，丹还是生气。"

卡罗琳改用平静的语气对卡尔说："你相不相信丹瞧不上他爸爸锯木板的方式，还有一些诸如此类的事吗？他对什么事都抱着嘲讽的态度。"

丹听着听着又恼火了。他突然间发作起来，令全场人大吃一惊："妈妈，如果你不是这么自以为是，觉得自己什么都知道，这么会讽刺人的话，我也学不会怎样嘲讽别人。是你教我的！你，还有惠特克医生！"

"这就是我不知道如何是好的地方。"卡罗琳对卡尔和我说，同时比着无奈的手势。

我正想向卡罗琳再次提出他们和丹之间的三角关系时，突然意识到这无疑会重复我们上次面谈中的话，于是赶紧打住。

"丹的定位到底在哪里？"我发现自己正在怀疑这个问题。接着我意识到他在这个三角关系中所占的地位，和我们以前处理过的那次很不一样。他的想法、他的感觉、他的幻想，我不知道要怎样才能立刻了解。但是在想到卡罗琳和大卫提出的问题时，我提醒自己必须接近他才行。

13.2　父亲拒绝当长辈

"在我看来你们俩已经解释了一些他生气的原因。我想是你提的，大卫，你自己和丹是两个男人。有可能他，如克劳迪娅一样，认为自己足以和你及卡罗琳平起平坐，和你们是同辈关系。有时候这样虽然不错，但如果你们俩和丹想维持这种同辈关系的话，就可能会出现问题。大卫，丹之所以会小看你，有可能就是因为你想当他的朋友，而不是他的父亲。也许你不能忍受当长辈所造成的距离感，所以你想借着成为他的伙伴而为你们之间的鸿沟搭桥。"

大卫看起来被戳到了痛处，"可能是我和我父亲之间有很大的距离，所以不希望这种情形再发生在丹和我身上。"

"我明白，"我温和地说，"可是如果你不做长辈的话，丹是无法亲近你的。听起来好像两个辈分颠倒了——他倒是责备你锯木板的方式。我不觉得那对你们有什么好处。"

就在大卫想和我争论的时候，卡罗琳不耐烦地插嘴："我仍然搞不懂该怎么解释丹突然对我发脾气的事。他的怒气发得实在是——不合情理。"

室内的气氛渐渐紧张起来，但卡尔回答卡罗琳的时候，语气仍然轻松，听起来就像在闲谈着一个理论性的问题。

"丹的矛盾和怒气，可能和大卫，还有'两个男人'这个问题有关。因为当你和大卫不在一条战线上的时候，你可能很容易转向'另一个男人'——丹，寻求支持或什么的。就好像你和丹之间有一种亲密关系，是大卫和丹一直想有却始终达不到的。你知道，你很'吃惊'丹居然会对你这么生气，那是因为你意识到你和他之间的基本关系被破坏了。"

卡罗琳虽然被卡尔的话弄糊涂了，但她显然觉得很有意思，"我仍然不明白那和丹这么生气有什么关系！"

这时我瞄了丹一眼，他看起来很不自在。

卡尔解释道："这是他必然要经历的突然转变。你和丹有一阵子很亲密，于是他开始对这种关系产生了依赖。然后你和大卫又和好在一起，丹便觉得自己被取代、被抛开了，突然之间他又只是个小孩子而已。所以他对自己到底是大人还是孩子、你究竟爱不爱他，或者到底他和你是什么样的关系，感到非常困扰。"

卡尔以同情的口吻为丹说话，明白表示他看得出小男孩的困惑，但同时也尽量避免责备父母。

我替他们做了个总结，然后对卡罗琳说："这也是大卫转向克劳迪娅寻求支持后必然会有的结果。虽然你和丹之间的亲密可能是一个更微妙的过程。"

13.3　卡尔的愤怒

卡尔和我谈论丹时，丹显得越发焦躁，频频变换坐姿，偶尔还发出愤怒不安的声音。现在他冲着卡尔和我爆发了出来："我认为这些都是胡扯！都是狗屁治疗！"

然后他对他母亲说："我和你吵是因为你自以为是，还对我冷嘲热讽！"他的声音激昂愤怒，但隐隐带着恳求。

卡罗琳对他的愤怒还以颜色，她从椅子里直起身，迎着丹的挑战："我不喜欢你这样对我说话，我也不想忍受！"

卡尔温和地笑一笑，想把这对母子的注意力从争吵中引开。"你们听起来像是结婚多年的夫妻在吵架，实在不像是一对母子。"

丹朝卡尔开火："那有什么不对？我和她吵有什么不对？她和爸爸也吵啊！"

卡尔面对丹的挑衅，语气突然转为严厉："如果你仔细听听你的声音，就知道你有什么不对了！"

卡尔声音中的尖锐仿佛是悬崖，而每个人都在危险边缘。丹看来似乎也明白卡尔开始还击意味着大难临头，没有后退的余地了。突然间他站起来，脸上带着确定无疑的表情——我要离开这儿！我立刻幻想他会越过卡尔和我的情形，因为我们正好挡着他往门口的去路。

果然，他开始移动了，就在他跨出第一步的时候，被卡尔伸出去的脚绊了一下。丹努力将身体平衡后，在愤怒和惊恐中，握拳向卡尔挥去。他的拳头落在卡尔的头上，卡尔的眼镜随即飞落。我听到眼镜掉到书桌底下的地板上，发出很大的声音，紧接着一连串突如其来看不清的动作，我只能无助地看着他们。我觉得异常平静，仿佛正目击一场来不及做出反应的景象。

丹在惊恐和愤怒中向卡尔挥拳后，卡尔随即抱住他，两个人滚到地毯上，四肢纠缠在一起。

"噢，我的天！"克劳迪娅看着眼前发生的事，恐惧低喊道。

丹的小身躯根本不能和卡尔一身的肌肉相抗。当卡尔骑在他身上时，他发出愤怒、恐惧及吃惊的一声尖叫——"啊！"然后他气急败坏口出脏话。

"你这混蛋！让我起来，你这老家伙！"

他的声音高而激烈，但却不像尖叫。然后他开始乱踢，并且猛烈地挥动空中的那只手。卡尔抓住那只手，同时改变重心好让丹的腿动弹不得。丹感觉到全身都被压住了，于是又开始大叫，使尽全力想直起身来。他扭动着身体，想挣开卡尔的手，并且侧翻过来。接着他突然向卡尔那只一直将他另一只手按在地板上的手臂撞去，就像要咬下去一样。

"噢，不！"卡尔说着，用力把丹压在胸下。然后他再度抓住丹的两只手臂，紧紧扣住，使它们离颈部远远的。

"你……你……"丹奋力挣扎，同时极力想找出一个合适的字眼来骂卡尔，最后终于恶狠狠地吐出一句"混蛋！"

克劳迪娅的脸吓得发白，她恳求卡尔："惠特克医生！求你了！让他起来吧！"

卡尔因为抵住丹防他逃脱而气喘吁吁，但他听到了克劳迪娅的话便回答她："他还好！只不过是害怕罢了。"

听到这话，丹挣扎得更凶了，他的声音再度扬起来："我才没有害怕！我只是对你生气！"

"我不知道这怒气是不是对我而发的，但我很高兴你能演习在我身上。"卡尔说，仍然喘着气。"可是我的反应不会和你爸妈一样。我不会让任何人爬到我头上，还把我的眼镜打掉。"

他做结论的时候态度更强硬："我不是你这么生气的原因。"

卡尔和丹开始谈话后，丹就不再那么想挣脱了。他好像对卡尔的话很感兴趣。

"我不是有意要打掉你的眼镜，"他恳求道，"让我起来好吗？我投降。"

"只要你能平静下来。"卡尔温和地说，身体仍压在丹身上。接着他渐渐松开抓着丹的手。

丹一感觉到束缚放松，便立刻又开始挥舞拳头，他还没停止打斗。

"我以为你投降了呢！"卡尔说。

丹什么话也没说，他扭动身体想挣脱出来，嘴里嘟嘟囔囔。扭打继续，但两个对手似乎都变得幽默了起来。

"我要找律师！"丹大胆说道。

"好极了，"卡尔热心地说，"我可以给你介绍一个一流的。"

"你到底在搞什么？"丹挣扎着问。

"你是什么意思，为什么我要这么搞？"卡尔喘息道，"你我看彼此不顺眼已经很久了！"

大卫最后开口了，他语带幽默："我看你们也不太习惯这样。"

"我表现得还不差。"卡尔反驳道。

看到打斗还在继续，劳拉走到两个人身边，静静地拉住卡尔的衣领。他的衬衫束紧了他的脖子，他说："嘿，这不公平！你快把我勒死了！"

"别伤害丹。"劳拉忧虑地说。

卡尔看起来被这样的场面弄得很心慌，他也有点发愁。"他没事，宝贝。我不会伤害他的。"

"起来！"劳拉命令着。

"我们会啦。"卡尔说，他的衬衫仍紧绕在脖子上。"嘿，放手好吗？你把我的脖子弄疼了。"

劳拉松开抓住卡尔衬衫的手，走到她母亲身边坐下。他们家人看着他们扭打，反应各异。此刻丹和卡尔之间的气氛显然友善多了，这场搏斗丹无法赢，却也不允许自己被打败。他使尽全力，卡尔则还击着他每一个动作。丹年幼有力，对六十岁的卡尔而言，要抵住他的攻击显然是个挑战。不过丹一样也累了。他渐渐地不再那么极力想挣脱，最后，他停止了挣扎。卡尔仍然没有起身，还坐在丹身上，开始替他按摩。

"你在做什么？"丹难以置信地问。

"帮你放松啊。"卡尔温和地说。

"嗯嗯……"丹不知道是该享受这样的待遇，还是多缠斗一会儿。

最后，卡尔大概觉得够了。"我准备要停了，你呢？"

丹没说话。我在猜他会不会突然又动起手来。

然后他说："我放弃了。"

卡尔叹了口气站起来，过了一会儿丹也站了起来。卡尔慢慢地坐到他的椅子里，轻轻舒了口气。丹更是明显地瘫在他父亲旁边的沙发里。直到这一刻我才注意到大卫的紧张，但他努力克制着，他已经哭了。这实在很不协调，这个很自制、很理性的男人，脸上竟闪着泪光！

"你哭什么？"我问。

他把头摇了几下，说："我不知道，我只是觉得自己心里好像发生了什么事。"

一开始克劳迪娅就被这场打斗吓着了，她简直难以相信，即使这场架已经相当轻松地结束了。

"你为什么要这么做，惠特克医生？"她问，声音里带着受伤和幻灭。

卡尔的回答很温和。"就像我说过的，丹和我只是对彼此生气罢了。这场架在我们之间已经酝酿很久了。"

丹什么话也没说。他看来并不痛苦——只是非常疲惫而已。

13.4　父子关系再定位

大卫开始安排下次的治疗，他在和我们说些必要的话时，声音因为情绪的关系变得含糊起来。

在接下来的治疗中，由于上次戏剧性的打斗而产生了一种自由和兴奋的特质。在中间的这个星期，丹要求大卫和他摔跤，大卫也答应了。

丹很兴奋地谈起这事。"你知道吗？惠特克医生，他比我想象中强壮多了，他击败了我！我以前都不知道他能击败我！"

大卫对丹的表白感到很吃惊，我们也有同感。

"你是说你以为你可以打败我？"大卫惊异地问。

虽然大卫称不上肌肉发达，但他至少有81公斤重，而丹顶多不超过59公斤！我们谈了一阵有关丹对自己力量的"错觉"。由于大卫一直想当丹的朋友，所以他从没有真正和丹交过手，于是丹在成长过程中一直对自己的力量有着错觉。

应丹的要求，他和大卫的摔跤又持续了几个星期。他喜欢和他父亲较劲时的感觉，他要求了一次又一次，只为了确定父亲真的能击败他。他们之间的搏斗是友善而随兴的，但却是实实在在的竞争。而大卫是赢家。

这场架激起了大卫对自己父亲的一些感觉，他意识到他们之间是多么疏远。当大卫再向我们提及他的感觉时，他得很努力才能忍住不哭出来。

"我父亲是个很有权威和影响力的人，但在我的生命里，他却是那么遥不可及。我仰望他、佩服他所有的成就，但是从不觉得和他很亲密。"大卫吃力地说。"我们之间身体接触的次数屈指可数。"

这就是他看到卡尔和丹打斗时啜泣的原因。

大卫说："这对我来说意义太大了，惠特克医生，你对我们，还有丹，是出于关心才会这样做。这当然已经超出你职责之外了。"

卡尔和丹打架当然不是预先计划好的,而且在很多方面也不符合职业道德。它是一个极单纯的事件,是卡尔与布莱斯家在突然的情况下互相碰撞而成的。而卡尔对当时情况的反应,基本上也是很个人化的。丹傲慢的态度不只令卡尔恼火,还让他倍感困扰。因为丹实际上是家庭运作环节中的受害者,此过程令他产生了自己比实际年龄大、更聪明和更强壮的幻想。他的父母无意间使他产生了某种微妙的幻觉:他自认为可以在身体上胜过他父亲,可以取代父亲,成为母亲的另一个伴侣。一开始丹这种自以为是的态度并不很明显,但卡尔终于察觉到了这点,这也带给了他越来越大的困扰。

卡尔和丹之间的决斗,从治疗一开始就注定是不可避免的。最后终于来临时,它呈现的形式是搏斗——这在我们的治疗中是不常见的。虽然最初家庭对这场架都感到很不安,但它的效果却是正面的。丹的"大胆无礼"几乎立刻消失了。当然,他嘲讽依旧,但那是另一回事,有着不同的含义。当丹在两代人中找到自己的定位后,他看起来变得更有安全感、更可爱了,而且对卡尔也明显友善了起来。

他后来说:"我当时把所有的愤怒都倾泻了出来,现在对惠特克医生的感觉好多了。"

第 14 章　治疗的时机
——家庭肯冒险，治疗师纵身投入

　　家庭总是希望治疗师能像变戏法一样，马上制造出奇迹，把家中所有的困扰纷争一举消除。然而治疗有如演奏交响乐，时而低吟、时而奔放，究竟何时会奏出震撼心弦的音符，有待指挥者——治疗师和乐团——家庭密切合作才行。

　　家庭从过去到现在累积的爱与怨，有的蓄势待发，有的一触即发，更多则迟迟不发。因此治疗师除了客观的专业训练之外，必须投入个人的情感，才能更容易引发或引爆一些关键的冲突，进而加以调整与调和。如前所述，卡尔非常愤慨大卫和卡罗琳置丹于左右为难的境地，若不是卡尔对丹那么关心，他也用不着那么热血偾张。又如卡尔看不惯丹动辄对父母和同辈小孩的冷嘲热讽，不惜以六十之躯向十一岁活蹦乱跳的青春身躯发出挑战。若卡尔不是那么担心丹将来可能患上妄想症，他也用不着奋不顾身替那对嗫嚅的父母教训儿子！

　　因此，治疗的热度取决于家庭与治疗师双方愿意冒险的程度……

"我们到底该怎么办？"来治疗的家庭心急如焚地问。

"你们不必做什么，"治疗师语气坚定答道，"也没什么我们能做的。"接下来是一阵充满狐疑的沉默。"问题根本不在于是否该'做'点什么，这样的问法本身就不恰当。重点是如何有不同的'感受'，如何'成为'不同的人。"又一阵沉寂。"我何尝不想告诉你们一条捷径。但是我们能做的只是倾全力和你们一起奋斗。"

治疗到了一定阶段常会出现以上典型的对话。在一家人对治疗的新鲜感逐渐消退，治疗师也想不出新点子的时候，自然会提出是什么导致差异或不同的疑问。家庭希望治疗师能够变戏法般地给他们一套简单明了的公式，一种神奇的技巧。他们向治疗师要求一连串的答案，例如有没有实际可行的方法，好改善他们的情况？有没有人可以告诉他们做法是什么？他们需不需要换工作、伴侣？需不需要搬家、减肥，或练习静坐冥想？也许治疗师可以帮助他们重新措辞，使别人听懂他们的叙述。又也许可以使他们顿悟，以走出困惑迷茫的泥潭。对于以上家庭的种种问题，卡尔和我只能诚实回答：但愿我们能找到"答案"。

虽然我跟卡尔不能给他们一劳永逸的解答，但大家都明白每个人的生命中总有一些转机，决定性的时刻总会来临。人的生活常像潮水般缓缓起伏，但有些时候，即使简单几句话，或短短几秒钟时间，都能够促成影响深远、有意义的改变。这就是我们一直追寻和等待的很重要的治疗时机。所谓"治疗时机"并不内植于治疗师或家庭身上，而是在整个团体种种异常复杂的力量作用下产生。一个真正有效的转机无法强求，不可能事先计划好，而是自然而然发生的。所以在我跟卡尔有意打破家庭寻求"简易"的速战速决的错觉，也拒绝过分计划或组织治疗的步骤时，事实上我们是在蓄意提高大家的危机感。我们正期待类似丹和卡尔交手的那种极富戏剧性和关键性的一刻来临。

布莱斯家暂停两个月再度回到治疗中时，克劳迪娅的危机已大致解除，但丹又几乎以相同的模式卷入了三角冲突之中。丹渐渐变成了二号替罪羊。卡尔一眼看穿老把戏之后，就立刻采取行动，严厉质问大卫和卡罗琳为什么又将丹拖下水。卡尔前所未有的严厉口吻，象征着以往客套的社交辞令到此为止。布莱斯家甘冒更大的风险回来继续治疗，心中暗暗期待能重新组织家庭的结构。而卡尔也之报以更强烈的反应，"别再玩游戏了，"他说，"快点长大！"卡尔发怒了，但这种愤怒也是一种治疗的策略。卡罗琳其实不必插手大卫和丹之间的争吵。大卫也可以想办法阻止卡罗琳无视他的存在。夫妻俩为什么要拖累孩子，却不肯直接面对面理论？卡尔父母般的斥责，直戳要害！

后来情况真的有了改变。这或许是因为大卫和卡罗琳对自己的所作所为由衷地感到惭愧。下次面谈时，丹看起来似乎已经从他和父母的三角关系中挣脱了出来，并且随时准备放手一搏。当卡尔冒犯他的刹那，丹的怒气仿佛得到许可般肆意而出。他先是攻击母亲，卡罗琳被他蓄势整个星期而发的怒气吓呆了。然后，怒火似乎无处发泄，丹将箭头一转，对卡尔恶言相向。卡尔出人意料地，居然也反击了回去。在众人瞠目结舌下，两人踉跄倒地，一番搏斗。

无风不起浪。卡尔和丹早就看彼此不顺眼了。丹讨厌卡尔讽刺他的口吻，而卡尔则常要咬紧牙关，才能勉强忍耐丹那种自大张狂。"如果他的父母任他讲话如此嚣张，那又与我何干？"卡尔自我安慰道。丹和卡尔的内心深处早就播下了争执的种子。当它来临时，打架其实成了所有人想提高治疗风险需求的一部分。

14.1 家庭瞻顾犹豫

在治疗师之间有一个公认的规则：家人会企图以对待彼此的方式来对待我们。也就是说，为了减轻专家对他们生活的侵犯，家庭会不知不觉地将我们拖进他们的系统中。还有一个规则是：治疗师会将自己的家庭系统投射在受治疗的家庭系统上。如果治疗师允许自己超越专家的认知，亲身投入治疗，如此一来，家庭的"拉力"再加上治疗师的"推力"，就会引发化学反应从而产生一股极危险的张力。但这里所谓的危险性其实也就是一种刺激性。每个人最有兴趣的对象还是自己，如果家庭的某些状况"攫住"了治疗师的兴趣，而使他们纵身投入，这样的治疗才会真正引发情感的力量，打动当事人的心。如果缺乏治疗师的投入，治疗只会是一种专业技巧，仅提供咨询却无法令人真心受用。相反，如果治疗师过于投入，他也会失去专业立场，所有的努力也会失败。

家庭总有难以计数的、直觉性的策略，拖曳治疗师过度投入。比方说他们会在潜意识中安排一位家人扮演很明显的恶人角色，再让另一位家人扮演受害者，治疗师便会不由自主地袒护受害的一方，然后陷入纷争。家庭也可能表面上装得平凡愉快、若无其事，可是同时又向治疗师乞求帮助。治疗师接收到两种互相矛盾的信息，并且直觉嗅出了他们隐藏的怒气，他（她）会立即反应出不耐烦，然后勃然大怒。又比方某位家庭成员有意挑衅或过于巧言令色。假如治疗师不明白这只是情感转移的行为，那么他（她）很可能会被"引诱"扮演这个家庭的某个特殊角色。有时候即使最高明的治疗师也不免会被家庭的反复无常所蒙蔽。他们可能表面上恳求治疗师的协助，可是骨子里却毫无解决问题的责任感和主动性。

在治疗初期，治疗师必须讲究专业技巧，避免陷入家庭系统的迷雾中。他和当事家庭应是如下关系：界定所谓的问题乃是全家的问题和困境、建立治疗工作的规则和进度、鼓励家庭主动积极、观察家庭成员沟通的方式，以及随时提供新的观点和不同的可能性。最重要的是，他必须坚守自己是"家庭"的治疗师，把全副精力放在从专业岗位出发的"局外人"的角色。但是治疗过了某个阶段以后，他（她）会发现自己身兼发号施令者、仲裁者、评论者数职仍有不足之嫌。因为他（她）会发现尽管家人都在倾听并且努力改变，甚至有时他们的行为、态度或措辞有大幅改善，但是，心里的感觉却依然故我。这样的情况证明治疗师和家庭的接触显然仅止于表面，并没有"穿透"最基础的层面。

为何家庭明明真心渴望改变，却又踌躇不前，继续重蹈着以往拙劣的覆辙呢？有一个原因就是家庭以前曾经尝试过无数次的改变，可是结果却都是痛苦和失败，参加治疗意味着另一次的改变，这使他们望而却步。一旦鼓起勇气进入治疗，认真地试过，那再失败了该如何是好？剩下来的是不是就只有彻底的绝望？这些恐惧使家庭畏惧退缩，他们明知必须大胆一试，却又瞻顾犹豫抵死抗拒改变。

　　另外家庭也会对谁有能力推动基本的改变抱有疑虑。这好比自杀至少需要两方面"搭档"（有一方想死、另一方则想要他死），治疗的成长也需要家庭和治疗师双方面的合作——家庭必须有心改变，而治疗师也必须有心帮助他们改变。可是治疗师在治疗初期为双方互相努力树立模式的专业态度，比较缺乏丰富的实质和内涵。他们需要的是某种更原始的力量，可以促进一种前所未有且更为深刻的投入。

14.2　治疗师投入出击

　　治疗师不能光用理性、仁慈或成熟的态度。他（她）必须拥有像做外科手术般留下锋利切口的力量，来切开家庭的重重抗拒和逃避，揭示他们心灵深处不可名状的痛楚，并激发他们巨大的潜力。这是一种特殊的力量，是出于善意和关怀引导的力量。但问题是家庭如何在治疗师心中占有一席之地，让治疗师愿意花这么大的心血呢？

　　首先，家庭本身必须有冒险一试的意愿。许多家庭会在不知不觉中流露出这股决心和希望。例如布莱斯家曾在第一次面谈时潜意识"计划"让丹缺席，之后丹也基于同样的心理攻击卡尔。意在显示他们愿意冒险向治疗师挑战，并吸引治疗师更进一步投入。

　　其次，治疗师也必须允许自己自然投入。他（她）的情感缓缓累积起来，不太会察觉自己到底投入得有多深，最后终会经由某些事件的刺激而浮出表面。毕竟，他（她）一直努力保持着公正和专业的态度。然而当卡尔看到丹陷在父母冲突之中的那一瞬间，他突然感到很难过；而后他对大卫和卡罗琳的严厉斥责显然已超出了客观的评论。在接踵而来的面谈中，卡尔对丹的傲慢颇感烦恼。正是由于卡尔对家庭日益加深的关心，才使他突破了布莱斯家的心理防线，直捣他们易变的内心世界。

丹向卡尔发动攻击的时候，终于激起了卡尔的警觉。卡尔那时已经迷失在了布莱斯家的世界里，他们的生活方式正严重困扰着他。卡尔心中响起一个急促坚定的声音："不行！我绝不容忍一个小孩有这种狂妄的态度！"争吵就此展开。

那是一个极为错综复杂的时刻。一方面，卡尔等于夺走了布莱斯家父母的角色。丹以反抗自己父母的态度反抗卡尔，而卡尔则代替丹的父母采取了行动。因此片刻之间，丹变成了卡尔的儿子，卡尔则变成了丹的父亲。卡尔在布莱斯家面前树立了一个直接、强悍，却又人性化的典范。但即使是强悍的态度也比大卫和卡罗琳来得仁慈得多。因为大卫和卡罗琳都没办法理直气壮站出来教训丹，他们宁可暗地里以更残酷、更微妙的方式对付丹。卡尔教他们如何正确使用新的、强硬的手段，而他们也学会了。在之后的几天里，大卫和丹重复展开了好几次父子摔跤比赛。从这些比试之中，丹惊讶地发现，原来父亲远比自己强壮！

另一方面，卡尔并不仅仅是以父亲的姿态处罚丹，他同时还在"认同"丹，他在这个小男孩的身上看到自己的影子。卡尔常说，做医生的如果没有一点全知全能的能力，就不配做医生，因为医生总有操持生杀大权的时候。也许正是卡尔全知全能的需求，使他一眼看穿丹，并打击丹。无论内容为何，关键之处在于治疗师从某个人身上看到自己的影子，并且借由认同的意识进而涉身投入。我们大家一定都曾或多或少不满意于自己的父母，认为他们使我们失望。治疗师在这个关键时刻要做的，是在"当事人"身上看到"小时候的自己"，将自己小时候希望接收到的回应提供给当事人。借由投入在某个家庭成员身上，治疗师也做了一部分自己的父母。这样一来，他一方面解救了这个成员，另一方面也亲身示范了正常的亲子关系模式。

丹开始攻击卡尔的时候，卡尔感到异常紧张，因为他觉得小男孩一副全知全能的模样，将来可能会有苦头吃。卡尔不止一次看过许多精神分裂症患者漫无目的走来走去，嘴里念念有词："我是上帝！"整个人无可救药地沉溺在妄想里的状态。精神分裂症患者通常都有一段很长的妄想史。而他们家里没有人能像卡尔那样教训丹，好叫他们明白自己有多少"斤两"、该遵守哪些界限。要不是卡尔及时将丹从危险边缘拉回来，这个小家伙未来的生活可能不堪设想。

读者可能被我们一下子说"家庭"，一下子又谈"个人"给弄糊涂了。我们是想指出一个非常重要的观念——家庭治疗必须从两方面着手，一个是个人内在，另一个则是人际关系。当丹被"选"出来代表家庭和治疗师激烈对抗时，他也正在烦恼自己个人的和人际方面的问题。治疗师的职责便是去攻击某个人，以便接近那个人内心的矛盾，这样做时，他也等于替全家人示范了一个正确处理亲密关系的方法。

整个家庭在治疗过程中逐渐产生了重大的改变，然而最富张力的时刻往往发生在一对一的不期而遇中。它可以发生在任何一个家人和治疗师之间。成功的治疗是每个家人都应能在自己的"危机"时刻，得到治疗师的注意力。然而这些一连串的危机到底该如何规划和处理，却是极为复杂的学问。例如我和卡尔起初将大家的注意力从克劳迪娅身上移开来，以此表示我们对她的认同和协助。然后卡罗琳变成"目标病人",我们则直接和她进行温和但很具意义的对谈。接下来我们暗示婚姻应该作为下一个"目标病人",但布莱斯家却选择以丹的危机来替代,或许这个危机是他们家选来测验我和卡尔是否真有能力应付他们婚姻问题的策略。一旦启动之后,家庭治疗就好比焖锅般快速冒泡翻滚起来。治疗过程如此错综复杂,你永远不确定下一个跑出来的会是什么,你也永远猜不透沸点到底在哪里。

治疗的时机实在变化无常,让人很难总结概括,只能靠治疗师敏锐嗅出家庭正在发生的某个重大意义的事件,然后很快地以个人风格强烈出击。这种时机有时温馨、幽默,有时却很火爆——但它永远令所有人感受良深。治疗师投入的心血主要出于其个人而非专业的角度,如果他(她)开始与家庭奋战,那是因为他发现家庭正在发生的事变得对他非常重要。他于是迫切推动,希望有所改变。

当治疗师以个人情感投入的时候,有时也会冒着失去专业角色的危险。我曾经有过类似的经验。有一次我正在治疗某个家庭,这个家庭的母亲自杀未遂正送医急救。她是一个有很多困扰和麻烦的人,我非常担心她的安危,不知道能不能救活。碰巧当时另一个家庭案例中的母亲却一直喋喋不休不停抱怨,她的事跟上述住院急救的母亲相比简直微不足道,我不禁爆发了。我斥责她不该这么矫情、这么幼稚。治疗结束的时候,她感到极度震惊和难受。我的言语攻击,使她联想到和父亲之间极疏远的关系,这令她倍觉难过。我那些气话简直使她的噩梦成真了。等到这个家庭下一次再来参加治疗的时候,她和她先生的表情都非常气愤,仿佛那就是最后一次治疗一样。

我意识到了自己愤怒的原因,并诚恳地向那位太太道了歉。

我向她解释我担忧的原因，请她试着接受我作为治疗师人性化的一面："我们也会犯错。"我说。我的道歉使她看到我也有凡人的一面，和她父亲权威的形象完全是两回事，这样反而成了我们先前紧张关系的转折点。这位太太甚至承认她当时确实有点喋喋不休、爱发牢骚。我们后来还建立了长久和善的友谊，而他们家的治疗也很成功。

治疗师冒险投入情感的时候，结果并不一定都像上述例子那么圆满，有时候投入反而会造成治疗的危机。使治疗师过度投入的压力，可能是其目前遭遇的现实问题，也可能是某些可以追溯的家庭史上的重大事件或强大力量。举例来说，如果我有一位权威型的父亲，而我正在治疗的家庭也正好有这么一位权威型的父亲，那么我最好提醒自己小心避免不恰当的介入。我们治疗的家庭的关系模式和我们本身的经验越类似，我们失去专业观点的风险就越高。

14.3 举足轻重的辅助治疗

无论治疗师陷得有多深，他都不应该坐视自己比当事家庭还要投入。即使卡尔和丹发生打斗的时候，他都没有忘记专业的角色——适当控制场面，随时解释一些现象，还适时提出一些理论。我们有一些联盟可以为治疗师的职业界限提供支持，其中最重要的就是"辅助治疗关系"所提供的平衡及缓和的力量。卡尔开始向丹挑战时，他似乎暂时失去了专业立场。然后他恢复镇定，有一部分原因是我们交换眼神的默契。我变成卡尔和专业立场的环扣，我俩的合作关系就像"安全带"一样，让他在进退之间无后顾之忧。事实上，只有辅助治疗关系稳定，治疗师才有可能冒险投入与家庭放手一搏。

　　读者或许已经注意到我和卡尔是用一种很直觉的节奏一起工作的。其中一人先投入家庭中，加入他们的奋战；而另一位则默默留守，仔细观察，随时准备伸出援手。前者比较活跃，后者则尽量守住客观的立场。最后那位活跃的治疗师开始感到疲惫和迷惑，多半是由于过度投入所致，他（她）可以退回辅助治疗的角色，换由另一位治疗师采取主动。上述模式当然不是一成不变，但是这种"一进一退"的双重运作，几乎是两位治疗师借以维持人性和专业性的不二法门。

　　卡尔和我曾经分别和许多辅助治疗师有过合作，他们通常是临床实习工作者。我们将缺乏经验的治疗师带进治疗，一方面作为教学示范，另一方面可以使家庭减少开支，获得一个免费的辅助治疗师。在刚开始合作的时候，我们必须负担大半的工作量，但是大多数实习生很快就会进入状态，在治疗过程中参与更多、更为活跃。我们和实习生工作几年下来，到接近尾声时，他们通常都能独当一面了。建立成功的团队需要花费很多的时间和精力，但毕竟功不唐捐，非常值得。在很多案例中我们常常会发现，和家庭之间的良好关系，事实上是受我们和辅助治疗师之间良好关系的强烈影响所致的。

　　此外，辅助治疗"搭档"的形式还有一层象征的意义。两位治疗师是"父母"，这是家庭中最可能运作成功的人际关系。作为象征性的父母，我们的一举一动完全落入他们眼里，如果我们羞辱或贬低对方，他们一定看得一清二楚。相反，如果我们彼此尊重对方的自由，并且互相给予扶持，他们也会观察到这些。即使我们意见不合，他们也会仔细观察我们处理争执的方式。他们最能学习的，并不是我们所说的有关人际关系的道理，而是我们活生生呈现在他们眼前的行为。

我们做治疗师必须还有其他保护自己不至于过度投入的方法。首先，我们必须先透彻了解自己的家庭，特别是一些最脆弱的地方。卡尔和我教家庭治疗这门课的时候，都建议学生分成几个小团体，协助他们敏锐察觉自己家庭的压力。方法是先让一个学生在黑板上画出他的家庭结构图，然后所有的小组成员就帮忙分析家庭中的压力和冲突，预测他（她）未来处理案例时可能出现的一些盲点。虽然这种讨论还算不上是专业的团体治疗，但是他们可以从中学习相互扶持的态度和正确的咨询方法。

一个真正合格的家庭治疗师必须先有被治疗的经验。虽然大部分的训练课程并不要求学生有接受治疗的经验，但很多年轻的治疗师为了让自己能更胜任治疗工作，都会主动先和他们的家人一起接受治疗。这种和家人一起接受治疗的经验，可以为治疗师工作时避免过度投入增加一层保护。

即使一个治疗师有充分的准备和搭档的大力支持，他（她）还是不免会遭遇很多光凭经验仍不足以应付的危急时刻。家庭中有一些东西十分棘手，他（她）必须立即反应。在这个决定性的时刻，治疗师绞尽脑汁想挤出一些策略给家庭，他（她）可能必须综合自己的家庭经验、接受治疗的经验、他目前企图成长的意愿，还有想象力以及对未来的展望，等等，然后再"创造"一个反应。能不能为家庭提供一些东西，最基本的因素恐怕是他（她）自己的"成长的意愿"。

不论这种治疗师投入私人情感、创造力以及成长的意愿等内容的做法对病人有多大益处，这些益处都会因任何企图"成为一个人"所带有的不确定性而变得复杂起来。治疗师难免也有倒霉、气急败坏或迟钝的时候。我们瞻顾犹豫，病人也会跟着迟疑不决。但我们的专业训练和经验通常会支持我们渡过一段时期的难关，使我们得以振作，重燃对生活的兴趣，从而把热情带回工作中。

　　这种富有人性的治疗方法不但对病人有利，对治疗师也十分重要。假如治疗师因为工作的要求而强迫自己跟着成长，那么他很可能在事业和自身两方面都能保持活力充沛的状态。举例来看，卡尔如果死命压住自己对丹的愤怒而表现得无动于衷，那么在下一次涌出"非专业"但完全自然的感觉时，就会更容易受到伤害或感受到对自己的背叛。所以治疗师应该在工作时替自己人性的一面预留空间，如此至少可以保持工作的乐趣。

　　当卡尔和我环顾这个心理治疗"新世纪"的时候，我们看到了许多有意思、令人兴奋的东西，但我们同时也看见了令人非常失望的趋势。目前，不论在行为治疗、生物动力学、相互作用分析、按摩健身、自我诱导、意志控制、超自然冥想或其他各式各样新兴的治疗方式中，我们都发现这种过分仰赖专业技巧的情形愈演愈烈。某位"专家"发明了一种有条理有计划的治疗法，就将它教给每个病人。即使这些技巧真可能对病人有所帮助，但在使当事人的生活增加实际乐趣的同时，却也可能反过来扼杀治疗师的职业生涯。我们看过很多这样的例子，治疗师先是委身于一套"公式"化的技巧，然后不出五年，他（她）对工作的热忱就会消失殆尽。他们就像是生产线上的装配工人一样，每天重复着相同的动作，现代很多行业都是如此，最后自己也感到厌烦不堪。他们不但没有随着工作而进化，反而变得凝滞僵化，束缚在一个不再是他们拥有、虚有其表的躯壳上。卡尔和我虽然也用技巧，但无疑很害怕养成依赖性。

　　我们对目前有些孤僻和自恋的治疗师也感到痛心不已，渴求自我和快乐虽然是为了对抗过去社会中的自我否定，可是我们对光是追求自我就能得到长久幸福的方式感到质疑。"自我"和"他人"之间的平衡才是人类最需要的。为了达到这种平衡，我们深信大家必须一同奋战：恋人、夫妻、父母和孩子、兄弟姐妹之间都必须携手同行。我们确信没有任何公式能够完全涵盖人与人之间错综复杂的关系，特别是家庭。

第15章　冲突的过程
——害怕付出与害怕独立的婚姻

大卫和卡罗琳的婚姻一直遵循既定的轨迹运转，表面上看起来相安无事。在严冬的这次面谈中，脱掉笨重的厚外套坐下之后，卡罗琳终于忧郁道出了心中对夫妻关系的沮丧：

"大卫，你下班回来时，我们都经过了辛苦的一天，可我每次都用心聆听你的困扰，我是真的在意。但如果我哪天过得很糟糕，你就只会随便应付两句，想赶快摆脱掉话题。你从来没有真心倾听过我的心声。"

大卫鼓起勇气说了一句显然压抑很久的话："你到底想要什么？"

他的语气就像大人对待索求不断的孩子，卡罗琳更加愤怒了。

有好一会儿夫妻俩冒险吵得很厉害，双方都很痛苦，然后彼此都放弃了。卡尔和纳皮尔教授试着支持卡罗琳：

"如果你能放弃从他那儿获得支持的想法，你的世界将会以你为中心，不再是他。"

卡罗琳至此悲从中来，哭声仿佛发自生命底处，触及了在场每个人。她紧紧抓住靠垫，卡尔平静地请她抛开垫子，抱住自己的身体，感觉自己的存在。"其实你不孤单，你还有自己。"

二月了，天空灰沉沉的，既不下雪，也没有放晴的迹象。屋外的残雪使地面看来像条肮脏、破烂的被单。一个星期接着一个星期，布莱斯家继续着治疗，他们已经有了明显的进步。孩子不再是父母的替罪羊，他们从中慢慢解脱以后，治疗似乎变得有点无关紧要，大家开始觉得无聊了。

　　另一方面，大卫和卡罗琳的关系却没什么改善。不管卡尔和我怎么刺激他们冒险，至少要直接面对问题，他们却总是踌躇不前。大卫有时对卡罗琳很挑剔，而卡罗琳对大卫也是如此。被指责的一方虽无法自我辩护，却也拒绝让步。他们的冲突始终难以爆发成清晰、明朗的怒火。在这么冷的天气里，卡尔和我实在很希望他们能流露些许温暖的真情，或者直接而坦然地将怒气发泄出来。然而两种情况都未发生，没什么可以给这阴湿的隆冬带来一点生机。

　　我们一面持续着这种令人沮丧的面谈，同时也察觉到一股紧张的气氛正逐渐形成。我们认识到造成这种不安的部分原因是他们夫妻对我们“无所作为”的生气，他们正勉强压抑着心中的愤怒。不过大卫和卡罗琳同时也对他们的婚姻愈来愈感到不安，他们常尴尬而沉默，不知道该向对方说什么，有时候他们好像无法正视对方。虽然争执一直都潜藏着没有解决，但他们的争辩却越来越紧绕着某些重要的问题打转。我们觉得最终有事情会发生，但他们这样消沉，使我们对将发生的事是否有正面意义并不具有信心。然而不管结果怎样，随便往哪个方向前进都比无止境的停滞和烦闷要好得多。我们等待着。三月的第一次面谈安排在星期三。

15.1 妻子的绝望与愤怒

大家一面抱怨要脱掉冬天的厚外套有多麻烦，一面陆续坐了下来。卡罗琳起了头，即使这样，她还是尴尬沉默了几分钟后才开口，她的声音透露出内心的沮丧。

"我想今天我得第一个说话，因为我对昨晚发生的事很不高兴。谈这件事我心里感觉很奇怪，因为以前已经谈过了。现在再谈它实在不敢奢望会有多大的区别。"

我告诉自己，事先就这样想的话，当然不会谈出什么好结果。

卡罗琳继续忧郁地说："以前我们就为这类事吵过。就是每次我想到家里有什么事要做，比如要把卧室粉刷一下，已经说了好一段时间，要不就请人刷，自己刷也未尝不可。钱根本不是问题，整间屋子重新粉刷我们都负担得起。可是我觉得我没办法使大卫在意这件事，在意一切我认为重要的事。"

"你是说他不同意粉刷？"我问。

卡罗琳看起来很泄气，声音快快不快："那倒不是。如果我把每件事都安排得好好的，他会很甘愿付钱。他就是不关心任何事，除非他觉得很重要。"

她叹气道："而他觉得重要的，从来没有和我认为重要的事一样过。"

"那么昨晚到底发生了什么事？"卡尔有点儿不耐烦。

卡罗琳："我有种想法，这一次我不想再像以往一样——

缠着大卫做决定，然后雇人啦，安排好一切，最后却觉得受骗，因为他一点也不感激，反而还抱怨掏腰包。我决定自己粉刷，给他一个惊喜，所以我雇了一个孩子来帮忙搬家具，然后花了一整天时间，赶在他回家前把房间粉刷完了。"

"好极了！"卡尔热切地说。

卡罗琳苦笑一下，但马上又回复绝望沮丧的表情，"等等，先别太兴奋。你大概猜得出来接下来会发生什么事。"

她瞥了大卫一眼，他开始有点不自在。"他回到家，当然很晚了，晚饭前我带他上楼去看看房间，他说了一些好听的话——但其实他并没有真的在意。我看得出来他根本不在乎。我的心血换来的是几句礼貌的、冰冷的赞美，说房间很漂亮。我真的觉得很难堪。"

她看着卡尔和我，强忍着不哭出来："我应该怎么做，才能让他觉得我和我所做的事是重要的？"

大卫看起来很尴尬，而且极力想替自己辩护："可是我真的很感激。我有点惊讶，而且也有点奇怪，事先我们都没有商量。不过我很喜欢，真的！"

卡罗琳的语气开始尖刻起来："才不是呢，大卫！你根本没感觉，我们为很多事吵过，吵来吵去其实都一样。你下班回来时，我们都经过了艰难的一天，可我每次都用心聆听你抱怨面临的困扰，我是真的在意。可是如果是我那天过得很糟糕、觉得很孤单、累得半死，或是和孩子们吵了架，你就只会随便应付两句，赶快摆脱掉话题。你从来没有用心听我说过。"

她的声音强调了她的话，随即又陷入失望中："你好像从来不觉得我重要。"

"卡罗琳，我想你错了，"大卫肯定地说，"我觉得你夸大了我不善倾听的说法，而且你也把事情看得太严重。"

"你又来了！"卡罗琳光火了，"你现在就是在摆脱我提出的问题！"

大卫觉得越来越挫败，他的防线也即将崩溃。听得出来他的声音有些紧张，他的脸也因为生气而皱了起来。"我不是摆脱，卡罗琳，我只是在用不同的方式看它。我并没有不重视你的感觉和你感兴趣的事，我只是刚好没有照你希望的方式来称赞你。"

卡罗琳也越发生气："我们根本不是在谈什么赞美的话。你知道我并不希望你说什么好听的，我要的是你的感觉。你对那些该死的法律案件感到精神百倍——它们对你很重要——但你对我和我做的事却没什么感觉，我们对你而言根本没有意义。"

大卫僵硬地坐在椅子上，他的音调变得像拉满的弓："你在告诉我我的感觉是什么，我实在也不喜欢这样。"

"那么你告诉我你是什么感觉，如果你还有任何感觉的话！"卡罗琳挖苦道。

她在愤怒与失望之间摇摆，忽而攻击大卫，忽而嘲弄他，刺激他来攻击她，虽然她满腔愤怒，但言辞之间却充满绝望。

"我对你实在很生气。"大卫说，"这就是我的感觉。"

卡罗琳又从愤怒中冷却了下来。

"但愿我还有一丝生气的愿望。"卡罗琳悲哀地说。

15.2　陷入僵局的争吵

大卫神情迟疑，突然沉默了下来。卡尔和我眼看着这场争执又将像他们以前吵过的许多架一样以失败收场了。虽然短暂地冒出过一点火星，却只在一连串的反控和指责的纠缠中以无言的失望不了了之。

"为什么要放弃？让自己这么绝望？"我问他们俩，"假如你们继续吵，也许能吵出什么名堂来。"

大卫鼓起勇气说了一句显然压抑了很久的话："卡罗琳，你到底想要什么？我实在不知道我能做什么？"他的话听来就像是大人在对索求不断的孩子说话一样。

"你见鬼去吧！"卡罗琳愤怒大叫。泪水在眼眶里打转，极力压抑着不哭出来。然后愤怒压倒了悲伤。"我坐在这儿要求你对我多付出点真正的关心，要求自己的丈夫对自己好一点，对一天中鸡毛蒜皮的事给予一点安慰，这已经够困难了，你却问你能做什么？！"

她的眼泪再度夺眶而出。

"你是瞎了？还是聋了？难道你对我就这么无动于衷吗？"她非常痛苦地说出了这些极难堪的话。

大卫从她的伤痛中退缩，"卡罗琳，那根本就不是问题，我心里对你的爱是毫无疑问的。"

他这种冷静的理论与她公然流露的痛楚相比显得更残忍。"问题在于我是不是能符合你的要求，而我觉得你有些要求是不恰当的。"

卡罗琳几乎是吼回去的，她讽刺大卫的语气令人想到以前克劳迪娅说话的方式。

"你不认为那些要求是恰当的，是吗？"她企图挑起他的怒气。

看到他们的冲突开始剧烈，卡尔和我彼此对视一眼，马上松了一口气，因为他们正冒险以比平常更直接的方式面对问题。

我们十分关注争吵的走向，置身冲突外的孩子则显得担心而无助。

卡罗琳成功了，大卫下颌的肌肉因为咬紧牙关而凸起。然后他开始了，他的声音随着内心的愤怒而大起来："哼！去你的，卡罗琳！我觉得你要求太多还要我再三保证。有时候你表现得就像个受惊的小女孩一直要人牵着她一样！"

这明显的控诉令卡罗琳退缩了。大卫迟疑了一下，又继续说："你也有些地方不符合我的需求，我想我不必说得太明白！"

卡罗琳又退缩了一下，一个更深的伤口被触碰——指责她不是个好的性伴侣，对她而言显然是极端痛苦的。

卡罗琳紧紧抓住椅子扶手，瞪着她的丈夫，决意撑着不让自己哭出来。"我绝不独自承担我们性关系问题的责任，你跟我亲热的时候那么机械化，那么没感觉，我不得不降低自己的热情，用那种方式和你做爱。我想我有权利期待分享我身体的人有一丝丝感情！而你，天呐，你竟能在激烈的争吵中做爱。你脑中就只有这些！"

他们之间的争执已经悄悄出现恶意。

"我想这就是你的控制，"大卫讽刺地说，"如果我跳进圈套，说一些中听的话，你也许就会同意好好上床！"

卡罗琳紧接着大卫的回答说："难道不是你在控制我？如果我成天在家忙得团团转，帮你打点得舒舒服服，然后你只要稍稍暗示，我就马上跳上床，你也许——只是也许而已——能屈就一下，对我多注意一点，或至少听一听我讲的话，而不是不带任何感情！"

"噢，卡罗琳！"

"噢，大卫！"她再度模仿他。

他们之间的冲突就像两块大鹅卵石相互擦撞一样，只有表面磨损，却没有丝毫进展。争吵越久，双方就越觉得挫败，而冲突的程度也就越激烈。虽然这次争吵和以前大体一样，但却有一点不同。这次两个人都不甘示弱，两个人都坚持自己的立场，使得争吵能比以往更进一步，虽然整个争吵因闹僵而令人失望，但现在，至少长期战争已经正式宣战了。

大卫光火了："如果你再模仿我的话，我就干脆出去，你自己去解决这档子事好了。"

我觉得我的胸口随着他的威胁紧缩起来。不用想就知道克劳迪娅从哪儿学来嘲弄的技巧，还有从哪儿学来在争吵中掉头离开。

卡罗琳不为所动。

"看看你对我们婚姻有什么贡献，你不妨现在就走！"她仍继续激他。

大卫的忍耐到了极限，最后他咆哮起来："卡罗琳，你错了！你没有权利告诉我，我对我自己的婚姻有多少贡献。你根本不了解我！"

卡罗琳的声音充满痛楚："我有权利告诉你，在这场婚姻里我有多孤单、多不快乐，觉得多么不被爱惜！"

他们彼此瞪着对方，泪水从卡罗琳的脸上滑落，大卫的脸气得发红，似乎已濒临暴力或无法控制的悲痛边缘，我可以想象卡罗琳用她的指甲抓大卫的脸，而大卫则掐紧她脖子的情景。这一刻充满了静谧的痛苦，夫妻俩在彼此之间奔流的神秘的强大力量中战栗。

15.3 放弃指责怪罪

最后，就在我感到他们正要采取最后的行动时，我要求他们停下来。"你们吵到哪里去了？"多么笨拙可笑的话，在他们的对峙中，这是我唯一能想到的。他们显然都大大松了一口气，两个人都转向我。

"哪儿也没有。"他们几乎异口同声地回答。

我自己并不是很有把握。他们要吵出超过平常礼貌的限度已经需要很大的勇气了。而且如果他们除了互相抨击外还想更进一步的话，那他们明显需要帮助。我凝视着他们脸上的痛苦，对两人都很同情。我和他们说话时，感觉得到他们的问题就是因为他们是一对配偶。我可以看到他们共同的痛苦；那种互相牵制、共谋的形式；那种把两人都吞噬的痛苦压力。我心中充满着怜惜，指出两人对婚姻的注意不及对个体自身的注意。我对他们说："我希望你们谈谈自己，你们的话里到处是指责和攻击，你们都觉得问题出在对方身上。"

我的语调显示我确实明白要改变会有很多困难。

我们花了很多时间在他们的对话上，引导他们用"我觉得"来代替"你是"，促使他们去描述心中的怀疑和痛苦，而不是一味攻击。但他们的关系总是在承受压力时瓦解，一再绝望地回到彼此指责和攻击中。问题并不在于他们不了解，而在于他们之间关系的心理基础仍是一团混乱。他们共栖纠缠，对婚姻的认知也常被他们同样的不安感，以及各自从原生家庭带来的心理阴影所猛烈扭曲。他们，像现在这样，开始向对方大吼大叫，因为他们都真切地感觉到对方像一道上锁的门，把他们排除在自己的生命之外。他们以为通往快乐自由的门在对方身上，而不在"自我"身上。两个人都不敢跨越那道有着"自我探索"入口标志的门槛。

他们被我的话镇住了，沉默了大概有一分钟的时间，仿佛面有愧色。然后卡尔打破沉默，他的语气不像我这么带有同情，多年来他已见过太多这样的婚姻风暴。

"对，"他泄气地说，"看来这阵子的时间都白费了，你们现在还在吵该怪罪谁。你们好像真的相信一定有一方是错的一样。"

大卫、卡罗琳夫妇严肃地望着他。

"在我看来，卡罗琳，你对性的焦虑和大卫对亲密关系的恐惧比较起来，问题一样大；你无法独立和大卫无法付出与无法支持，其实是同样重要的问题。"

他看了大卫一眼以便平衡他话中所指的另一半，有力但不严厉地说："关键在于你们要怎样处理这个一体两面的问题。你们除了给对方施压外，什么都没有做，好像以为这样会有什么好处似的。"

他们俩都显得有点退缩，也许是觉得卡尔的话虽然令人难过，却句句属实。

"如果你们反过来看看自己，或许会明白一点东西。然后也许你们可以再回头向对方要求些什么，而不是悲号或吼叫别人做错了。"

卡尔说这些话时，我开始思考他们的争吵，希望理清一些头绪。我并不完全同意卡尔的批评，我想从他们的争执中找出一些正向的元素。

最后我决定向卡尔说出来。"我在想是不是我们鼓励他们这样做的。我们告诉他们要更直接地表达心中的怒气，他们照做了。至少他们的某些不满现在已经很清楚了。问题是：他们要如何改变？"

我的话听起来很客观，然而我希望能再回头与他们接触。我忘不了卡罗琳在愤怒地请求大卫多关心她一点，多给她一些支持时的急切；我也同样感觉到大卫替自己大声辩解说已经尽力去做了时，声音里饱含的痛苦与恐慌。

15.4　找回失落的自我

在看卡罗琳时，我意识到，她的愤怒又沦为绝望了。我很怕她会完全放弃，这种感觉促使我不再往其他方向思考。

"你想放弃吗？"我静静地问她。

"是的。"她语气中的消沉使我惶恐起来。

"你觉得你能冒这个险吗？"我温和地问她，但却意想不到地吓到了她。她抬起头，一脸不解。

卡尔斜瞄我一眼，我知道他是站在我这边的。这是极其微妙的一刻。卡尔的话低沉而有力。

"如果你能，"他停顿一下，接着音调改变显示念头一转——"放弃企图改变他或从他那儿获得支持的想法，这样也许会是个崭新的开始。"

卡尔和卡罗琳对视了好一会儿。接着卡尔试探性地说："你的世界将会以你为中心，而不再是他。"

这番话的时机，加上卡罗琳的心情、卡尔的语气、他们夫妻间的绝望——这一切都准确地凑在一起，发出清脆的"咔嗒"一声，就像一道复杂的锁最后的机关被打开了一样。我们知道门现在可以开了，一些重要的事就要发生了。但不管发生什么事，中心都会落在卡罗琳的身上。

一开始她只是坐在椅子上，仿佛卡尔的话使她整个人瘫软了下来。她的头微微后仰，双手无力地垂挂在扶手上，望着天花板，一脸茫然和悲伤。接着眼泪开始无声无息滑下脸庞，这是寂静房间里唯一的动作。卡罗琳重重吐了一口气，沉重的呼吸声流露出彻底的绝望。

我静静地对她说："我实在很高兴你还能感觉到悲痛。"

我想象着卡尔和我带领她穿过一扇打开的门，来到一道长长的楼梯旁。楼梯上铺着厚重的地毯，不断往下延伸，没入无尽的黑暗中。我们把她推下楼梯，对她说："去吧，下去吧！"

然后瞬间，她滚下楼梯，一直掉、一直掉，然而我们这些把她推下去的人必须再次抓住她。

卡罗琳发出像哭又像呻吟的一声，接着她的声音破碎了，仿佛沿着河床流动的水突然激散成瀑布一般。她开始啜泣——声音随着崩溃爆发出来。她丝毫不压抑她的悲伤，任由悲伤攫住整个身体。她的胸部起伏着，脸被泪水紧紧遮掩起来，痛苦像海浪一般一波波袭来，时而退、时而携双倍的力量卷回来。她哭得越来越厉害，令人不禁怀疑她是否撑得下去。在场的每个人都被她的痛苦吓坏了，孩子们惊慌地睁大眼睛，大卫张着嘴巴，卡尔和我除了静静看着，什么也不能做。

卡罗琳将椅子上的一个小靠垫紧紧抓住按在胸口上，好像那靠垫有生命似的。这样抓着似乎有所帮助，哭泣声渐渐转弱。她的悲伤无法抑制，只有任其发泄。啜泣的强度和频率都缓和了下来，就像婴儿睡前的哭闹一样，她看来像是从极度的孤独转为了自我接受。她从很高的地方跌落，回到了自己的身体里，现在她似乎在这封闭隐密的空间中迷失了。她还紧抓着靠垫。

卡尔平静地说：“我希望你抱住自己的身体，而不是抱住靠垫。”

卡罗琳没有睁开眼睛也没有改变姿势，她丢开靠垫，用双臂抱住身体。

“我觉得很孤单，”她虚弱地说。

“但其实你不是，”卡尔给她打气，“你还有你自己。”

卡罗琳正要开口，卡尔制止她，还不想让她说话。

“你感觉得到自己的身体吗？”他问，“你可以让自己去感觉它吗？”

卡罗琳似乎明白了卡尔要求她做什么，因为她整个人在椅子里松弛了下来，呼吸也更深更均匀。她的眼睛仍然闭着，脸因哭过而浮肿。卡尔继续说：“你可以感觉到自己的呼吸吗？让你自己做深呼吸，只要想着呼吸就好。”

卡罗琳放松地往后靠在椅子里，就像在信任的母亲怀里一样，她的胸口规律地起伏着，几乎听不见呼吸声。我们都随着她轻松了下来，如释重负。她很平静，逐渐放松了。

几分钟后，就在大伙儿仍陷在房间里催眠般的寂静中时，我突然发现劳拉正站在卡罗琳的椅子边，将小手放在了母亲的手上，这时卡罗琳突然坐起来，张开了眼睛。

“噢！”她吓了一跳，接着她看到了女儿脸上沮丧的表情。

“噢，劳拉，”她把劳拉搂进怀里，轻轻微笑。

“我没事了！”卡罗琳愉快地看着劳拉。“我只是需要哭一场。”

这下劳拉因为松了口气而轻轻啜泣了起来。

卡罗琳现在很不一样了。她的眼神清明率直，她的声音虽然沙哑却很平静，对卡尔说：“我发生了什么事？”

我无法忘掉刚才的幻象，所以我答道："你从楼梯上摔了下来，然后你又抓住了自己。"

我笑着，她也微微一笑，接着丹和克劳迪娅都想和她说话，所以整个房间在谈话声中苏醒了过来。

"我从来都没想到你会哭得那么厉害。"丹说。

"我自己也没想到。"卡罗琳回答说。

直到这时候卡罗琳才回想起她和大卫刚刚吵过一架，于是她转向他。整个过程当中，可以看得出他很惶恐害怕，一直缄默着。

"我们到哪里了？"她有点幽默地问，好像她和大卫有回到冲突的义务似的。

"我想我们掐住了彼此的喉咙。"大卫说，但他的语气很严肃。

卡罗琳也变得严肃起来。"如果你喜欢，我可以继续生你的气。"她是在警告他。

"我希望你别这么做。"卡尔用力地说。他仍然很有信心地告诉卡罗琳："你从婚姻中逃离了几分钟。和你自己在一起。别在这场战争里把自己牺牲掉。"

"我忍不住要对他发那么大的脾气！"卡罗琳愤怒地对卡尔说，我看得出来争吵的力量又快要笼罩住她了。

"闭上眼睛对你会有点帮助吗？"我问，"想一想你自己。"

卡罗琳试了，她面对着大卫闭上眼睛。整整一分钟她直直坐着，注意力转向内心。

就在一阵不安的静默中，卡尔带着试探性的语气说："我们该停了，时间已经过了。"

第16章 卡罗琳
——爬出谷底发现自我的妻子

大卫慢慢地在两位治疗师的引导下学会了体贴和关怀，学会了允许情感自然流露。

卡罗琳是夫妻俩"选择"出来，率先挣破婚姻和谐假象而迈步走向自我成长的一方。她开始独自一人入睡、独自一人继续留在喜欢的聚会上，她正卷入一连串新奇的经验中。家务事也开始分配给大卫和小孩，她不再都揽到自己疲惫的身上。

她现在带着一种新的心情回家探望父母，也把在家中的观察带回了治疗室中讨论。

她开始感受到了原生家庭对她一生的影响，并认识到她是如何将此影响转移到丈夫身上。

大卫则好像尚未起步，卡罗琳的生命蓬勃向上，他的不悦渐渐积累。表面上他很支持卡罗琳的成长，但内心深处，他感到备受威胁。面谈时，他常常陷在沙发里，一言不发。直到有一次，大卫兴奋地宣布他有了新工作、他要搬家！大卫实际上是在向卡罗琳下战书……

星期三之后，我在星期天下午接到了大卫的电话，他的语气很紧张。

"卡罗琳已经哭了两个小时了，"他说，"她就是停不下来！怎么办？她简直有点歇斯底里！"

"怎么回事？"我担心极了。

只有依赖心很强的病人才会在这么不方便的时候打电话来，他们就像孩子一样，认为自己可以随时向父母撒娇，但是除非家庭是真的出了问题，否则他们不会随便这么做。大卫告诉我他和卡罗琳起了争执，他不记得自己到底说了什么刺激她的话，卡罗琳就这么控制不住地崩溃了。

"我该怎么做？"大卫又问了一次，这也是我正在思考的问题。

"她会自杀吗？"我问。问题看来挺严重的，看来半天的假期恐怕要泡汤了。

"我不知道。"大卫回答，"很难说。"

我心里渐渐有了底，虽然电话里听不到卡罗琳的哭声，但我可以想象到——卡罗琳双手掩面，身体因为深沉的悲痛而抽搐，一波一波的痛楚袭向她，随着一声声呜咽宣泄出来。我决定冒险一赌。"听我说——"我的语气有点迟疑。

然后想到这可能会让大卫无所适从，就改用更坚定和自信的口吻说："你只需要陪着她，别离开她，其他什么事都别做。"

我停一下，用更富感情的语气说："尽量待在她身边。"

暗示他试着关心卡罗琳，可是也别为了让自己好过而给她任何压力。

"过几个小时如果没有好转，再打给我。"我没有说明"好"是什么意思，但是我想大卫一定会很小心的。

"好。"大卫说。他用了我刚才的字眼，好像需要重复我的话来增加自己的信心。我没有责问他。

16.1　大卫流露温情

挂了电话之后，整个下午我都在担心。以前与卡尔一起和布莱斯家面谈，也比现在舒服得多。太太孩子和我中间仿佛隔着一道玻璃墙，至于谁被关在墙里，当然不必说。我正心事重重吃着晚饭的时候，一阵突如其来的电话铃声打断了我的心不在焉。

"格斯？"大卫这么称呼我，让我感觉非常亲切，但是从他的声音中，我听不出卡罗琳现在的情况到底有没有好转。

"我只是想让你知道卡罗琳现在好多了。"他的语气显然轻松了许多，听到这消息，一股暖流从我胸口涌出，我大为欣慰。大卫解释："我们每次一有问题就开车出去兜风，这次也一样，卡罗琳慢慢恢复了平静。她也不知道自己怎么会这么难过，但她现在真的很好了。"

"她想不想和我说话？"我问，依稀听到电话另一端有谈话的声音。

"不了，"大卫回话，"她要我跟你说声谢谢。"

我不知道她到底谢我什么，但令人高兴的是，大卫回了我电话，虽然我极力表现得很坚决，但他一定发觉了我在担忧。

"大卫，谢谢你告诉我这个事。"感激之情溢于言表，整个晚上我都觉得很满意。我意识到必定发生过一些好的事情。

直到下次面谈，我更确信自己做对了。那天也是星期三，我原以为卡罗琳看起来会很疲惫，但是她却一副容光焕发、精力充沛的样子。星期天那次插曲之后，大卫和卡罗琳变得更亲近了。

"我不知道是怎么回事，"卡罗琳说，"大卫和我正在争吵，突然间，我感觉他无情、冷酷、难以接近，我再也无法忍受，然后就开始大哭起来，一哭就无法停止。我知道这并不全是大卫的话造成的，是我联想到了许多我生命中其他的问题，但是那时候我真的无法控制自己。"

"后来你怎么好的？"卡尔很想知道内情。

"我们开车去兜风，"卡罗琳说。"然后在路旁找了个地方停下来，我不太记得大卫跟我说了些什么，只记得他用手抚摸我的额头。"她温柔地看了看大卫。"我觉得充满爱意，"她笑着补充，依然带着喜悦，"这对他来说是很难得的。"

在我们后来的讨论中，卡尔和我渐渐意识到上次卡罗琳崩溃时，我们对她表现的温情和关怀的意义。我们的反应在他们的婚姻中产生了一种不平衡。卡罗琳有感于我们的"关心"，这是她长久以来渴望大卫给她的。因此，几天后她又和大卫发生争执的时候，卡罗琳发觉他们的婚姻就像沙漠般遍地干涸和孤寂，她一个人孤零零地站在中央。其实，卡罗琳痛哭，是在发泄她一生中所有遭遇到的孤独和悲哀，大卫仅仅是其中最近也最久的挫败关系。

大卫打电话来的时候，我直觉他并不真的那么需要我。显然，大卫想从我这边得到某种形式上的许可，以便对他太太表现关心和体贴。我下意识地教他如何表示，而大卫也照做了。不，这样的说法其实还不算正确。因为大卫并没有"做"什么实质性举动，纯粹只是表现了他的爱意。这对夫妻下意识地、直觉地在我和卡尔不在场的时候安排了这个危机，因为他们已经从我们的示范中知道两个人最需要的是什么，他们所需要的只是一个人伸出援手来为对方打打气。这就是卡罗琳为什么要对我说谢谢——谢谢我让他们找到解决之道，谢谢我给大卫的线索或暗示，使他能一反常态地给予她关心和体贴。

16.2　放弃共生，迈向独立

卡罗琳倾泄而出的忧伤和悲哀，意味着她对生命的忍耐已经到达极限。危机是，在潜意识中，她现在已经做好了成长的准备。她已经忍受了大半生感觉疏离、不被爱和不充实，而她急切渴望改变。只有越来越相信"美满的生活是有可能的"，才能使她勇敢面对自己深刻的绝望。

一旦挨过那些不愉快的时刻，卡罗琳反而会平和下来。最坏的已经过去，她站在过疯狂的边缘，也曾窥视自己的内心深处。她下定决心要生存下去，事情也就这么过去了。长久以来，卡罗琳躲藏在自我怀疑和自我矛盾的荆棘中，现在她终于想通了，也准备好放眼向外看。就在此刻，卡罗琳对外界有了新的认识，仿佛沉睡多年之后首次苏醒，眼神中充满了好奇。有一股动力从卡罗琳"崩溃"之初便开始驱策她，如今她已好转，当然更不容许有任何阻挡。

卡罗琳开始感受和在乎自己这件事，并不完全是她个人的事。她是在婚姻中被"选择"为率先"放弃"追求婚姻和谐，代之以不计任何代价去追求自我的先锋。我和卡尔支持这种转变。想要彻底解决这对夫妻的婚姻问题，唯有从根本的问题着手——夫妻俩必须各自体验他们的自我。两人必须更独立、更有勇气、对自己更有信心。卡罗琳只是在带头追求个人的新境界。

并不是所有的夫妇都"计划"按照这种方式成长的。有些夫妻会同时成长，既不中断夫妻之间的接触，也不失去自己的独特性。有些则是丈夫被"选择"为不满现状而率先发难寻求改变的人。但绝大多数的家庭都遵循布莱斯家的模式：由女性打头阵，她最先察觉到生活似乎有更好的可能，并且竭力寻找改善的方法。事实上，现代女性想扩大生活经验的需求往往极为强烈，治疗师不必担心她们能否持之以恒，反而该担心丈夫能否适应太太要求改变的压力。至少在目前，我们从很多婚姻中发现，丈夫没办法及时配合妻子迫切想要成长的需求。如果丈夫不能调整和适应妻子求新求变的进取心，婚姻将会濒临危险的边缘。

大卫和卡罗琳的问题不只在于"婚姻"方面，他们在个体自我认知方面也有问题。不错，他们是从原生家庭中学到了如何压抑自己的感情、打击自己和看轻自己。但这些倾向已经根植内心，与是否和父母接触已无关系。婚姻，反而变成了逃避面对个人内在问题的借口。他们不知不觉携手建立了一个互相埋怨对方的系统，借以逃避自省，也避免去亲身体验自我。虽然感觉上婚姻仿佛是最深处的炼狱，但其实真正的枷锁在他们自己的内心，卡罗琳责怪大卫使她不快乐，但其实她大部分的痛苦来自她自己。大卫的做法不太明显，但他的辩论也一样荒谬：只要卡罗琳不是这样就好了。他们将原始父母的权力套在对方身上，它是所有压抑的来源，也是最终解脱的希望。婚姻，就仿佛镶上镜子的长廊，里头有梦境也有幻影。

卡罗琳在遭遇了深刻有力的悲伤和绝望之后，发现了自己的存在。她曾无可救药地固定在大卫身上，结果失败了，痛哭一场跌至谷底。她在谷底尝到了真正孤寂的滋味，同时也得到某种慰藉。卡尔和我在那儿，是真的，但特别是她自己的血肉之躯也是。她从自己身体的感官上经历到深刻的信任和安全感，使她得以进一步开始冒险脱离大卫而独立。

卡罗琳之所以如此坚强，不论是来自我和卡尔的支持，或是出于克服绝望后渐增的自我信心，又或者是出于越来越多自我察觉后的兴奋，这些都开始促使她用新的观点去尝试。许多事就像初晨的鸡鸣般，对她都是新的唤醒，而这些都是在面谈之外发生的。除了试图脱离大卫独立之外，她更企图冒险脱离每周的例行面谈。然而她在面谈中会适时报告这些"插曲"，她多半会用这句话开头："这个星期，发生了一件有趣的事情。"

卡罗琳："我们，大卫和我多年来一直有这个问题，我常比大卫先上床，不可否认，我要做的事没他那么多——我通常只想睡觉。"

她笑了!

"有天晚上，我和往常一样向大卫唠叨，叫他上床睡觉。而大卫也像往常一样故意拖延时间，慢吞吞地在桌上公文堆里乱翻一通，想找个理由来搪塞我。"

她停顿一下，似乎又有了新的想法。

"我想我只是害怕一个人睡觉，但是我当时却变得非常非常生气，然后我突然想到，我可以自己睡不用他陪。你们可能认为这很可笑，对我而言，这却是个极大胆的念头。我能不盖厚厚的法兰绒毛毯睡觉吗？这时脑海里浮现出一句话：我要睡觉！"

我从未发现卡罗琳竟然如此幽默，她的自我解嘲几乎令我忍俊不禁。

"我确实是这样做了。"她略带挑衅地注视着大卫，"你们知道吗？半小时后他上楼来，发现我不等他自个儿上床，居然大发脾气，把我叫醒，还发了一顿牢骚。"

"这不就是婚姻？"卡尔笑了，"你只要改变一点点步伐，就会搞乱整个该死的舞会。"

在这个意义重大的事件中，最令我们欣慰的一点是卡罗琳主动做了改变，而不是喋喋不休硬要大卫改变他的方式。之后，她却讶然发现，大卫早已被她的一举一动所牵制。当卡罗琳不再唠叨让他上床，并且表现得很独立时，大卫觉得她背叛了自己。就某方面而言，卡罗琳的确是背叛了他。卡罗琳越来越不在乎大卫的感受，不在乎他的所作所为。她开始听到自己咚咚的鼓声，虽然声音还很微弱，可确确实实存在在那儿。

卡罗琳又说："大卫不喜欢参加聚会，可是我喜欢！"

卡尔和我都越来越被卡罗琳逐渐活泼的态度所吸引。

"有天晚上，我们和往常一样，不用说，当然是我催大卫动作快一点，因为我喜欢准时。通常，我会穿好外套在旁边踱来踱去，边等边生气。这次我决定到外面车里等他，感觉舒服多了。后来，我突发奇想，想要撇下大卫把车开走，大卫刚好从屋子里跑出来。"

"那时我就料准你会这样！"大卫承认。

在最近几个星期，卡罗琳不断透露那些"耐人寻味"的经历和插曲，很显然这给了大卫一些压力。但即使如此，他还是能保持一贯幽默的态度。

"但我想谈的是在聚会上发生的事。"卡罗琳温柔地瞄了大卫一眼,"那场聚会的主人很喜欢跳舞,也很富有。他们请了一个乐团,那些带有电子乐器的乐手,把整个大厅的气氛都炒热了。我和大卫跳得很愉快。后来大卫开始和一位律师同行好友高谈阔论,我感觉被冷落了。我开始对任何邀舞的人来者不拒,再度跳起舞来。而我,那个老是很沮丧的卡罗琳,居然跳得很快乐!我想这显然也是我会不断被邀舞的原因。"

大卫的脸色已不似平常那样和善。

"到了平时该回家的时间,大卫走过来跟我说他想回家。可是我还不想走,就照实说了。"

大卫插嘴说:"我告诉她尽管待在那儿,想回家的时候,再搭邻居太太的便车。"

"但你一定没想到我居然会接受你的建议,"卡罗琳的语气相当严肃,"要不然,我回家的时候,你怎么会发那么大的脾气!"

"都一点半了呀?"大卫变成了一位忧心忡忡的父亲,想管教他那刚步入"青春期"的太太。

"才晚了两个小时,"卡罗琳说,"你可知道我花过多少时间等你!"

"可是也不能这么晚呀!"大卫抗议。

卡罗琳恣意大笑,显然是因为能够让丈夫吃醋而颇为得意。

在这之后,他们夫妻间仍然维持着寻常的口舌之争。传统上,用来巩固无数毫无乐趣的婚姻的那种携手同步的方式,对布莱斯家来说,越来越无效了。至少,对卡罗琳而言,她不但尝到了分离独立的滋味,甚至还乐在其中。

卡尔和我知道大卫是不好过了，就试图努力刺激他，希望他也像卡罗琳一样自我开发，对自己产生兴趣。但是，不知道是否因为这对夫妻早已认定当时是卡罗琳的"时代"，或是由于大卫当时还很胆怯，总之，我们的期待落空了。大卫是可以谈谈他自己，但那都是些空洞、没多大意义的谈话。他一直在思考，做一些无关痛痒的事情，而他那越来越生气勃勃的太太，正卷入一连串新奇经验的波涛中，没有任何事情能阻止她继续追求。

稍后，卡罗琳说："你知不知道，我们家的小孩都被惯坏了，他们很少做家务。我想要改变这一点。"

一周之后，卡罗琳替全家人制定了一张家务分配表。她征询过大卫的意见，并且把他的名字也列在表上。现在，大卫不但是律师事务所的合伙人，同时还兼任晚饭后清理厨房的队长。看来还真的没什么事能阻止卡罗琳！

布莱斯家的孩子虽然偶尔会来参加面谈，但他们已经不再是主角。孩子们本来就厌烦父母的钩心斗角，所以卡尔和我准许他们可以在想参加的时候来。克劳迪娅比劳拉和丹常来，她一直对治疗过程很有兴趣，她偶尔会针对自己的生活提出一些问题，也兴致盎然地目睹着她母亲企图成长的努力。婚姻残酷的一面，对克劳迪娅而言，比对小她几岁的弟弟妹妹要来得更有切肤之痛。但是克劳迪娅比我们大多数人都幸运，因为她能亲眼见到自己的父母为改善夫妻关系而进行的奋斗。

16.3 冲出谷底，找回自我

卡罗琳走出沮丧的旅程也并不平顺。在这段主要由她随兴走出的路上，卡罗琳时而会动摇，掉入以前悲观的老样子，特别是在遭遇障碍之际。她会以一副精疲力竭和挫败的样子来参加面谈，随时准备为任何问题而自责。让自己陷入沮丧，有几分像是自我沉溺与放纵——因为攻击自己要比引起他人不适容易得多——而他人的反应不一定总是爱的保证。

我常常发现自己很生气卡罗琳老是让大卫踩在她头上，就很气愤地向她表示："如果你容许大卫比晚餐时间晚一个小时回家，连个电话也不打，那么真没什么可抱怨的！他为什么要对你感到抱歉？他过得很好啊。如果我太太也容许我这么做，我很可能会和大卫一样放肆哩。"

我很冒昧借用了一点卡尔的幽默论调。卡尔本人对幽默用语的喜好，在下面的插曲上格外有效。有天早上，大卫正要上班的时候（这是夫妻最喜欢也最安全的吵架时机），卡罗琳开始生大卫的气，并且就这样气了一整天。当天大卫又很晚回家，于是卡罗琳不等他就先开饭，可是她冲进厨房想拿一个锅时不小心摔了一跤，把脚扭伤了。

下次面谈时，卡尔望着卡罗琳绑上绷带的脚踝，开始发表他的感想。

"告诉你一个办法，你有没有想过做个酒鬼？也许会很有帮助。"卡尔的笑容显而易见，可是他话中的含意却不太明确。

卡罗琳："不必当酒鬼，我的问题已经够多了。"

卡尔："你仔细想想这样做的好处。每个人都会为你感到难过。为了要帮你，孩子也许会做更多的家务，大卫也许非得准时回家不可，好确定你没有使自己受伤。事实上，如果你变成酒鬼，还可能会使大卫变得更有爱心更好好照顾你呢！"

"抱歉，我没兴趣。"卡罗琳因为没听太懂卡尔的话，脸色还不太难看。

卡尔继续追问："怎么了，你不愿意牺牲小我来成全大我吗？"

"我已经牺牲得够多了！"卡罗琳开始生气了。

"如果想要帮助你的家人，特别是大卫，就必须再牺牲一些。你知道好心的撒马利亚人的故事吗？"

卡罗琳气呼呼地说："我当然知道！"

卡尔故意不理会卡罗琳脸上迅速汇集的阴影，"这个好心的人，在路上发现强盗，后来……"

接下来的几分钟内，卡尔继续引导卡罗琳如何自我牺牲和帮助家人。卡罗琳迅速将沮丧抛在一边，把矛头指向卡尔。

"听着，你这家伙，我不想再牺牲了！我已经牺牲得够多了！"

无论表达方式怎样，我们非常欣赏卡罗琳想冲出谷底的那股决心，因为那是一条既崎岖又不平的路。我们用跟她争辩来激发她走下去，在她失去勇气时，我们会把她拥在怀里——当然不是在肢体上，不过如果她要求，我们也会真把她拥在怀里。说实话，在工作的时候，我和卡尔对和病人身体上的接触还是很犹豫的，但我们绝不畏惧给予他们关怀。

卡罗琳渐渐对自己的原生家庭产生了兴趣，甚至还好几次回家探望了年迈的双亲。

"我希望看看自己和爸妈相处时的表现。在经历这些治疗以后，也许与以前相比会有所改变。"

回到面谈以后，她提出了一些观察心得和问题，再加上一种还很模糊的感觉，她和父母的关系真的不太一样了。以下摘录了一些她自己的说法。

——"你们知道吗，我很惊讶，和妈妈在一起的时候，我居然那么听话、那么安静。"

她清楚地认识到自己直接将此种习惯转移到了对待丈夫的态度上。

——"我爸爸老是那种消极抵抗的态度，他会很巧妙地挖苦我妈妈，以他自己安静的方式在暗中影响她。"

她看出她父亲并不全然在扮演受害者的角色。

——"你们觉不觉得我之所以会嫁给一个全力投入事业的男人，是因为我爸爸从未做过'这样的事'的关系？"

卡罗琳现在懂得了强调某些字眼，我很欣赏这一点。此外，我还很高兴地发现，她正在摸索自己的路和意念。她在奋斗中主动出击，事实上，她快要变成自己的治疗师了。

——"你们是不是觉得我之所以对大卫百依百顺，是因为看不惯我妈妈那副强势支配的姿态？"

早在几个月前我们就表明过这一点，她却到现在才"发现这块新大陆"。看到一个人分享这样的经验，我们的感觉一直是很奇怪的。当然，卡罗琳并不是没听到我们的分析，而是心理还没准备好。一直等到现在时机成熟了，它才从卡罗琳的潜意识里再度清晰地浮现了出来。

——"我妈妈其实并不比我爸爸糟糕，是我错怪她了。她甚至还挺有幽默感呢！"

——"奇怪，我弟弟在这些事情中的位置在哪儿呢？"

——"我想到了一点，每次写信的时候，我总会写'亲爱的爸妈'，可是回信的总是我妈。我怀疑爸爸是不是根本没看到我的信。如果我直接写信给他，而且只写给他，你觉得他会回信吗？或者打电话给他，妈妈会让我们父女单独谈话吗？你们能不能告诉我，为什么非要通过妈妈，我和爸爸才能互相沟通呢？"

好一个俄狄浦斯的妹妹，卡罗琳！

不可避免地，卡罗琳爬得愈高、精力愈旺盛，她的现实生活与理想之间的距离必然愈发遥远。一方面，卡罗琳有了新的希望，那是她从前连想都不敢想的；但是另一方面，她的现实生活却没有多大改善。虽然很多事情都在改变中，其中以卡罗琳面对大卫时的果决态度最为明显，但是，有一个残酷的现实却没有改变，那就是卡罗琳每天的例行事务，包括阅读、在志愿者组织中的工作和朋友的长谈，当然也少不了清理房子、准备迎接丈夫和孩子们回家，等等。在卡罗琳宣布自己对整个情况的看法之前，她先长出了口气，有点痛下决心的意味。

"听起来可能太简化了些，但我想问题是出在我太厌烦了。我很喜欢做个家庭主妇，真的，通常感觉是如此。可是我需要一些别的东西。"她怀疑地望着我和卡尔。"如果我去做兼职的话，我家人能受得了吗？"

"不，"卡尔说，"我觉得不太可能。"

"你为什么不问问他们？"我仍然一本正经。

对卡罗琳而言，这是个关键的时刻，因为小时候母亲为了全家生计而外出工作使她感到很难过，她显然为自己这种想法将会对孩子造成的影响感到十分内疚，甚至快要流泪了。还有一项因素使情况更为复杂，那就是大卫的母亲是个百分之百的家庭主妇，大卫当然喜欢有个在家的太太，这使他能重温儿时舒适的感觉。他喜欢家里有个卡罗琳"妈妈"在，并且，像他父亲一样，喜欢对太太理家的方式吹毛求疵一番。挑剔卡罗琳，只是他习惯的强迫性练习而已。向家人询问的时候，卡罗琳显然非常紧张，不过，大家（除了当天没来的劳拉）都赞成她找工作。

卡罗琳对全家人的鼓励露出怀疑的神情，而她或许是对的，因为这个念头在理论上比实践上容易接受。话虽如此，加上有我和卡尔的鼓励，卡罗琳开始着手找工作，寻找的过程充满了兴奋和气馁。

卡罗琳想找工作，并不是为了改变她对自己的评价，而是肯定自我之后的结果。不可否认，找个有报酬的工作的确有许多吸引人的地方，至少她可借此与大卫相抗衡。但好在卡罗琳十分明智，她不会把工作当成一种人格补偿，而是肯定和扩展。

16.4　新工作的困惑

这几个月来，卡罗琳成长的喜悦占据了我们大部分的治疗时间和注意，相对地，大卫则几乎是停滞不前。仿佛他正在一旁观察卡罗琳的一举一动，一会儿充满好奇，一会儿又充满嫉妒，最常见的是一副虽无恶意却漠不关心的样子。好几次，我都幻想卡罗琳正在学一支舞，圈圈当中，总少不了大卫。她绝不离他太远，注意着大卫的每一个反应。

大致而言，大卫并未对卡罗琳的举动有任何强烈的反应，倒是卡罗琳对家庭外面大千世界的兴趣愈来愈浓厚，我和卡尔发现他的不悦正在渐渐累积。当卡罗琳告诉我们，有位朋友说她看起来更快乐、更轻松的时候，大卫只是一言不发，他仅仅将身子微微靠入沙发里，我们想使他更投入治疗的努力失败了。表面上，他很容忍，甚至于支持卡罗琳的努力，但更深的层面，我们可以感觉到他觉得备受威胁。他不愿承认心中的不安，坚持称："我很好。"

不久之后，我们让他自行改变，将注意力又转回了卡罗琳身上。

直到三月中旬的某一天，大卫异常快乐地出席了面谈。

"发生什么了？"我突发奇想地问，"你看起来很愉快！"

"有好事。"大卫一副神秘的样子。

这时，我才注意到，卡罗琳看起来并不怎么高兴，事实上，用郁郁寡欢来形容还比较恰当。大卫舒坦地靠在椅子上，准备找时间讲他的故事。

"他在波士顿有个工作机会。"丹不加思索脱口而出，"他要当经理了！"

他面带胜利的微笑吐露了真相，语气中既对父亲感到骄傲也有点不屑，这样矛盾的心情，无疑是受母亲溢于言表的绝望和父亲的洋洋自得所影响。

大卫很快便将被儿子泄密的尴尬抛在了脑后，继续说："还不知道职位是不是经理，那家大公司在波士顿的总部和我接触过。不清楚他们怎么会对我感兴趣，只记得一年前曾经协助安排本地一家公司和他们签过大笔合同。他们考虑让我担任的工作是设在法律部门最重要的职位。"

"你觉得如何？"卡尔问。

这不太像平常的卡尔。他很少会问别人的感觉如何，因为他觉得人们应该主动描述自己的情感。

"很兴奋，受宠若惊，"大卫回答，"也有点担心。"

他看了卡罗琳一眼。"不知道大家是不是都想要离开。毕竟我们在这儿已经这么多年了。"

"卡罗琳，你看起来很不高兴。"我说。

我注意到她把身体侧向我这边，仿佛想争取支持。开口说话时，她强忍着泪水，努力不使自己哭出来。

"我是不高兴。"这是她所有的表达。

"你能多谈一些吗？"我建议她。

虽然她在对着我说话，但怒气则显然是针对大卫："有什么好说的？我丈夫有个工作机会！我就必须等待命运的安排，不是吗？"

"我不知道。"我微笑，试图打破隔在我俩之间的那道愤怒和委屈之墙。"一定是那样吗？我倒觉得'你往何处去'的问题很值得大家研究。你在决定的过程中难道没有什么要说的吗？"

"我？有吗？"卡罗琳朝大卫发怒了。

"老天，卡罗琳，"他回答，"我只不过是有个去大公司工作的机会而已，你就已经硬说我要强迫你离开这儿了。我只是说我应该去看一下！这对我、对我们来说，很可能是个大好机会。我难道没有权利考虑吗？"

他替自己辩解时也开始生气了。

卡罗琳早就止住了眼泪。"你和我都明白那不是问题。问题是出在你想做决定，而期望我必须对你百依百顺。每次都是这样！"

突然之间，他们的争论竟出乎意外地有意思，卡罗琳愤愤不平地指责丈夫太过专制。

"你听起来也并非那么顺从，"我冒险说。"你的语气听起来相当强硬。"

卡罗琳稍微转过身来面对着我，勉强挤出一丝微笑，想让自己不至于过分陷在这场争吵里。

"应该说是备受威胁才对。"她说。

"怎么说？"我明知故问。

她更加气愤："换作你是我，难道不会感到威胁吗？我这辈子第一次想在家庭之外做些有意义的事，可是突然间，我必须离开这个我'唯一'熟悉的地方，也是'唯一'有朋友的地方，觉得非常自在的地方。最起码这里还有一些朋友。一旦搬家，我先生可好，一切都是为了他预备好的。现成的工作、秘书、属下和同事。他们甚至还为他申请加入乡村俱乐部！我希望留在这里，过我自己的生活，你走你的好了。"

屋子里一片死寂。原先未发一言的克劳迪娅在悄悄流泪，她用狐疑的眼神看看母亲，又看看父亲。丹和劳拉似乎没受到什么影响，不过丹的脸色倒是有些忧郁。

大卫的语气低沉而坚定："卡罗琳，我不会受你的威胁。不能因为你不喜欢，我就应该让步。"

卡罗琳恢复镇定。用充满克制和讽刺的口吻回答："哦！我算老几！我可不敢这么想！我压根儿没期望过你能让步。"

16.5　重新塑造婚姻观

我和卡尔的机会不多，此刻是我们介入的好时机。

"卡罗琳，"我说，"你刚才说你算老几，我认为你错了。"

卡罗琳好奇地望着我。我注意到她刚毅的双唇和眼角的皱纹。

"我认为人没有任何借口可以看轻自己。我觉得你是家庭主妇也好，职业女性也好，住在哪里，嫁给张三或李四，真的都不重要。"

我停顿一下。

"如果是在六个月之前，我很可能担心你会去波士顿，仅仅扮演大卫妻子的角色，但是现在，我不认为有此可能。如果你能感觉到你刚才半小时内表现出来的那股力量，你就会明白我的意思，你已不再是以前那个胆小的卡罗琳了！"

卡罗琳面露喜色。

"当然啦，部分问题是出在时机不对。这件事似乎不仅妨碍了你找工作，还会干扰到治疗。"

"你说得对。"卡罗琳安静说道，"我没有意识到这是使我那么不高兴的一个原因。"

突然间，卡尔轻轻笑起来，吸引了所有人的注意。

"是啊，我们的男主角，"他用手指指大卫——"及时找到了一个新工作，好避免成为下一个治疗的对象。或者说，他根本就是想阻止卡罗琳变得更强大。"

大卫仿佛心事被看穿般朝卡尔苦笑。

"大卫，请原谅我如此形容，"卡尔继续说，"不过我们还是可以把你们介绍给波士顿的心理治疗师。"

"我还不确定是不是要去。"卡罗琳重申，态度十分严肃。

"我不是在反对。"卡尔说，"如果你们想借此各奔东西，那是你们的事。我只是觉得你们不应该蒙蔽自己，以为事情只有一种可能性而已。"

"你是什么意思？"卡罗琳问。

"如何看待大卫的新工作，可以有许多种诠释方法。"卡尔回答，"你们所采用的是相当老套的婚姻观，认为夫妻中只有一个能做真正的人。另一个只能作为附属品。面临新的工作机会，你和大卫之中的一个，就必须牺牲自己——来挽救婚姻。但我可不敢苟同。我认为不管做什么事，你们两个都可以是独立的个体，你们同时也可以造就出富有生机的婚姻状态。”

“但是如果现在放弃的话，”大卫说，“我可能会错失很多机会。”

“基本上这对你本身并无损伤，”我说，和卡尔搭档出牌。“除非你是把这件事当作借口，来逃避做你自己。”

我想起卡尔先前对卡罗琳的建议，便笑着说：“你也可以婉拒这份工作，变成一个酒鬼，这会让卡罗琳自责，怪自己不应该强迫你留在这里。”

卡尔：“或者，你可以接受对卡罗琳来说目前搬家还不太合适的事实，等过几年后再找个理想的工作。”

我对卡罗琳说：“或者，你可以同意去波士顿，条件是你要上前几个星期谈过想上的研究生院，让大卫负责请个人帮忙料理家务。还要他每隔一周的周末一定得休假。”我忍不住要调侃大卫对工作的偏执。

“是的，”卡尔说。“这一切充满了象征的意味。到底谁会是‘赢家’呢？其实，我们不必在乎谁输谁赢，解决的方法还有很多。”

他刻意在结尾之前停顿了一下。

“此外，你们也有权利决定不去解决问题，可以下结论认定婚姻就是这样。”

虽然在这次治疗结束之前又持续了一些讨论，基本上这番话就是我们的结论。

大卫前往波士顿公司面试和探亲的两个星期之前，我们又进行了一次面谈。过程中一片沉寂，显示我们的建议并没有被接受。大卫顽固坚持前往波士顿，卡罗琳变得非常沉默，但是对可能搬家的不满还是和以往一样强烈。夫妻俩互不妥协的姿态，突然令我们感觉十分不祥。似乎有某种强大的力量正在分化他们的婚姻，仿佛没有和解的迹象。所以，我和卡尔也不愿强求，只是陪着他们思索未来的发展。又一次，克劳迪娅是唯一流泪的人，她的家人并未察觉到她无声的眼泪。我和卡尔也只能陪伴他们，让他们自己去经历这一切。

大卫前往波士顿两天之后，卡罗琳给我打了电话。她的声音有点沙哑，显然才哭过。

"大卫已经走了，我可以再和你们见一次面吗？"语气相当悲伤。

"很抱歉，卡罗琳，"我说，"这恐怕不太好。目前的情势——已经微妙到我们不能冒偏向你这一方的险了。事实上部分问题很可能就是由于我们一直太注意你才造成的。所以尽管情况很艰难，你也应该坚强起来应付它。"

我的语气虽然很坚定，但是我确定她能感受到我的关怀。

"我料到你会这么说，"语气十分真挚，事实上，她好像反而解脱了。"无论如何，我感觉好多了。我刚才只是需要听听你的声音。"

第 17 章　痛苦的抉择
——离婚，剪不断理还乱

　　许多夫妻在面临婚姻困境时，很容易考虑以离婚来解决问题。但家庭治疗师的首要任务不是帮助他们做分或合的决定，而是帮助他们先看见更重要的事实：处理自我在婚姻与原生家庭里的微妙牵连。邀请夫妻双方的原生家庭参加扩大的治疗，使生命中的纠结有机会重整或局部性地解决，并促使夫妻对自己和对方有更温暖的洞察。

　　若有了孩子，打算离婚的夫妻往往会惊恐愤怒："我想要离开，却得不到真正的自由！"孩子是无法取代的纽带，是父母不可推卸的责任，这一切如何"摆平"——又是一个新的三角问题！如果再婚……

我怀疑抉择是在沉寂的深夜做出的。不论是长期冰河般冷漠的累积，或是突如其来的愤怒，这一刻的来临前，通常会有一段冗长而痛苦的互相折磨。曾经有如白昼般温暖、清明而安全的关系，现在起了变化，又仿佛无可挽回，使夫妻在黑暗错综的甬道中迷失了方向。他们失去了彼此，分别陷在密室里，即使得以在其中苟活，最后仍不免落入让人窒息的地狱。唯有在其中一人愿意挺身面对孤寂陌生的外界时，才可能看见一道门。这道门对任何有意义的关系来说都是既重要又令人恐惧的，夫妻必须忍受极大的痛苦及挫败才会跨出去：退出，离婚。

17.1 期待落空，关系终止

从1890年开始，美国便有了关于离婚的统计数据，除了几个时期以外，离婚率一直在稳定上升，自1890年至1970年提高了3倍以上。由于这些统计仅显示出结束的婚姻，也因为一般人一生可以结婚数次，所以这些数字通常只代表第一次结婚及离婚后再婚的情形。

一般而言，这些统计数字的增减都是相对平行的，在萧条时期下滑，在"二战"刚结束那几年攀升到顶点。另外，第一次结婚的夫妻数量开始逐渐减少，并持续至今。有一段时期离婚及再婚的数量曾下降，但在20世纪60年代离婚率又开始上升。10年之间，再婚率随着离婚率的增长开始往上攀升，原因是离婚的人开始找到新伴侣。从1970年起，离婚率突然急剧增加，但再婚的人数却没有同步增加。有篇学术论文曾对这一现象提出不乐观的展望："第一次结婚率不断降低而离婚率不断增加的现象，不能再无止境地继续下去，因为终会演变成没有人有资格离婚的局面。"

换句话说，如果目前的趋势继续下去，到某个时候就没有人是已婚者了！1967年约有50万人离婚，到1975年已超过100万人。对我们大多数人来说，这些不仅仅是数字，而是痛苦，是我们自己的、朋友的、亲人的痛苦。

一般夫妻离婚的可能性有多高？很难预料，不到死神拆散他们，谁也不敢说他们绝不会离婚。常见数字统计是，每10对夫妇就有3或4对以离婚收场。保罗·格里克（Paul Glick）及亚瑟·诺顿（Arthur Norton）于1973年，针对1940年到1944年间结婚的一群妇女，发表了一篇研究报告。在报告里他们预言，据实际搜集的离婚资料累计显示，一般估计的离婚率仍是偏低的。如果按目前的趋势持续下去，那么实质上会有超过1/3的婚姻将在法庭上结束。

据社会学家分析，离婚率急剧增加的原因有很多，涵盖了各个方面，但其中有几项特别突出。他们指出，当前的婚姻契约中隐含着一项新的条文，和旧式功利主义的婚姻协议不大相同：现在的婚姻允诺性的满足、浪漫的爱情、友谊陪伴以及安全感。卡尔和我想加上，同时也希望婚姻有心理治疗的功能，用以治疗在原生家庭所受的创伤及不幸。配偶相信这些允诺、期望将一一完成，结果落空了，他们就痛苦万分。许多夫妻不肯自省，亦不去质疑对婚姻的期望是否正确，却始终死死抱住梦想，为自己找台阶下，认定他们只是找错对象看错人而已。

然后离婚，继续让命运，而不是凭借努力来创造他们所期待的婚姻关系。同时也借离婚获得解脱，再去找另一个人来填补自己的期望。

事实上，第二次和第三次婚姻成功的可能性比第一次还小，从离婚者普遍失望的情形就可以明显看出。许多人不再像过去那样迅速再婚的事实可以证明，经验胜过天真的乐观，并教会他们谨慎行事。

17.2　离婚是预谋的结局

如果有任何一个离婚的种子是事先埋下的，那很可能就是在个人还没有形成独立的自我之前，便一头栽进婚姻这件事。虽然研究指出，晚婚的夫妻维持长久婚姻的机会较大，但年龄可不是唯一的变量。更关键的问题在于，结婚时两个人是否都已经历过一番心理空间的磨炼；在这段历程中他们独自与生命格斗，四无依傍只有靠自己，并且发现自己可以战胜孤独的恐惧。两个人都必须发觉他或她能够忍受最基本的焦虑，那就是，在这个可怕的世界上，自己是一个独立的生命体。在"忍受"之中，个人获得相当的自信、自觉及对自我的忠诚，这些都是与另外一个人建立稳固关系的先决条件。即使童年时期曾经历若干不幸，这段独立自主的时期仍可看作是"生活经验的治疗"。

许多人因为太早结婚而失去了这种从孤独中净化自我，及寻求更多自信的机会。他们只草草瞄了眼外在的世界，就十万火急地抓住一个伴侣。他们在婚姻中寻找足以替代原生家庭安全感的东西，即借婚姻逃离孤独。他们并不清楚，这么快从一个家庭逃到另一个家庭，很容易将他们在原生家庭中遭受的挫折也转移到新的婚姻里。

选择配偶很可能是每个人一生中最重要的决定。决定相互厮守不只是两个个体的抉择而已，这些抉择是在两人交往的过程中产生的，这个过程比他们当中任何一方都有力量得多。这种抉择将两个生命不可思议地"准确"结合在了一起——他们过去的历史、现在的状态，以及对未来的期望。不论快乐或痛苦，他们生命的意义都由此一抉择所总结。

维持或改变现状，永远是每一桩婚姻做抉择时必然考虑的双重主题。每个人都想要在配偶身上找到某些自己熟悉和新鲜的事物。一个年轻人看着他未来的妻子，会无意间感觉某些方面两人十分相像，并且她也很像他家里其他一些人。这种"熟悉感"在两人相处时相互影响，而且是彼此吸引的一个有力因素。他们的关系让他们觉得安全，仿佛"在家里"的感觉。对自己的成长过程越满意的人，越是会选择一个能使这种经验持续下去的伴侣。不论早期家庭生活的本质如何，每个人都迫切需要将早年发展出来的认同感维系下去。无一例外地，旧家庭与新家庭之间总是有着极密切的关联。

即使我们对自己的成长经验很满意，但总会多多少少对自己或原生家庭有不满意的地方。无意之间我们会期盼与足以带给自己新的人格特质、经验与关系的人结合。在建立自己的家庭时，我们希望能解决某些存在于自己原生家庭中的问题。如果我的家庭中不能公然吵架，我可能会想和一个在家里可以公开吵架的人结婚；如果我是害羞内向的人，我可能会和一个急躁外向的人结婚。借着选择配偶，我们期望获得"完整"——心理上的完整——因而不免期盼婚姻可以或多或少满足此类渴望。

为什么有些人会选择能使他们恐慌——事实上蕴含他们内心最糟的害怕的部分——的人为配偶？我们之前已局部回答过这个问题：一个人对认同感的需求非常强烈，因此这问题已经超越快乐或痛苦的范围。受虐待的儿童宁可待在施虐的父母身边，也不愿到寄养家庭去，等到他长大后也一样可能虐待自己的子女，尽管他极其憎恨自己的遭遇。一个人所知道的形式就是——他所认知的形式。

有些婚姻在一开始时便已悄悄酝酿着离婚的危险。这种"预谋"的缘起与双方的原生家庭关系非常密切。想到其中的痛苦，实在令人觉得很奇怪，两个人订下的婚约竟是他们内心深处最想挣脱的一部分，但也许这是他们眼前唯一可以用来解决问题的方式。

夫妻可能经由各种不同的途径走到离婚的险境，我们无法在此一一详细探究。虽然结婚两个月到四十年之间，夫妻随时可以离婚，但从离婚案例来看，一般婚姻的寿命平均约为七八年。离婚的夫妻可以列出一大堆对婚姻的抱怨，但卡尔和我却发现许多夫妻在离婚之前都有某种共同的互动出现，其过程与我们在布莱斯家所看到的很类似。

17.3 冲破僵化，长大分离

结婚之初，夫妻双方均觉得相当没有安全感，他们将独立的能力及需求合并成了一个紧密依赖的组织。有一段时间这种一体的关系确实能起到很好的作用。两个人都觉得在这"假象治疗"的协定下可以得到某种保证和保护。

等到他们开始觉得很不对劲时，最先的焦虑是模糊感到自己在婚姻中受到压迫和限制。维持强烈的依赖关系必须得下很大的功夫。由于双方都不敢冒险拒绝对方，因此两人就得压抑心里许多可能令对方不高兴的感觉。抑制自己的需求以取悦对方，短时间还容易做到，但几年下来婚姻便开始变成一大堆的索求，置身其中，只觉得自己渺小不堪，毫无意义。这一大堆令他们备受掣肘的索求，实际上是一种双向的依赖，但他们却认为婚姻才是枷锁。

他们迟早会感觉自己被遗弃了。就如我们所见，配偶间这种非专业的心理治疗确实可以疏解一些小的压力，但总有一天会失效、失败，尤其是在双方面都遭遇到重大压力的时候更是如此。妻子一个人和两个孩子待在家里，她因为所承担的责任及与其他成人世界隔绝而感到恐慌。同时，丈夫也因必须焦急拼命在事业方面追求"成功"而陷入自我怀疑。他垂头丧气地回到家，希望得到她的同情和安慰，而她也怀着同样的希望。就在彼此最需要对方的时候，两人都得不到对方"父母般的抚慰"，因为双方都在等待对方给予。

重大的压力令夫妻觉得被紧紧束缚在一起，他们一旦察觉从对方得到的帮助有限，便会感到孤独。如果夫妻俩早年都曾卷入父母的婚姻，或曾被遗弃，而且都没有从原生家庭中脱离独立的经历，则一般的婚姻压力就可能唤起童年时代一些潜藏的恐惧。他们开始觉得婚姻似乎不过是原生家庭的复制，逼得他们重演童年时代不愉快的经历。大多数人考虑离婚，只是要保护对他们而言极其重要却又很脆弱的东西：他们的认同感。

夫妻面临婚姻困境或感到被遗弃时，可以用各种复杂的方式来做出回应。压力增加时——几乎所有重要的生活压力均如此——夫妻俩因为害怕被困在婚姻里而惊慌起来，或者恐惧于向对方求助时尝到闭门羹的滋味。如果他们的弱点类似，那么至少他们有可能了解彼此的困境。然而如果两人所畏惧的东西并不同，例如一方对忽视极其敏感，另一方则很怕被束缚，那么他们就会很难同情对方。

每个人的防御机制都将促使问题恶化，上述情形尤其如此。当他（她）觉得被抛弃时，他（她）很自然要去寻求亲密，但这种做法却加重了她（他）原先对束缚的恐惧。他们所面临的"敌人"不只是眼前互为配偶的挫折危机，而是他们自身。两人都很焦虑时，他们无法沟通，有时候他们甚至会怀疑彼此是否身处同一个世界里。

夫妻求助治疗时，心里多半很清楚离婚的可能性，在此之前他们已历经沧桑。他们老早就放弃了妥协和包容，改用愤怒强迫的态度要求对方改变。他们也许已经重复了百万次这种绝望的循环："你改变！""不，你才要改变！"当两人都已放弃要对方改变的期望时，事实上，他们两人已经暗暗改变了。他们在一起多年来经历过无数的挑战，如生育、照顾孩子、赚钱维生、应付现实的危机、与人建立友谊等，他们从其中获得了相当的自觉和自信。婚姻的束缚显然使他们无法安然享有这初生的自我意识，但至少他们现在已有勇气考虑放弃这个长久以来几乎是生存所不可或缺的牢笼。事实上，在他们看来，最后唯有摆脱婚姻，才能"长大"并"成为自己"。

这种根深蒂固的束缚和遗弃已经僵化到了彼此无法忍受的地步。想要离开的一方就被选择为追求个体化及向外冒险的先锋，通常这是较害怕束缚的一方。比较恐惧被遗弃的一方则代表保守的立场，主张维持稳定婚姻和两人继续在一起。

　　夫妻同时也会在不知不觉间制造分离的机缘，促使他们之间的战争升级：他的外遇、她的工作、他的母亲——问题本身其实都是小事。由合而离的过程反映了双方对"再生"与丢弃"家庭意识"的渴望——家庭总是在否定他们的人格。最后，不论付出什么代价，他们都决定要成为独立的两个人。

　　治疗师与夫妻所做的有关离婚的协议，可能是治疗中最关键的要素。与夫妻协商约定是件极其微妙的事，因为离不离婚可是颇具爆炸性的问题。我们如果提出要协助他们重建婚姻，就等于违背了迫切想结束婚姻那一方的意愿。我们如果提出协助他们离婚，就似乎又背叛了将整个生命都依赖于稳定婚姻的那一方。

　　我们向夫妻解释，他们婚姻的基本问题很可能是由于缺乏独立的自我与两个个体的人格，而通常也无须费力便可举证支持这种说法。我们只要指出他们之间一再重复的冲突循环，以及双方都无法克制自己制造冲突就够了。我们敢说许多离婚都不过是一纸法律文件而已，对改变夫妻之间纠结不清的关系少有益处。很多夫妻在法律上是离婚了，但在情绪上却还没有分离，他们继续在内心或借助子女活在婚姻之中。

　　想使离婚变得有意义（我们也很强调这点），包括自己获得心理上及法律上的自由，他们就必须拥有与维持良好婚姻相同的东西：真正独立的个人。不管他们的婚姻如何抉择，他们都必须抛开彼此纠缠不清的念头，必须产生真正独立自主的意识感。"让我们协助你们独立，"我们指出，"在你们达到这个目标后，再决定如何安排婚姻。如果你们等一段时间，就可以更从容地做正确的决定。"我们用这种方式避免偏袒任何一方，让夫妻双方都从治疗中获得希望。我们也替自己安排适合治疗师做的事——协助他们获得心理上的调整，而不做有关现实的任何决定。局外人不该越俎代庖，取走导引他们做最重要决定的罗盘，既然一定得走这条路，他们得先做好准备。

对我们而言与他们协商离婚是很困难的，然而对他们是否离婚一事始终保持绝对中立却更为困难。由于受自己生活所影响，直觉上我们都偏向劝合，并且致力往这个方向推进。所以事先可能会警告来治疗的夫妻，我们绝对中立，但有时也会动摇。卡尔通常会笑着补上一句："你们也得在另一方面防着我一点，因为我可能会无意间鼓励你们离婚，好让自己替代性地参与其中，这么一来我就可以知道离婚是什么滋味了！"

17.4　原生家庭加入面谈

来治疗的夫妻所面临的不论是离婚危机或其他困境，我们导引家庭治疗的取向基本上都是相同的。即使是一桩婚姻已依法结束，分开的夫妻在继续照顾子女上，仍需维持"有限度的配偶关系"。不管他们的婚姻未来命运如何，我们都希望他们关系的"品质"能够改善。事实上，夫妻通过治疗而协议达成"友善的"离婚是很常见的：他们渐渐了解一些会联手破坏婚姻的心理力量，因此他们"原谅"了彼此，虽然很遗憾无法再共同生活，但分手时不至于太痛苦或觉得一败涂地。

如果所处理的问题是离婚，那参与面谈的成员关系就会相当复杂。孩子必然要包括进来：他们必须知道父母为什么会离婚，让他们清楚明白错不在他们，同时也向他们一再保证，父母双方都还会继续陪伴他们生活。孩子在场也能促使父母不那么轻率、孩子气。

如果夫妻中任何一方有外遇，我们也会经常要求他们将情人带来参加治疗。第三者总会不约而同扮演业余治疗师的角色，如果我们要和他们的关系一较高下，就得与他（她）接触。有些案例中，外遇的当事人会同意暂停往来，让夫妻可以为婚姻好好努力一段时间。第三者也可能与其他人一起参加治疗，通常是他（她）自己的配偶。有时候外遇实在太过复杂，显然这时第三者的婚姻也必须加入治疗。这当然是充满压力和紧张的工作，但总比各种力量暗潮汹涌要好。如果参加的各方都同意在治疗期间暂时停止性关系，压力就会大为减轻。

从事任何家庭治疗时，我们都希望接触到夫妻双方的原生家庭，这在处理离婚问题时特别有用。夫妻双方的父母在帮忙时常常会过分干预，越帮越忙，因为他们都太偏袒某一方，使夫妻承受的压力更大。我们要求夫妻将双方的原生家庭带来参加至少几个星期的面谈，如果可能，我们希望他们更多地参与进来。

请夫妻的原生家庭参加扩大治疗，有助于阻止他们随意"干预"当事夫妻的问题，同时也会带出更多正面的贡献。治疗师想要培养夫妻双方的洞察力和情感共鸣，最好的方式莫过于与他们的原生家庭共同面谈。而且如果我们能"了解"——情绪和认知上的了解，我们或许可以协助夫妻更敏锐地认识其婚姻困境缘起的背景。

夫妻的原生家庭成员来参加治疗的身份并不是病人，而是年轻家庭的治疗"顾问"。当然，面谈总是会再掀开他们家庭中埋藏多年的冲突。已经作古的人、小心翼翼掩饰的秘密等都有可能冒出来。由于很多小家庭的问题都是夫妻双方从原生家庭带过来的，重新引发原生家庭的冲突，有可能使"病人"的婚姻压力稍获减轻。如果丈夫畏惧妻子对他的依赖，那么了解到他的反应多半与他的母亲曾经对他过度依赖有关，不啻会是重大的启示；而且如果这两个女性同时和他一起参加面谈，他也很难逃避，而必须去面对这样的关联。由于原生家庭中的问题与夫妻婚姻问题之间的关联越来越明显，年轻夫妇可能会视原生家庭为他们"共同的敌人"。

然而原生家庭参加的扩大治疗并不仅仅是引发冲突而已。由于原生家庭之间的不和曝光后，不协调的部分会获得改善，或至少局部问题可以得到解决，这种"热身"也使得夫妻感到不再与自己的家庭那么疏离。这种扩大治疗所衍生的温暖对夫妻关系的改善非常有益。假使妻子想和丈夫离婚，是因为他似乎总是如她父亲一样冷漠、拒人千里之外，一旦她和父亲间的关系变得比较亲密，她就比较不会对她的丈夫吹毛求疵。即使与父母的关系只是局部改善，都可能具有极其重大的意义，因为这种关系是许多后续关系的源头和模范。原生家庭加入的扩大治疗通常颇为低调，仿佛平淡无奇，外行人看来可能无关紧要。但其中父母的几句话、一个眼神、语气中一丝温柔的变化，都可能具有非凡的意义。

随着治疗一路开展，如果夫妻明显想要维持婚姻，那某些主题就更加值得注意。我们也必须强调，他们之间的问题双方都有份。再也没有什么比耗费数月时间听他们夫妻争吵谁该受责备更无聊的了。我们还推动他们认清："双方"对彼此关系都有矛盾的感觉。即使他们其中一个"特别擅长"悲伤，另一个总是很生气地退缩，两人通常还是很关心对方，也都无法确定他们是否希望继续维持彼此的关系。如果夫妻双方能够认识到这点，共同担负这种两方面的矛盾，则"我对你错"两极化的感觉便有望减轻。

　　几乎所有的夫妻都必须学习怎样使争吵更具建设性，以及怎样解决彼此间的争议，但总有些夫妻就是无力摆平他们之间的重要冲突。这样的夫妻能做的充其量就是避免冲突，甚至避开对方。他们应该学习怎样不争吵，这意味着他们得学着抗拒对方的诱导。唯有个人化的历程不断展开，同时夫妻双方都有越来越高的自我意识和自我控制能力，这个艰难的目标才能达成。

　　在治疗的某段时期通常将出现抉择的时刻。他们应不应该离婚？如果治疗师很谨慎，在夫妻为做决定而痛苦挣扎时，他（她）只需"在那里"。决定之后——我们从来无法知道会是什么决定——就有很多工作要做了。如果他们决定继续维持婚姻、继续奋斗，心理治疗便往下进行，并可以设定新的目标。最后夫妻会在心中产生共同的愿望：我们要一个更好的婚姻。

　　如果决定离婚，那么同样也会有解脱的感觉，新的目标亦随之而来，即使接下来要做的工作很不一样。首先会有很多的悲伤——每个人都悲伤，即使治疗师也是如此。夫妻在面对分配财产以及安排新的住所、工作、新的生活时，首先必须克服独自面对"美丽新世界"的恐慌。同时，夫妻得知由于子女的缘故，他们落入必须继续维持关系的"陷阱"时，心中会产生各种各样的警觉。在了解由于子女的存在，彼此间的关系牵扯之深，真正离婚之困难时，他们会真的感到恐惧。我认为离婚的痛苦争执多半源自这样的恐惧，夫妻俩都暗自抱怨："我要离开，可是我好像得不到自由！"随他们离开原生家庭而步入婚姻的那种如影随形的"囚禁"感，到现在仍然不放过他们。

　　卡尔和我总是会以温和而坚定的态度处理夫妻在这个问题

上的焦虑不安。我们告诉他们这种直觉很可能是对的：有子女
梗在其中，想要在离婚后得到真正"自由"几乎不太可能。他
们永远无法撤回子女对他们无可取代的信任。但如果全力以赴，
他们不仅能保持在子女身上投注的心力，同时还可以在从前逝
去的部分，填补上新的人、新的经历及新的生命。接着我们便
得一肩挑起为帮助他们做到这一点而纷至沓来的种种复杂挑战。

　　处理离婚问题时，并非只是在夫妻积极酝酿离婚的阶段，
我们时常在夫妻达成"悬而未决"的离婚协议后好几年内仍然
和他们一起工作，甚至常常延续到他们已经再婚。即使他们已
经合法再婚，他们在情感上还是联系一起，并通过子女互相传
递彼此的信息。

　　我记得曾和一个家庭有过深切难忘的面谈，这个家庭有一
对十岁的双胞胎男孩因为偷窃推土机而被捕。他们的这种不当
行为几年内越来越严重，并成功地促使母亲和继父离了婚，因
为他们对如何处置这两个孩子常起争执。这位母亲透露了孩子
犯罪的关键，也勉为其难告诉了我们当初和孩子的生父离婚的
原因，她说她厌倦了供养丈夫。那么她丈夫在工作上有什么麻
烦呢？他一直在被炒鱿鱼。为什么被炒鱿鱼呢？因为偷窃。虽
然两个孩子并非有意识地了解这些偷窃行为，但他们显然发现
了一个可以使母亲继续与父亲保持关系的方式——通过模仿父
亲的行为而联结双方。他们努力破坏母亲第二次的婚姻，好使
父母再度复合，而这对离婚的夫妻也以各种微妙的方式合作了
起来。

　　这些再婚的治疗常如梦魇般复杂，参加治疗的人包括夫妻、
他们俩的子女、各人前一次婚姻中的子女、一位或一位以上的
前任配偶，以及各种关系的亲戚等。我们并不是为了壮大声势

才聚集这些人，而是因为他们之间都有争端，而且通常已经伤害到了其中一个或更多的子女。终止争吵唯一的办法是将他们聚集在一起。治疗师必须有很大的耐心、相当坚毅的态度、高度的幽默感，当然，还要有一位辅助治疗师！

　　由于对离婚家庭的治疗非常吃力又极其艰难，所以随着家庭治疗的发展，可能会成为这个领域中的一大支派。很难想象还有什么情况，会比家庭经历"关系死亡"这么巨大的痛苦更需要援助。如果历经这一切之后得以"重生"，这一点将会使更多家庭愿意接受此一过程无比艰辛的专业协助。

第18章 大 卫
——拼命讨好的儿子，隐形的替罪羊

　　大卫去了一趟波士顿，与卡罗琳小别，二人都非常痛苦，整整两个星期音信全无。他们都为离婚的念头而恐惧，但也第一次发现分离并不像预想中那么糟糕，每个人都有了独自生活的能力。这段期间克劳迪娅成了卡罗琳很大的支柱，母女间越发亲密。大卫回来后，全家反而奇妙地融洽和谐了起来。但卡罗琳敏感地察觉到丈夫有点不对劲，仿佛心不在焉。在面谈中她显得很愤怨，甚至表示对二人关系已彻底绝望。

　　大卫在治疗师一再支持之下，终于透露出心中隐藏多年的秘密：他父母的关系令他焦虑不安。更令他恼火的是工作、搬家，这些都像一只看不见的手一样在背后操纵着他。

心理治疗是一个有节奏的过程，而面谈之中和之外的事件都非常重要。大卫离开的那段日子里，我偶尔会想起布莱斯家发生的一切，揣度将来可能的发展。

远方突如其来的工作机会，有如晴天霹雳，对大卫和卡罗琳的婚姻造成了致命的威胁。他们的婚姻其实一开始就有结构上的问题：僵化、压抑、情感保守的"生活规则"。这种左右他们的规则继承自双方的原生家庭，使得他们焦虑、依赖、自我牺牲，并且不断压抑自己的情感。为了保持感情上的安全感，他们付出的代价就是情绪死亡、麻木。

卡尔和我曾经一再鼓励大卫和卡罗琳多冒点险改善关系，更独立一些，分享挫折困顿的感受，更大胆一点，自发性更多一些。我们鼓励他们活得自然、自在，不必局限在自设的框架里。多冒险尝试解放一些被表面乏味且规律性的生活所压抑下来的各种混乱、恐惧、激情和愤怒等情绪。

我们相当清楚，"开放自己"对这对夫妻可能意味着不可收拾的灾难。因为有太多小心贮藏积压的怨恨，太多没有机会实现的愿望了。因此，想要戳破他们虚有其表的生活，就必须冒场面失控的危险。难怪他们会拖延这么久。可是现在情况不一样了，我们几乎能听到磨刀霍霍的声音。

这对夫妻打破婚姻惯性的态度，现在越来越积极了。如同如今许多女性，卡罗琳最先听到"寻找自我"的召唤，并且采取了行动。与此同时，家庭治疗是她寻求改变最迅速的刺激，参加妇女团体，或朋友的鼓励，也在驱策着她。妇女们在家庭中的地位愈显重要，可是男性却像大卫一样，安于他们并不满意的角色，一点也不想改变。夫妻双方都受到同样的鼓励，但只有卡罗琳付诸了实践。

家庭治疗存在于妇女追求心理成长的社会，她们的改变令人备受鼓舞。在我们接触过的家庭中，几乎都不难看到妇女运动的影响，心理治疗和治疗师当然必须有所回应。改变的日程并非由治疗师事先设定，而是握在被治疗者的手上。即使布莱斯家没有来治疗，卡罗琳仍然可能率先追求自我。但现代家庭生活变数太多，因此，参加治疗与否，便有着决定性的影响。当妻子母亲尝试追求复杂的改变，即解放，未获得先生和孩子的合作时，很可能在建立自己的人格之后，受到强烈痛苦和内疚的煎熬，而最昂贵的牺牲很可能是婚姻。但如果整个家庭，尤其是配偶，能同心携手共度这恼人的转型期，则结果一定是正面的。有母亲做开路先锋，全家每个个体不但可以更加独立自主，更能建立起一体的共识。

卡罗琳利用了此次治疗。她开始发掘自己的新潜能，寻找新的行为方向，并且追求新的自我认同。我和卡尔虽然重要，但基本上这段心路历程是卡罗琳自己走出来的。正如我们陪伴许多家庭探索一样，卡罗琳虽会不时陷入绝望，或是斤斤计较眼前的挫折，但是我们可以看到一个个体正在变化的过程。卡罗琳站在充满希望的"前沿"，对她来说是非常有利的。作为一个个体，她愈发朝气蓬勃。

18.1　互相威胁的默契

常见的错误是只考虑到个人。卡罗琳是否真正在独立地追求自我？抑或是夫妻俩下意识将卡罗琳的问题当成意见分歧的关键，甚至离婚的借口？卡尔和我因为很满意卡罗琳的进展，相比之下便对大卫在治疗上的缺乏参与而担心。我们以言辞相激，希望他更为积极，可惜并不管用。当他宣布波士顿的工作机会时，我们都愣住了。我们记得大卫一直在从治疗中退缩，他抗拒改变，实际上是不是想从婚姻中撤退呢？波士顿之行是否是他下的战书？

夫妻俩对这件事的看法是悲观的。卡罗琳认为搬家只会瓦解她目前在家庭外的世界里所做的微薄的努力，她极不愿意就此放弃。对工作狂热的大卫则认为，他太太明摆着是要他放弃他最热爱的东西——他的自我认同。搬家唤醒了他们由来已久的恐惧，这是一场决策争夺战，只有一个人能赢。好的方面是，他们互相竞争的现象证明了以往虚伪的共生已经不再。现在，最起码，有一个人会达成自我实现的心愿，不论另一位是否满意。

因搬家而凸显的竞争，显示了这对夫妻对改变的焦虑。卡罗琳被"选择"追求更高层次的个体经验，大卫也被"选择"抗拒或压抑这股进取的力量，双方都对变化心怀忐忑。他们采取敌对的立场，象征他们对成长有着爱恨交织的矛盾心情。

我们很容易会误以为大卫是故意要破坏卡罗琳的成长。毕竟，此时搬家的确可能瓦解她花的心血、逼她退回温顺妻子的角色。同时，还可以名正言顺地将她与治疗隔离，让我们无法以潜在的影响协助她摧毁家庭的结构。这样的误解等于忽视了卡罗琳是"婚姻密谋"的一部分，也是主导整个剧本的主角。

我们再三强调，个体常受婚姻控制。

1.卡罗琳被选择要为个人的成长而行动。

2.大卫起初还很合作，但最后却变得不安起来（甚至嫉妒），提出一个抵制威胁的对策（我们搬到波士顿！），暗示妻子放弃她的主动权。

3.卡罗琳很有默契地迎合丈夫的威胁，开始考虑放弃她自己的成长。但是，她还是有所抱怨。

4.大卫想换工作，有两种用意。一方面是阻止卡罗琳成长，另一方面是为自己着想，认为新的工作能促使自己成长。因此，卡罗琳一抱怨，大卫就认为她存心破坏他的计划。

此处有必要再次强调，这对两难困境中的夫妻早已培养出了一套互相威胁的象征语言，同时也很有"默契"地任由对方阻止自己。他们并未发觉，真正的敌人其实不是他们的配偶，而是他们的内心。这种自我设限的心理通常来自原生家庭。卡罗琳责怪大卫从中作梗，却也甘愿受他威胁，大卫也同样接受着卡罗琳的指挥。夫妻双方都用这种方式逃避自我失败的责任，他们构建了一种"妄想"状态，认为对方持有决定自己能否改变的生杀大权。

想终止这种恶性循环，对当事人而言是相当艰巨的任务。夫妻俩要学习的不只是沟通。他们必须更加了解自己，肯定自己，必须"发现"独立于彼此的生活。通常，配偶之一会被选出作为第一个打破婚姻共栖的人，"不忠"于婚姻，以便重新忠于自我。在转变的过程中，这个人需要支持，治疗师是可以求助的理性的对象。情人、亲戚、朋友，可能会误解他（她）真正的目标，而一味袒护他（她）。支持一个人追求自我是非常重要的，如同我和卡尔支持卡罗琳。但是整个家庭系统因为个体化而失去平衡时，家庭其余成员也会需要帮助。而"固守不动"的另一方，其日益上升的焦虑，就会变成非常关键的因素。这些戏剧性的转变会在治疗的晚期出现，治疗师必须照顾每个家人以及他们之间的关系。这种时候我们会愈发认识到辅助治疗的重要。

卡尔和我相信卡罗琳有心打破婚姻的僵局。大卫会不会接受挑战和开始自我成长，则有待观察。真正的问题在于大卫是否敢冒险充当"病人"，并和卡罗琳一起做个追求自我的冒险家。不管大卫做何决定，都无法动摇卡罗琳追求自我的决心。她坚持为她自己奋斗到底，不计任何代价。婚姻的安危似乎系在了大卫是否有意愿改变之上。

两个星期过去了，我们没有布莱斯家的任何消息。到了第三个星期，仍然音信全无。一直到星期五，卡罗琳打电话给卡尔，请求约个时间。我们在下一个星期二，也就是六月的第一个星期二晚上见了面。距离第一次面谈几乎有一年之久，而距最近一次面谈也将近一个月了。

全家人都到齐了，他们陆续进入卡尔的治疗室。我对于时光的流逝突然感到很惶恐，虽然我和这家人曾经那么亲密，曾经那么关心他们，如今他们对我们来说却有如一群陌生人。我们曾经仿佛家人，但现在他们掌握着自己的命运，不再需要我们了，我们之间悄然出现了一种疏离的感觉。

大家寒暄时，我打量着他们，想猜一猜在这段时间到底发生过什么事情。就在这时，我发觉自己对每个人都有了新的发现。治疗中断显然刺激了我习惯性的观察，使我更仔细发觉了他们一家人在这一年中最明显的改变。劳拉看起来没有当初那么"快乐"。开始治疗的时候，她还只是妈妈的乖女儿，这种特殊的身份正好保护着她。现在，她没有那么黏卡罗琳，比较严肃，也更了解家庭的处境了。我怀念以前那个小女孩，但我也喜欢这个坐在沙发边上的小窈窕淑女，显然她正为家人烦恼呢。

我发现丹很快度过了青少年的愤怒期。他长高了，也比以前瘦了，更正经了些。声音变得比较低沉，瘦高的骨架愈来愈像他父亲。印象中，丹是个小家伙，散漫、爱闹别扭、不快，特别爱嘲讽，却又不知所云。现在，这些都不见了。他似乎变得更有条理、更虚心，也没那么有防御性了，嘲讽还是有，但是添了些体贴和关怀的意味。他一个人坐在房间中央两张并排的椅子上，还是无精打采的样子。

18.2 分离的经验

克劳迪娅跟她母亲坐在我们左手边的沙发上。她刚洗过头，蓬松的发丝散在肩上，身上套了件印花T恤和牛仔裙。她看起来像其他人一样严肃，但并不紧张，甚至称得上容光焕发。我想她的心满意足一定跟母女俩明显的亲密有关——她们之间漫长而可怕的疏离终于结束了。

卡罗琳的打扮跟女儿很像，只不过，她的裙子比较正式，大概也更昂贵一些。我在想，她为什么剪短头发呢？剪得又短又卷，看起来比以前年轻了许多。她显然在生大卫的气，故意不看他。在我看来，虽然现在夫妻不和，但她过得还不错，显得很镇定、坚强、充满活力，尽管生气，却并不沮丧，也不觉挫败。

但是，噢，大卫可不一样！他看起来疲惫、紧张、苍老。

他下巴紧缩，仿佛预感将要面临无穷的审判一般。大卫一向脾气好，非常理智，从不情绪化。这是我第一次看见他垂头丧气，我的感觉很暧昧，有点罪恶感，心里又偷偷高兴。

一阵沉默后，丹非常认真地替面谈起了个开场白。

"惠特克医生，"他说，"家里的孩子们都很好，可是我爸和我妈，呃，却是另一回事。"

老掉牙的嘲讽，但其实是担心。

卡尔对这个坏消息报以微笑："结婚将近二十年，也该是对婚姻认真思考的时候了。"

丹轻笑，但其他人却没什么反应。

卡罗琳瞄了克劳迪娅一眼，仿佛想借此增加自信，然后，又望着我。

"这些日子，发生了很多事。"她似乎在梳理自己的思绪。我们静静等待，一阵沉寂过后，她开口了，语气仍不太肯定："上次面谈的时候，发生了什么？"

克劳迪娅朝母亲微笑："爸正要离开我们。"

"哦！"卡罗琳霎时恍惚起来，然后，又恢复了镇定。

"对，我想那星期是我有生以来最艰难的时光。"她看着卡尔，"有关工作和搬家的事，我们大吵了好几次，无论我们怎么努力，都没办法再补救。我们越来越疏远，也越来越愤慨。'离婚'这个字眼冒出来好几次。后来他就走了。"

她停下来，回忆起沮丧的过往。"我早知这一刻一定会来临，可是我还没有心理准备。他去机场的时候，我几乎不敢相信那是事实，他真的要走了。我环视这个家和三个孩子，突然间，他们仿佛只是我一个人的，那是我这辈子感觉最孤独的时刻。"

大卫愤愤不平地插嘴："我自己也不好过！"

卡罗琳："至少你还有地方可去，我只能待在家里，眼睁睁看你离开。离开和留下差别是很大的！"

我感觉到他们的冲突正在渐渐扩大。

"我不觉得有什么太不一样。"大卫的语气颓丧，显然想逃避这场争吵。

"你能往下说吗？"卡尔问卡罗琳。

"嗯，真是可怕透了！我待在家里一个星期，如果离婚，那我该怎么办？越想越难过。我想象自己带着三个孩子，没有一技之长，这地区去年已经请了六位老师了。后来，我想到就生气，这些年整天柴米油盐把自己弄成今天这副德行。我感觉到自己对大卫那种恐怖的依赖，依赖大卫，我痛恨那种感觉。"

停了一下，全家人静静围绕着她。卡罗琳向左边转身看了克劳迪娅一眼，两人目光重叠，眼神充满关怀。

"后来发生了一些事，应该说是很多事。我打电话给你，纳皮尔教授，虽然你没有说什么特别的话，但我感觉得到，你的语气里充满了支持和关怀。和你说话对我有很大的帮助。"

她又回想着，"这大约是第一个星期的状况。"

又一阵静默。

"有天晚饭后，克劳迪娅走进厨房，当时我正坐在餐桌旁，双手掩面。我想我看起来一定万分沮丧。克劳迪娅坐到我身边，搂着我的肩膀，很温柔地问我怎么了。"卡罗琳的声音轻轻颤抖着，"我忍不住悲从中来，号啕大哭。而克劳迪娅就像我母亲一样安慰了我。"

两位女性，我突然感觉她们两位都是成熟的女性，她们又互看了一眼。克劳迪娅伸出手来，紧紧握住母亲的手，彼此互相凝视。有一段时间，没人开口，在缄默中，我感到胜利的喜悦。不管他们之间还有多少困难，卡罗琳和克劳迪娅握紧双手，对母亲、对女儿，或整个家庭来说，都象征着无声的胜利。

卡罗琳继续叙述："克劳迪娅表现得太好了。她说即使我和大卫离婚，她觉得每个人都能生存，甚至是我。"接下来是意味深长的停顿。"不过，她不认为我们真的会离婚。"

这时，我发觉母女间的亲密已经被夫妻间的冲突压过，她的悲痛如此强大、如此蔓延，足以使任何事件为之中止。我听得出卡罗琳的痛苦，她的用意再清楚不过，娓娓诉说女儿的爱心，正凸显了大卫的无情。尽管她努力想赞美克劳迪娅，但实际上，她是在谴责丈夫。

卡罗琳话中交替出现的温情和怒气令我困惑，我还不明白她和大卫之间到底出了什么事。

"后来呢？"我问。

"我开始感觉好受一些。"卡罗琳说得斩钉截铁。"我环顾四周，决定要试试看。或许能找到工作，可以活下去。面临可能离婚的局面，我的感觉虽然不能说是轻松愉快，但是心情不免错综诡异，又担忧又有点兴奋。就这样两个星期过去了，没有大卫任何消息。"

18.3　转机乍现，却到尽头

卡罗琳略显犹豫，皱着眉头。

"然后星期一晚上，他终于打来了电话，我们谈话虽不太自然，却没有预想的那么糟。大卫兴致盎然地形容了波士顿和它的文化优点，也谈到剑桥市和查尔斯河。在他提到很有希望得到那个工作时，我的心开始往下沉。然后，他告诉我，他向分公司透露我很不想搬家，告诉他们这对我们夫妻是个难以取舍的决定。"

卡罗琳等了一下，借以强调这个转折点。

"突然间他说的'对我们夫妻'，他真的告诉了公司我反对的事，似乎他很把我的看法当回事。我们两人将要一起做决定了，我觉得很高兴，毕竟我所有的泪水和争吵并没有白费，他终于听到了我的话，而且很认真听了我的牢骚！他虽然没有直接说出来，但他的语气中有一丝和解的意向。他并没有说他想念我，也没有向我道歉，可是我依稀感到他有了改变。他不再那么冷淡，也不再那么顽固了。"

卡罗琳小心翼翼看着大卫，后者回避了她的目光。

"你那时候感觉怎么样？"卡尔问大卫。

"四面备受压力。"大卫冷静地说。

"能让我先说完吗？"卡罗琳打断他的话。"我也非常愿意听听大卫那一边的意见，可是我希望先把我的话说完。"

语气坚决有力。我想起治疗刚开始时她颤抖微弱的声音。

"当然可以。"卡尔说。

"在那之后，我们又通了好几次电话，情况越来越好。大卫花了好几个小时在剑桥市找房子，他甚至还打电话询问了附近一些大学有关社会工作方面的课程。"她微微一笑，岔开叙述的故事。"真不好意思说出来，我对心理治疗这方面很感兴趣，考虑修个社会福利工作的学位。"然后，又回到原先的话题。"我开始对搬到波士顿感到兴奋无比，我和大卫都觉得轻松了很多。也不知道怎么会变成这样，原本还常常大吵着要离婚，现在居然在电话里兴高采烈地谈论搬家的事情。但这并不是突然的转变，而是慢慢改变的。"

卡罗琳停了下来，或许被自己前后矛盾的叙述给弄糊涂了。

"等到大卫要回来的时候，我高兴极了，我决定去接机，带孩子一起去。出发的时候，大家都非常兴奋，劳拉甚至做了一块牌子，上面写着'欢迎回家，爸爸'。"

这时夫妇俩都看了劳拉一眼，劳拉自己也很高兴有人提到她。当卡罗琳叙述时，一家人都随着卡罗琳的回忆而备感温馨，室内的气氛也轻快了不少。

"我还做了爸爸最爱吃的点心，蛋黄派。"克劳迪娅得意地说。

大卫有点装模作样地清清喉咙，很幽默地说："别忘了，我送了你妈妈一束花。"

"这个嘛……"丹怀疑地说。

"你知道，这对我来说，是相当浪漫的举动。"大卫说，主要是向卡尔夸耀。

"我很感动！"卡罗琳认真地说。她沉思片刻，微笑着，"对形同离婚的夫妇而言，这真是一次完美的复合。"

"那么你到底在气什么呢？"我问。

"我就快要说到那里了。"卡罗琳说着说着，态度越来越严肃。"我们度过了一个愉快的周末。全家都对搬家的事兴致勃勃，我们一起看房子的图片，聊着波士顿的一切。大卫和我起先有点不自在，后来就好多了。当天晚上，我们有了很好的性生活，好多年不曾这样了，第二天晚上也是一样。"

我很讶异，她已经能在孩子面前从容地谈论性的问题了。

"是什么坏了好事呢？"我继续追问。

卡罗琳立刻怒气冲冲转向大卫，对着他说："那就要问他了!"

接着是强烈而沉静的停顿。然后她又转向我们,继续控诉道:"我不知道出了什么问题。我觉得棒极了,可是大卫却开始退缩。他沮丧不堪,也不肯告诉我原因,我根本无计可施。最后,他变得沉默寡言、闷闷不乐。我的结论是,他变心了。尽管我愿意牺牲我的家、朋友和社区去迁就他的工作,他还是觉得我不够好。"

她感到很气愤,认为大卫是在拒绝她,显然也很伤心。她的怒气逐渐上升,充斥在字里话间,倾泻而出。"我的意思是,我不知道他到底要什么!我能做的都已经做了,他还要我怎么办?"

"听起来你很伤心。"我笨拙地说。

"你当然说对了,我——"卡罗琳无以为继,泪眼婆娑,她闭起眼睛,还想遮住脸,不让我们看见她的痛苦,她痛苦扭曲着脸孔不让自己哭出来。渐渐地她做到了,她镇定了下来,感觉过了很久,才转向我们。

"我很想攻击他,再好好大吵一架,但是,我决定不那么做。"说这话时声音提高,努力想使自己不哭出来。

"我绝不再祈求大卫来爱我。"语气相当决绝,仿佛已经走到路的尽头——不再是意志的问题,而是已经到达尽头。

"所以,我也退缩了。"沉默,重重的沉默。"我坐在这里,在等待。"

我以为她已经说完,可是还没有。她下面的结论,简单而实际:"我不知道还能等多久。"

卡尔和我不约而同地看向大卫,他看起来仿佛老了很多。卡尔代表我们,温柔地说:"听起来,好像该轮到你了,老先生。"

大卫看着卡罗琳，他的原告，用轻柔却紧张的口吻说："卡罗琳，不是你的问题。"

"那么是什么呢？"她的语气夹杂关切、气愤，还有急躁。

大卫缓缓摇摇头，视线转到一边，"实在太困难了。"

"我可以猜猜看吗？"卡尔提议。语气很神秘，暗示他知道这个秘密。

大卫低下头，仿佛不愿意看到即将来临的一切。终于，他点头。

"跟你父母有关。"卡尔只说了几个字——这就够了。

与其说大卫叹气，不如说是呻吟了一声，极为费劲和沮丧的一声。他抬起眼睛，对着卡尔说话。我发觉，治疗一年以来，这是我们第一次听到他坦白说出心中极其个人的感受。

"波士顿之行是一次很奇怪的经验。"大卫有点吞吞吐吐，"我对我们之间的歧异感到撕裂般痛苦，和卡罗琳一样，觉得非常的沮丧和孤独。"

在说出"沮丧"这两个字之前，他略为迟疑，这泄露了他仍然想隐藏自己感觉的意图。

"可是，我因为要和公司约谈，必须打起精神来。头几天，我一直睡不好，但我渐渐把心思放在了工作上。我跟卡罗琳一样，最初很担心我们会离婚。后来，我渐渐习惯了没有她的生活，我发现并不如想象的那么可怕。我开始觉得，即使真有必要离婚，还是活得下去。然后，我们就糊里糊涂复合了。我到现在仍然不知道是什么原因，不过，感觉很好。"

"我们称之为'存在性的转变'。"我插嘴说。

大卫稍微转过头来看我，金属框眼镜反射着窗外的阳光。

"什么意思？"他问。

"有点像是海水潮汐的变化。"我回答。"你们两个勇敢地站在相反的立场，毅然面对了分手的可能后果。"

我停下来，思考着他们分开的那段日子。"你们真的分居了，你们经历了一次仪式上的离婚。最重要的是，你们发现即使婚姻破碎，你们都照样能够活下去。"

我注视卡罗琳，表示我也在对她说话。

"这使得我们可以再度复合？"卡罗琳问，她猜到我的重点了。

"正是。一旦你们明白没有对方照样能活下去的时候，反而会体验到对对方的关心。形势转变了，你们有能力选择在一起或分开。我认为你们都认识到，你们必须结合在一起，不单是为了孩子，彼此间也有依赖性。"

我又停下来，让一家人有时间消化我刚才说的话。"你们必须先证明自己是不是有能力独自生活，如果未曾单独下海一游，就不可能有胆量去选择。"

一阵沉默，意味着了解和认同。

18.4　原生家庭的遥控

这时，我发现自己已经将焦点从大卫身上移开，好像我对他个人化的坦白感到不自在，所以很有默契地顾左右而言他。卡尔也注意到了这一点，就委婉地将焦点带回了大卫身上。

"你刚才谈到有关改变的感受，你说那是一种奇怪的经验？"

像往常一样，卡尔总是观察敏锐，能从任何细微的线索中发掘出隐藏的信息。

"是很奇怪。"大卫叹气，又露出沮丧的表情。"这个工作机会感觉上非常奇怪。公司的人都很和气，甚至可以说是很热心。可是，我有一种不怎么自在的感觉。有点不大对劲。"

他停下来，沉思。"面试过后，我去探望我的父母。他们住在离市区约16公里的郊区。他们刚开始也很好，可是，我渐渐发觉他们对那个工作太感兴趣了，不断提起这件事，想逼问出个结果来。我开始感觉有点不自在。但父母给我这种紧张的感觉，一直是家常便饭。所以，稍后我也就不在意了。"

"他们是怎么使你觉得不自在的？"我问。

"他们分别把我拉到一旁，表面上，是和我聊天，其实是在数落对方的不是。我妈抱怨我爸爸整天不是打高尔夫，就是开各种董事会。这是事实，他老是不在家。爸爸在旁边的时候，妈妈一直很挑剔，她非常会挑他的毛病，而且有本事每挑必中。所以就某方面而言我并不怪爸爸常往外跑。"

"可是你父亲也企图把你拉到他旁边？"卡尔提醒他。

"他更糟糕，"大卫说，表情相当愤怒，"他告诉我，妈妈有病，暗示她心理不正常，但不是明讲。照他的说法，她是得了疑病症。他要她戒烟。说她饮咖啡过量。还气她不跟他上床。这就是他那么气她，说她患了疑病症的原因——她以'生病'作为不跟他上床的借口！"

大卫涨红着脸，声音变大，语调也提高了。当他谈到自己父母的时候，似乎特别有精神。

"难怪你会不自在，"卡尔稀松见惯，"他们是要你来当他们的治疗师。"

大卫回答："这次更糟，因为我妹妹要搬走了，她和她先生原本住在我父母家附近。事实上我认为我妹妹从来没有离开过我母亲。她先生临时调任，我爸妈非常难过。其实，我妹妹也很难过。我妈向我哭诉，说妹夫做事欠考虑，想让妻子'无家可归'，居然要她搬到那么远的地方。我爸却要我劝她接受这个事实，而我也不知所措。"

大卫的话越来越没有条理。

卡尔轻声坚定地说："你现在说出家庭的变化以后，是不是更清楚自己为什么恐慌了？"

"你的意思是？"大卫问。

"你父母希望你搬过去当和事佬，你妹妹现在可自由了。"卡尔就事论事。

"我没有想过这点，"大卫承认，"但经你这么一提，我觉得很有道理。他们很想拉拢我。"

他停了一下，仔细考虑这个说法，又抬起头来看看我们，"更糟的还在后头。"

屋子里一片寂静，孩子也都专心倾听着。

"我回到自己家里以后——这里的家，"他看了妻子儿女一眼，仿佛想确定他们都存在，"就渐渐抛开了和爸妈相处时的不愉快，甚至又燃起了到波士顿工作的兴趣。我很高兴回到卡罗琳身边。"

"到底，出了什么事呢？"卡罗琳直截了当地问，语气比先前更为关切。

"我正要说。"大卫阻止她打岔，停顿了一下。"回到这里三四天之后，我下班回家在书房查阅那家公司的文件。"

他停顿了一下，想到接下来的陈述不免痛苦，似乎有些踌躇。

"在公司董事的名单上看到了我爸爸的名字！"

全屋子陷入死寂。慢慢地，他的眼泪涌出，流下双颊。

"他在背后操纵这整件鬼事！"大卫终于说了出来，他的眼泪流了一阵，又很快止住。他控制住自己，悲伤化为愤怒。"如果他只是建议我去申请还好，可是他居然在背后一手操纵，就好像当我还是三岁孩子一样！"

大卫像个满脸通红眼泪汪汪的小男孩，一副委屈的样子。"当我想到那家公司的人是用什么眼光看我和我爸爸的时候，就忍不住起鸡皮疙瘩！他们为什么愿意促成这个荒唐的诡计，我不明白。"

我轻轻说："先不管这码子事，大卫，我觉得你对你和你父亲的关系好像感觉很痛苦。"

我这话说得很蠢，不过这是我唯一想得出来可以和他交流的话。

大卫用一种不可置信的、怒不可遏的口气对我说，可是他的怒气显然是朝不在场的父亲而发的。"我拼命工作二十年，就是为了要让他重视我，想得到他的欢心。可是，我永远做得不够好！而且，我最好离他远一点，一旦让他靠近我，不管我在做什么，他马上会接过手去。看看这次他做的好事，他又想一手操纵我'长途跋涉'去做他安排好的工作！"

他愤怒、无助、肆意发泄，因为攻击的对象并不在场。

卡尔的评论极为温和："可是，他们很需要你。"

大卫一脸茫然："公司的人？"

"噢，或许吧，不过，我指的是你父母。"

"我可不需要他们，我很不好受。"

经历了长期的内心煎熬，他看起来好像被掏空了一样，显得非常疲惫。不过，他看起来似乎也解脱了，为终于说出了心里的话而高兴。

卡罗琳的语气温柔、关切、也稍许伤心："你为什么不肯告诉我，大卫？"

大卫注视着卡罗琳，眼睛仍然红红的，脸上是一种我们从未见过的表情。"我不知道，卡罗琳，抱歉。我知道你很困惑。"沉默，不过这次带有正面的意义，"这实在是太复杂了！"

"我可以替他说，"我对卡罗琳说。她脸上的表情非常好奇、专注。"他可能是因为被夹在父母的冲突中，感觉像是陷入了绝境，他又不敢冒险依赖你。因为你们的关系原本就岌岌可危，如果他再把那么大的问题带给你，不是雪上加霜吗？"

我微笑着想起另一件事，心情轻松起来。"更何况，他来自一个对什么事都讳莫如深的家庭。"

18.5 邀请祖父母来参加面谈

卡尔微笑着，看得出心里有话，"享受美妙的鱼水之欢后，总要有人来把婚姻的热度调低一点吧！"

他幽默了一下。大卫和卡罗琳听出来话中的含意，显得有点不好意思。

"嘿，我有个好主意！"卡尔又说，语气更加兴奋。

"噢哦，"丹说，"小心喽！"

"安静点，小家伙，"卡尔说道，"我要用清烟斗的杆子来清清你的耳朵！"

克劳迪娅的脸色也明朗起来，很高兴有机会说话。"呀，一点也不错，丹！对你的听力可大有帮助喔。"

"我也真不懂你们这些家伙，"卡尔立刻接着说，他指的是丹那句警告。

"只不过暂停几个星期的治疗，居然就引起了这么大的混乱。离婚、复合、家庭战争！哇！"卡尔有点装糊涂，好像想拖延时间，故意不说出重点。

"那你有什么建议？"大卫问，语气很唐突，却也很温和。

卡尔："你可以请你父母、妹妹一起过来做一次家庭治疗，或者是两次、三次也说不定。让我们来处理你的家庭问题。"

布莱斯家人对这个建议的反应是，全身都紧张了起来，沉默再度笼罩下来。

丹笑了："祖父啊！你真爱说笑，惠特克医生！"

"老天！"大卫张口结舌。

克劳迪娅热切地说："我觉得这主意很棒，真的！"然后她浅浅地笑了，"我们可以定在七月四日呀！"

"美国独立纪念日？"卡尔问。

"还有烟火。"克劳迪娅回答，"对你和祖父来说更特别哟。"她调皮地开卡尔的玩笑。

"噢，"卡尔有点防备，"说不定我们这些做祖父的可兴趣相投呢！你们猜不到的。"

气氛越来越轻松，治疗也即将告一段落。突然我看了大卫一眼，发觉他改变了很多。我一向以为他有效率、讲道理，可是也很难亲近。我从来不曾发觉他有什么可爱的地方。而如今他更温柔，容易表露悲伤和愤怒，显得更谦虚了。像家里其他人一样，也有喜怒哀乐，也更人性化了。我发觉我也从来没见过我父亲受伤和脆弱的一面，他已经去世，我再也不可能弥补，但至少，我可以向"这位"父亲说一下我的感受。

"大卫，"我的语调突破了他的心理防线。"我很高兴看到今天的你，你的真情流露令我很感动。我只想告诉你，我感觉和你接近多了。"

我是真心感谢他带给我的礼物。他似乎也心领了，报以微笑。时间终于到了，一家人都站起来，吵吵嚷嚷，快乐地走向门口。

第 19 章 大卫的家庭

——亚瑟和伊丽莎白的夕阳婚姻

　　大卫将他的父母、妹妹都带进了治疗室里。大卫对父亲擅自做主安排的新工作非常愤怒,芭芭拉对母亲叨念她管教孩子的方式十分不耐烦,他们都迫不及待想要发作。

　　对老年人来说,头一次面谈就要剥开自己,探测内心深处的感受,实在是相当困难的事。但惠特克医生和纳皮尔教授帮助他们、引导他们正视了自己的婚姻。老太太有时感到非常孤独,老先生却一无所知,谁能想到原来他们也可以为夕阳无限好的晚景做更多的努力。

大卫终于对治疗认真了起来，当然他还是很不平静，他睡得很不好。他在电话里惶恐地问卡尔："用什么名义叫我父母来参加面谈呢？"

　　他害怕面对他们。

　　卡尔坚决地说："叫他们来帮我们协助你。我们不是让他们来当病人，我们需要他们的帮助。"

　　事情的确如此。一旦大卫愿意面对他原生家庭的问题，那么就不可避免地要邀请他的家人来参与治疗。

　　大卫鼓起勇气拨通了电话，在接下来的面谈里，他一直觉得很难以置信。

　　"他们下星期会来。他们可以待上几天，而且我妹妹也会一起来。"他迷惑不安地看着我们，"他们甚至都没犹豫一下。"

　　"父母被邀请时，很少犹豫的。"卡尔说。

　　大卫的家人来参加治疗时，彼此热情交谈，充满家庭重聚的新鲜感，但也因即将面临的压力而有些放不开，略为局促。他们很快坐下来，但举止有点笨拙，整个屋子感觉上似乎拥挤了些。卡罗琳的身边坐着劳拉和克劳迪娅，母女三人挤在左边的长沙发上，丹在他通常坐的中间的椅子上，大卫的妹妹坐在另一张椅子上，大卫和他父母坐在右边的长沙发上，大卫的家人似乎自然而然地全都坐在了一块儿。

　　当真人走进你办公室，坐在你身边时，你对他们的想象就会立刻破灭，那真是令人惊慌失措的体会。在我的想象中，大卫的父亲外表上应该是秃头、身材粗短、一脸世故的模样，也许那是我心目中精明生意人的样子。但事实上，亚瑟和他的儿子长得非常像：骨架优美、英俊、薄薄的髭须更衬出肤色深褐而分明的五官。他穿着一套夏天的套装，坐在那里，有点僵硬也有点傲然。他显然是个希望被别人另眼相待的人，而且他似乎觉得参加心理治疗与他很不搭调。他和大卫有一种共同的特质，他们都很容易从繁杂的人际网络中退缩。

我以为大卫的母亲应该很瘦弱，其实不然。她有点胖，穿着考究、悦目。她显得友善、害羞，进来时曾和卡尔握手。眼睛四周紧张的线条及声音里的激动不安，显示出她是一个内心极为复杂和困扰的人。但是，在面对治疗以及治疗中可能泄露出的一切这件事上，伊丽莎白的表现算是相当勇敢了。

大卫的妹妹芭芭拉，四十岁上下，像她母亲一样有点胖，看起来略显沮丧和愤怒，但她可以很快转变心情，不时大笑开来。在面谈一开始大伙彼此开玩笑的时候，我注意到她的笑声很引人注意。

我们聊到六月烦闷不堪的天气如何让人坐立不安，接着聊到坐飞机的劳累。然后大卫的父亲开玩笑问，卡罗琳的父母到哪儿去了，他们也会来吗？卡尔和我回答希望如此。他们能参加面谈总是好的，如果这次不成，也许下回吧！一提到下次面谈，气氛一下子就凝固沉默了下来。

19.1　原生家庭的人际关系

大卫坐在父母之间显然很不自在。

"我和你换一下位子好吗？"大卫问他妹妹。

他们尴尬地在众人面前换了位子。大卫在另一张椅子上坐定，面向着他的父母和妹妹。他深深吸了口气，突然间又把气呼了出来。

"哎呀，"他说，"我不知道该做什么。"

在卡尔和我回答之前，他已经将话锋指向他父母："我想我到现在都很生气，气上次去看望你们时发生的事情，还有工作的事。爸，我知道是你一手安排的，我对这点很生气！"

大卫的父母面对他的攻击有些退怯，他们显然早就料到会有这种场面。

"大卫，你先停一下可以吗？"我毅然介入其中。

他看起来吃了一惊，但也松了一口气。

"在你开战以前，暂时忍耐一下好吗？让卡尔和我先认识认识你的家人。"

我知道大卫是靠我们的支持，才有勇气向他父母发动攻击的，但我同时也看出这次面谈颇有蓄势待发的味道，他的父母开始表现出防御的姿态，觉得自己是替罪羊。除非卡尔和我跟他们建立关系，给他们支持，否则这次面谈除了会让大家受罪以外可能别无所获。

"好。"大卫顺从了，也再次松了一口气。

卡尔对他父亲说："布莱斯先生，你可以说说对大卫一家的看法吗？"

亚瑟很高兴可以暂时避开儿子的怒气。"呃，我没觉得他们家有什么问题。"然后瞄了大卫一眼，"我儿子显然觉得有什么不对劲，我还不太清楚是怎么回事。"

卡尔继续问："那么你是用什么态度来看他们的呢？我不是指责你或是找碴儿，我只想多认识你。"

　　紧张、不安、不信任，好像又回到了第一次面谈。只是这次他们家有一个成员已经站在了我们这边，正因为如此，事实上，我们还得约束他。

　　卡尔将目标指向大卫的父亲，他提出一些问题，希望与这个不太可能接受家庭治疗的人搭上关系。

　　"你们当初是怎么认识的？"他对他们夫妻眨眼。

　　"在家乡的一场舞会上遇到的。"

　　"当时怎么样？你们是渐渐相爱还是一见钟情？"

　　亚瑟描述他们的恋爱时，姿势稍微轻松了一点，不时对身旁的布莱斯太太笑一笑。卡尔温和稳健地提出一连串问题，渐渐地，这位自尊心极强的老人对卡尔热情了起来。这些问题有很多都是家常话，不足为奇，不过足以推进面谈，顺便搜集一些重要的信息。

　　"你对整个家的压力有何看法？"卡尔问大卫的父亲。

　　他说："嗯，最近我们也才碰到我退休的压力，我觉得这对每个家庭来说都是个问题。"

　　他停了一下。"我太太不只为我退休的事困扰，也为女儿决定搬到另一个城市而难过。"

　　大卫的母亲笑了笑，"别被他骗了。他才没有真的退休呢！他只不过是在各个董事会召开的间隙里，多了一点打高尔夫球的空闲时间而已。"

　　她描述他时的样子，与他在谈论她时的样子，如出一辙。

　　"听起来你好像对这件事并不满意，但又有点无能为力。"我对大卫的母亲说。

　　"我希望我们可以有多点时间在一起。"她回答，语气温和却带着懊恼，"可是好像不太可能。"

我开始觉得大卫的母亲性格强韧却也很消沉，她把谈话的主题从丈夫身上转移开，但她对他既顺从又满是抱怨。

卡尔再回到父亲的身上，"你对这种疏远有什么看法？"

布莱斯先生很紧张不安，可是他不知道该如何避开卡尔的问题。

"我想我和我太太的关系很好，可是也有紧张的时候。许多年来她一直觉得我和我的工作结了婚。而我倒觉得她太担心自己的健康，太过度为孩子操心。孩子！我说得好像他们不是中年人哩。不过伊丽莎白从未把他们当大人看待，他们都还是她的小孩子。"

"所以你们两个到现在都还不能从自己的岗位上退休，好好享受二人世界？"

亚瑟被这样的观察弄得有点慌张。

"嗯，对。"他勉强承认，"可是我看不出这跟大卫和卡罗琳有什么关系，我以为我们是来帮他们的。"

"他们的关系有些是以你们的婚姻为模板的，"我插嘴说。"你和你太太是大卫婚姻唯一的示范。"我沉默了一下，借此强调我说的话。"我们认为，如果他们能审视他们从原生家庭传承的影响，会很有帮助的。当然，卡罗琳的原生家庭也一样。"

"可是我们要怎样改变呢？我们都老了。"布莱斯先生强调。

卡尔和我密切合作，轮流与大卫的家人对话。现在他出动了，谈话的态度明确而有力，声音热切。

"如果你们家——你和你太太，还有大卫和芭芭拉，能大胆尝试增进彼此间的亲密关系，那么大卫就能更容易在他自己的家庭里如法炮制。"

"怎么能做到那样？"亚瑟问。

卡尔："因为大卫脑中的自动温度计，也就是制约他和家人亲密的机关，是很早以前就被你们俩设置好的。如果你们和他同步调高热度，借此协助他，事情就好办得多。这样一来他就无须违背家里不成文的规则了，要他不遵守你们的家规太困难了。"

"我并没有强迫大卫做什么。"亚瑟变得颇具防御性。

卡尔回答："我并没有暗示说你做了什么。是他以前从家里学到了这样的规则，也许你可以帮他改变，或至少给他一个许可。"

"他当然可以改啊！"他仍防卫得紧，"他可以做任何喜欢的事。"

19.2　活在父母的阴影下

我不愿再进一步给布莱斯先生压力，所以转向大卫的妹妹。

"芭芭拉，你对家里的冲突看法如何？"

"喔！"她大笑着比画手势，好像要把我的问题拨开，"简直是一团糟！"

她的回答和父亲的抗拒形成了强烈对比，又是这么突如其来，在座的人都笑了起来。

芭芭拉稍稍沉下脸，显然很不安，补了一句，"至少我觉得是这样。"

"继续说。"我很高兴她这么坦率。

她很快转向坐在身边的母亲。

"妈，我想跟你说一些话。"她停下来好鼓足勇气说下去。"我知道，我要搬走你很难过，我也很难过。可是不得不如此啊，我必须跟着丈夫到新工作的地方，我实在很希望你不要让我觉得这么愧疚！"

她说着说着，变得有点哭笑不得。她的话很突然也很意外，但显然她在面谈前早就想好，而且迫不及待要说出来。

母亲吃了一惊，眼眶里蓄满泪水，声音颤抖着，"孩子，我知道你不得不走，我想我可以接受。可是不容易啊！"

她突然停下来，强忍着不哭。等她再度控制下来时，她对女儿说："我不知道为什么会让你觉得愧疚？"

"噢，妈！"芭芭拉又喜又怒地说，"你实在是太好了！你替我做'每一件事'，照顾小孩、跑腿，还帮我收拾行李。我知道你并不喜欢某些事，可是你从不会说出来！如果我为了什么事对你生气的话，你就只会道歉，从来都不替自己辩护！"

她迟疑一下，想找出恰当的字眼，"然后我得猜你到底生气什么，好改变我做的事。我实在是一直都不知道你在想什么，妈！我就是对我自己，还有几乎我做的每一件事，都觉得愧疚。"

母亲的回答无奈而带着歉意："芭芭拉，如果是那样，我觉得很抱歉。我会试着改一改。"

"你知道你现在就是在做她所说的事吗？"卡尔问。

"什么？"母亲问。

"你说的话。你为自己道歉，而不说你在想什么，或表明你的立场。"卡尔给她一点时间把这观点弄清楚。"因为芭芭拉希望你做的就是——你自己要有立场。说'我是'，那么她也可以毫无顾忌地有'她自己'的立场。"

又是一阵沉默。

"你们现在的情形是两个人完全搅成一团，根本无法分开。

听起来好像两人的生活一直纠缠在一起一样。"

"对啊！我们确实是这样！"芭芭拉加重语气说。

一片静默，大卫的母亲思索着该怎样回应。然后她对芭芭拉说："我很讨厌一些事。我讨厌你让孩子在我们客厅乱跑，我也讨厌你纵容他们说一些话。"

芭芭拉反应得很快。"我讨厌你在'我的'家教训我的孩子，说他们欠缺礼貌。我承认有时候到你那儿他们不太守规矩，但在我家，应该归我管。"

"好吧。"母亲啼笑皆非，"如果在我家你能让他们规矩点，那么我们去你那里时，就会克制自己不要教训他们。"

母亲一脸坚定。

芭芭拉转向卡尔和我，"我真无法相信，我们竟然真的摆平了一些事！"她露出伤心又有点奇怪的笑容，"现在我可以放心离开了。"

"试试吧。"卡尔替她打气，"离开家是个很困难的过程。"

他暗示往后还有很多事。停了一下，然后用平和的口吻说："我不相信你想争取的只是离开而已，应该是一种可分可合的自由，分合之间彼此更为亲密。你们应该建立人跟人的关系，而不只是母女的关系。"

"我很喜欢，听起来很不错。"芭芭拉用渴望的语气说。接着她注视着她母亲，"可是分离还是很令人悲伤。"

母亲把头转开，眼里再度溢满泪水。她的痛苦显而易见。

"这对你来说是很大的失落。"我温和地对她说。

伊丽莎白看着我——老迈、悲伤、痛苦、疲倦写在脸上，一张挫败的脸孔。

"当然是很不容易的。"她吃力地说，强忍着不哭出来。她平淡的声音让我觉得她还未准备好将内心情感公开。这毫不令人意外，因为面谈之前她根本就不认识我们。卡尔明白此刻并不适合提及布莱斯太太的痛苦，所以他转向大卫："你在想什么？"

"还在生我爸的气。"

"我不明白为什么，大卫。"布莱斯先生说，他又自我防御了起来，大伙转移焦点，好像真的被布莱斯太太逆来顺受的悲伤吓到了。

"嗯，让我试试，看我能不能说出来。"大卫很害怕，但他实在控制不住自己的愤怒。和他妹妹一样，早就有一番话等着要说。

"爸，对工作的事我还很生气。我知道是你一手安排的，一发现这点，我就觉得自己简直任人摆布，也被人轻视了，仿佛我不够优秀，没办法靠自己找到一份工作！"

"大卫，你可不可以冷静一下？"布莱斯先生说，"我那时听说这家公司在找一位律师，于是我就向他们提起了你。可是我告诉他们不必顾虑我。"

"可是，爸！一家公司考虑人选时，根本不可能不顾及公司董事提名自己的儿子！"大卫已经不只是生气了，他的声音里还带着恳求，"我不是气你和他们提到我，我最气的是你的心态。如果这件事从头到尾都是公开的，那我可能会接受。我一直以为是我自己的成就吸引了他们，到头来却发现原来是你安排的，这实在太过分了！"

布莱斯先生很后悔，"儿子，我很抱歉。我想我做错了。我觉得他们考虑的真的是你的成就，但我了解你一定不肯相信。"

大卫的怒气因他父亲道歉而消减了许多。

"爸，你不了解我对你的感觉。我一直很敬畏你，我这辈子都在努力，想做点事得到你的重视，也让你高兴。可是我总觉得必须得和你保持一点距离，因为我不想活在你的阴影下。"

沉默。

"这回我觉得好像被骗去在你的阴影下生存，我好像又变成了五岁孩子一样。"

"真对不起，大卫，我并不想被人敬畏，也不愿谁活在我的阴影下。"他看起来很沮丧，接着脸上闪过一丝微笑，"再说，我的影子这阵子也瘦小多了。我老了。"

卡尔对大卫说："你看得出来这就是你父母来以前我们所谈的事吗？你害怕的就是小时候你父亲凌驾于你身上的阴影，他现在已经不再有那种力量了。"

他停一下，"你们其实都在与彼此的影子相抗争。"

大卫笑着回答卡尔："我觉得已经不怕父亲了，想说的都已经说了。"

"你是否觉得你怕的是潜藏在你父亲心里的愤怒——那个你看不见却相信它存在的东西？"卡尔问大卫。

"我很少生气。"父亲说。

卡尔有点怀疑地看着他。"表面上是这样，"停了一下，"但大卫可能和芭芭拉对她母亲一样，想猜透你心里的事，甚至还会将它夸大。你把内心世界掩饰得如此之深，其实毫无益处。下棋、玩扑克牌或经营公司，那么冷静地隐藏主观世界，不失为好方法，可是如果你将那种态度带回家，那就不管用了，一点也不好玩。"

19.3 祖父母的原生家庭

"那像我这种年纪的人改变的可能性有多大？"亚瑟试探着问道。

卡尔的态度很直接："如果你愿意，就放弃你自己的立场，不要强加于人。我不比你年轻多少，而我还在成长，我希望未来一直如此。"

在场的人都全神贯注地看着卡尔与老布莱斯先生。

"我觉得你在渐渐失去生命中最具活力的部分，你一直在用这种现实而冷酷的态度对待你的儿子，更不用提你如何对待你太太了。"

又一阵更长的沉默。现在的内容已不是争执的真正议题所在，卡尔的语气相当直接，几乎是在谴责。他略带强硬地说："虽然我比你年轻一点，也不像你那么有钱，我也还是属于老一辈。而在我们这一辈里，我比你可成熟得多。"

"也许你说得没错。"亚瑟承认。

"你和你自己的家人呢？你会和他们发生同样的争执吗？"卡尔更往前推进一步，他想从对方身上找出孩提时代的经验，准备伸出援手。

亚瑟再度沮丧地说："我并不是真的很了解我父亲。他是移民来的，在我成长时，他同时有两份打杂的工作。我很少看到他，虽然我对他十分敬重。他很坚定而且心口如一，这点我从未质疑过。"

"你觉得你和大卫之间比你和你父亲之间来得亲密吗？"卡尔问话略带暗示。

"我想是吧。"他有些戒备，因为不知道卡尔在暗示什么。

卡尔："但你和大卫很难相处，原因是你和你父亲并不亲密，无法提供给你良好的模板。"

卡尔略思索一阵，又很兴奋地加上一句："除非通过工作！你父亲做得半死是因为他被生活所迫。唯一使你感到和父亲亲近的方式就是如法炮制。大卫也一样，他甚至有意借此取悦你。"

"呃，工作有什么不对？"老人小心翼翼地问。

"没什么不对。"卡尔温和地说，"我自己对工作也有点罪恶感。如果你是为工作而活，或者你只是以工作来衡量人生，那就成了大问题。"

他看着大卫的母亲，"如果你妻子只把自己当作母亲，情形也一样。"

他可以感觉对方抗拒的心理在渐渐增强。而他可不想和他争吵。

"你父母的婚姻怎么样？"卡尔将话题转开。

"一样，我知道得不多。"老人承认，"他们相敬如宾，但距离相当远。他有他的天地，她也一样。他们从不吵架，可是也很少交谈，我以为是没时间。"

卡尔缓慢而从容地拉他出来。"所以你妻子期望的这种相依相伴的婚姻关系，你没有在你父母身上看到过。你认为她父母有吗？或者他们也是这种类似精神上离异的关系吗？"

卡尔努力避免使老人成为讨论的焦点，让他有机会先谈他的父母，现在则谈他的岳父岳母。

"他们的情形刚好相反。他们俩都是老师，夫妻俩很亲密。"他看看妻子，后者点点头肯定他的说法，"我想可以说是太亲密了，简直是分不开。"

他不怎么想谈论他妻子的家庭，布莱斯太太适时把话接过去，使他松了一口气。

"他说得没错。他们总是腻在一起，而且过度保护对方。"她停下来想了一下，"还有我们这些孩子，我们是很亲密的小团体。"

她描述家里的亲密情形时，神情显得既向往又微带点轻蔑，仿佛现在看出了这其中不对的地方。她亲切地望着丈夫，"亚瑟很喜欢我们家的人可以彼此接触——我们常常拥抱和亲吻——但他也很看不起我们互相依附的样子。"

卡尔很高兴这股温暖亲切的气氛终于渐渐出现。

"我觉得你真的是他的家庭问题专家，而他也是你的家庭问题专家。"他迟疑一下，转成更强调的语气。"不过，听起来你们彼此结合的理由，好像有一部分是因为他家人可以独立分离，而你的家人可以彼此亲密，各自的家庭都需要对方家庭中的某些东西。"

卡尔让老夫妇俩渐渐放松下来谈论他们父母与自己的关系，我感觉最危险的时刻已经过去了。他们已经放下自我防备，进入治疗的过程中。卡尔成为支持他们的一股力量，不再是控诉者、侵略者或威胁者。这种差异可以从他们语气上的转变中嗅出来——一种软化而融洽的语气，一种大家很容易和睦相处，不再针锋相对的感觉。最后，一屋子人静默着就像来到了森林中的湖边一样。刹那间，一片祥和安宁。

我趁着这股祥和的气氛，赶紧问了伊丽莎白一个问题："刚才你用过去式提起父母，你父母已经不在了吗？"

"不在了。我妈五年前得癌症过世，我爸一年后也走了。"她停了一下，"我们都说他是伤心而死的，他不能没有她。事实上他死于心脏病。"

"那么相爱其实挺恐怖的，不是吗？"我其实在暗示，而不是真的询问。她会嫁给一个独立而孤僻的人实在不足为奇，在心理上她并不想像父母那样互相依赖对方。我现在很能感受她的悲伤，想安慰她。我的声音流露出这股意图，"对你而言是另一种失落。"

"什么意思？"她的声音略为恐慌。

"难怪你会伤心。过去五年里你失去了很多——失去了父母、丈夫退休后可以和他更亲近的梦想破灭、母亲和外婆的角色眼看着也要落空。你没提到工作，我想要在牌桌上找到有意义的人生恐怕也很困难。"我停了一下，"听起来你很孤独。"

我这么同情，可又很突然——举出她生命中的重要事实，她几乎招架不住。满是眼泪，再也无法吞回去。她静静地哭着，看了我一眼，又转开头，望向窗外。

"我确实很孤单，"她承认，声音中带着苦涩，但随即又退缩了，"但不会比我同年纪的许多女人孤单，我很多朋友的丈夫都去世了。"

我发觉她想谈她的婚姻，却不知从何谈起。布莱斯先生僵坐在那里，看起来很困窘也很孤独。

"想想看也许你先生也和你一样觉得很寂寞呢？"我问。

"他才不会！"怨愤再现，她再度看看我，愤怒很快取代了她脸上的悲伤。"他忙得很，根本就没有时间觉得寂寞。"

"呀，"我不太相信，"但那些东西却不足以在一生中的这个时段取代婚姻。"

我踌躇一下继续说道："想想看，也许他是你们俩当中被选出来离得远远的那一个，这样你们才不用面对过于亲近的恐惧？"

妻子这下公然发火了："我希望我们的关系更亲近点！"

我还击她的愤怒："但你自己可能也不是很确定。你刚才也暗示你父母互相太依赖了。"

"这对我们并没有影响。"她回答。她在顽抗，以为我想把她牵扯进婚姻的两难境地里来。

"我并不想责怪你，"我平静地说，"但如果你们俩都能够承担互相疏离的责任，问题就会比你坚持他要负全责容易解决得多。"

"我觉得她依赖性太强了。"布莱斯先生突然开口，仿佛被我的一番话所鼓励。"我不想让她黏着我，就像个……像个……"——他在找一个可以被接受的字眼，然后终于说出那个显然是头一个联想到的词——"水蛭。"

这个词对他妻子好似当头棒喝，她大喊起来。

"我反对——"

"等一下，好吗？"我打断她，转向她丈夫。"你和她一样，都只在责怪另一方。你可以谈谈自己吗？你太太在某件事上黏着你时，你有什么感觉？"

"嗯，她——"

"不是那样，"我插嘴道，"说'我觉得……'。"

这对亚瑟来说是种新的语言。

"真难，"他说，"我觉得……生气。"

"还有呢？"

他想了想，"难过，也许。"

"还有吗？"

"我不知道。困惑吧。"

"你可以把这些感觉告诉你妻子吗？跟她说说你的感受？"

这样给一个老人施压，我觉得并不舒服，但我还是得坚持到底。

"我觉得生气，有时候难过，还有困惑。"

他有点机械地对妻子讲出了这些话，但正因为这么难以出口，所以变得很有意义。

"这些话你听起来有没有什么不一样？是不是比被别人说依赖性很强好一些？"我问伊丽莎白。

"那当然。"她说，显然丈夫的话令她很惊讶。

我正想要求她对丈夫说出类似的感觉时，亚瑟突然打断我："我还是不懂这和大卫与卡罗琳的事有什么相干。我太太和我是有些问题，但我们可以照样过日子。"

他听起来很生气，很可能是我逼他的缘故，我早就料到他会生气。事实上，截至目前，我有点讶异他们夫妻竟会让外人介入他们的生活。毕竟，他们不是前来就诊的"病人"。

我对卡尔的沉默越来越不解，但目前箭在弦上，不得不发。突然间我瞧见克劳迪娅的眼睛，霎时明白了她脸上那副好玩的表情是什么意思。

"克劳迪娅，"我微笑着说，"你以前听过这样的吵架吗？"

她兴奋得笑了出来，"简直就是我爸妈吵架的翻版，只是比较文明一点。"

"是吗？"布莱斯先生很不服气。

我面对着他，尽量保持幽默。"我们尝试解决承袭自原生家庭问题的一个方法，就是长大建立自己的家庭后，重蹈问题的覆辙。克劳迪娅说得对，你和你妻子的争吵几乎就和大卫与卡罗琳如出一辙。卡罗琳甚至也有你妻子那种认命的心态，一直到她开始改变为止。"

老先生不肯轻易让步。克劳迪娅说他是个真正的斗士。

"那我们要怎样帮助他们呢?"他又重复了一遍。

卡尔终于开口,他清清喉咙。"如果你们夫妇可以解决一些歧异,好好相处,那么大卫也许就用不着穿越整个国家搬去解救你们两个了。"

这句话听来似乎没头没脑,老先生不觉松懈了戒备,"解救我们?我不懂。"

卡尔:"当然。他感觉到你们之间有问题需要帮忙,而你们两个也替他找好工作,想借此把他弄到身边。"卡尔习惯性地将头一偏,噘起嘴表示有所怀疑。"这么做也许可以为你们的生活带来一点生机。尤其他和卡罗琳一起过来更好,她也许可以教导你太太怎样不再以丈夫和孩子为生活重心,甚至她还可能教她怎么吵架哩。"停顿一下,"不过,我怀疑他们是否有必要搬家,你们两人今天好像也活过来了。或许没有儿子一家在身旁,你们夫妇也一样办得到。"

"我当然希望如此。"布莱斯先生狡猾地说。

卡尔放软声调,继续对父亲说:"我想你应该关心关心你太太。今天她那种绝望的语气让我很担心,如果她最近有想死的念头,我一点也不惊讶。"

布莱斯太太脸色煞白。卡尔的直觉显然相当准确。

"你可以将这种幻想告诉我们吗?"我温和地问,"你怎么会想到死的呢?"

她脸色苍白、惶恐万状,眼神不敢落在我们任何人身上。"我最近一直想到死。不断有一种想法,觉得我快中风了。"

整个屋子变得无比安静。

"我想,事情就是如此,"卡尔说,"是我们自己'决定'要死的。”

只有附近街道的汽车喇叭声，柔和如音乐般在窗外飘荡。卡尔再度开口，声音里有一丝乐观。

“当然，你知道的，你也可以像决定自己要死一样，决定自己可以活下去。”

布莱斯太太看了卡尔一眼，但眼神很柔和。接着微笑看着她丈夫，似乎想知道他对她刚刚说的话有什么感觉。

“我同意，”我说，“我想那是你应该注视的地方。”

老先生的愤怒和防备都不见了。他妻子的表白以及我们口中她绝望到想死的念头使他震惊，表情也变得很严肃。

“我一直都不知道你是这么沮丧。”他说。

“我没告诉过你。”伊丽莎白回答，表情很温和。

屋里充满重大事件发生后才有的宁静。

卡尔对我说：“你知道，我觉得今天有点抱歉，把他们两个老人逼得这么厉害，但你我都揣测到了大卫所直觉到的事——他的父母面临着真正的危机。除此之外还有什么事能让他这么心甘情愿搬到这个国家的另一头去呢？还冒着失去妻子的危险？”

“我同意。”我认真地说。

芭芭拉开口了：“你们觉得或许是我的错？是因为我要搬家吗？”

“天呐！不是的。”卡尔说，“这根本不是任何人的错，何况他们也不需要你们，他们需要的是对方。”

大卫似乎受到这次面谈的震撼，对他父母担心起来：“我在想我父母应该怎么办，或者我能做什么来帮助他们。”

卡尔语气坚决：“我想我们应该明天碰面再讨论，这问题很好。大卫，不过时间已经不多了，明天再说吧。"

19.4　夕阳无限好，不轻言放弃

布莱斯先生对大家说："我想你们可能都过虑了。伊丽莎白和我是有些问题，可是我想不会有大灾难的，我也不觉得我们会有什么大改变。我们已经在一起生活这么久了，过得不算太糟。"

卡尔幽默地看看布莱斯先生。"我希望你不要这么轻易就放弃自己和你太太。"他迟疑了一下，"你要不介意这些话，我想讲一个故事。这一整个钟头，这个故事一直浮现在我脑海里，我想和你分享一下，它对我来说意义重大。"

每个人都在等待，卡尔的笑容辉映着他们的脸。

"在我进入精神科之前，还是妇产科医生的时候，一天我为一个76岁的老太太做例行检查，面谈时我问到她的性生活。'你和你先生还有性生活吧？'瞬间她仿佛受到了刺激。我当时心想是不是自己用了什么下流的字眼。"

卡尔停下来，从椅子上坐直，并且把头往后仰，模仿着那个老太太的姿势。

"'惠特克医生，我和我先生已经结婚四十五年了，四十五年来我们的性生活一直很和谐。如果我们活到九十岁，我想届时还会更好的。'"

卡尔停了一下，等待大伙的反应，望望老夫妇、大卫和卡罗琳。

"我想那真有可能。我们凡人也许要花一些工夫才能到达那种境界，但我相信那种与日俱增的亲密是确实可能的——虽然我不认为这和性有多大的关联。性只是表达这种亲密关系的方式。我们对婚姻的投入每年都在增加，问题是这种亲密关系的电压指数，究竟是表现在经年累月积淀下来的压力与愤怒上，还是夫妻俩不断的体验上。不过我们每个人都有机会让这种关系逐年加热就是了。"

卡尔已经听出来他们夫妻觉得自己错失了一些良机。

丹似乎茅塞顿开般地张口说话，声音尖锐而单调，却恰逢其时："有没有人告诉你你应该去当牧师，惠特克医生？"

哄堂大笑，令人喜悦。

第二天的面谈相较之下平淡得多，但对大卫的父母更有帮助，我们温和而深切地探讨了家庭的历史、气氛、生活方式。第二次面谈结束时，卡尔和我建议老布莱斯夫妇和波士顿的治疗师联系，继续为他们的关系努力，我们说还可以提供给他们一些家庭治疗师的名字。他们恢复平静后，亲切地跟我们道别。几个星期后我们接到一通电话，他们想要一些治疗师的名字。

和父母的面谈对大卫来说很重要。通过他的家人和我们接触所产生的变化，大卫终于成了一个实质上的"病人"。他开始期待治疗，而且随着参与得越多，也渐渐不再谈搬家的事了。

第 20 章　结束治疗

——妻子接纳沮丧，丈夫享受感性，
孩子各奔前程

经过一年半的奋斗，大卫和卡罗琳的婚姻终于获得了转机。这种生机再现的原因，在于他们学会了对自我的接纳，然后发展成了对彼此的接纳，也渐渐不再依赖与治疗师的面谈。大卫变得更自在、更能享受生活，卡罗琳开始上大学选修课程、接触家庭以外的世界。结束治疗一年以后，克劳迪娅已经是大学生了，有天"顺道"拜访了卡尔，她要远走他国……

大卫和卡罗琳对婚姻的决定，似乎与大卫是否愿意真正投入治疗，或做多少改变有关。他经历了很多事才摆脱原先那种僵化而现实的人生观——卡罗琳突然开始成长所造成的震撼；她坚持不肯放弃努力获得的东西；发现父母还想要控制他的幻灭感；最后看到父母的问题在扩大的家庭治疗上公开出来。大卫一直到父母开始进入治疗，才终于允许让自己成为一个"病人"。

　　他的决定并不只是个人的行动。它反映了父母对他成长的"许可"，同时也是他对卡罗琳坚持成为独立的人的回应，这表示相对地，他也得成为一个自主的人，才能使他们的关系有效运作下去，还有她确实想将婚姻维持下去的意愿。虽然大卫"献身"治疗，象征着夫妻俩维持婚姻的决定，但真正的决定过程却深不可测，事实上遥不可及，我们永远都不会知道其本质究竟为何。

　　他们双方父母的婚姻都很"持久"，面临这个重大的危机，无疑是使他们婚姻坚持到底的"典范"。但如果他们的父母主要是因为害怕离婚才把婚姻维持下去的话，这样的传承很可能与大卫和卡罗琳的情形相违。无论面临多少问题，双方父母的婚姻一定都是以真正的关爱为基础的。虽然大卫和卡罗琳有一段时间关系冷淡了，但这份关爱确实存在于他们的婚姻中，是一种无可取代的羁绊。

　　也许两个人都很精明。他们仔细审视在对方身上投入了多少，并且盘算如果重新开始——有可能的话——会有多大困难。

也许仅仅是为了孩子，他们都反对离婚，而且他们都处在大卫和卡罗琳的热战中。夫妻一致决定，通常不会公开示意：留下来！

卡尔和我从来都没想要影响他们——事实上，我们很努力地不给他们压力。但他们一定受到我们的信念，择偶是基于双方不自觉的共同需求，是一种准确的潜意识决策历程的影响。也许我们对工作的辛勤执着也吸引了这对有责任感的夫妻，当然他们感觉得出，我们在他们的关系里看到了希望。

不管是怎么发生的，卡罗琳和大卫的婚姻确实开始出现生机。仿佛春天，变化是慢慢产生的，一次长出一片叶子。他们需要努力，也遇到了许多令人寒心的挫折，但他们夫妻的成长却不由自主，具有极微妙、极容易扩散生长的特质，就好像季节自然变换的产物，而不是人为努力促成的。

和大卫家人的扩大治疗过后，面谈又持续了8个月，那段期间重点大都放在婚姻上。有好几个星期他们夫妻放开一切，享受重聚的快乐。之后一些旧的冲突又冒了出来。但这一回，卡尔和我都坚持大卫和卡罗琳必须直接面对这些存在于两人本身的人际关系中的问题。我们并没有忽略他们之间的关系，但我们逼他们去和单独的自我奋斗。他们随后公开了更多的不安全感和自我怀疑，原先的相互指责不攻自破。他们从争吵的状态走出，变得沮丧起来。

20.1 交叉使用不同的治疗方式

渐渐地，治疗成了两项平行的"个别"治疗。虽然我们还是和他们全家人见面，但大部分的时间都花在了大卫或卡罗琳身上。有时候整个小时平均分配给他们两个，有时候则全用在其中一人身上。这种工作流程完全是凭直觉，看谁想取得发言权而定，有时大家还会开开有关平等时间分配的玩笑。

当然，焦点并非只限于两个大人身上。他们每个人之间也时有冲突爆发：父母之间、父母和孩子之间，还有孩子与孩子之间。我们将注意力放在任何具有压力的问题上，治疗变得"自在"起来，每个人都很投入，仿佛这是个自然而流畅的过程，最后，我们只需顺势前往。

在卡罗琳和大卫继续维持婚姻的决定明朗之后，孩子们也对焦点都集中在大人身上感到厌烦，我们建议孩子只要在他们或他们的父母觉得合适的时候来就可以了。我们想把主导治疗的权利交给他们自己。

两个较小的孩子都觉得这个决定让他们大获解脱，来的次数减少了很多，但克劳迪娅有段时间还是会定期参加。当孩子们来的时候，他们带着惯有的机智和幽默，他们也学到了一些对往后人生很重要的东西：如何解决婚姻中的冲突。当然，我们也还一直注意着他们自己的问题。如果丹和他母亲在那个星期里吵过架，那么下个星期的面谈他通常会出席来解决问题。

读者也许会觉得奇怪，在大卫和卡罗琳致力于他们"个人"的问题时，为什么我们没有改成与他们分别面谈的方式，一对一的面谈所保障的隐私权岂非更有助于他们坦诚地表露自己吗？事实上，在最后两个月的治疗期间，我的确单独与卡罗琳面谈过几次。但在离婚危机过去后，继续同时与夫妻俩面谈一段时间则颇有助益。

当然，他们的婚姻问题离结束还很远。我们"个别地但一起地"与大卫和卡罗琳工作几星期后，突然间冲突又会爆发出来。这些激烈的争吵令他们又惊讶又沮丧，但卡尔和我却早就料到会如此。他们在婚姻中变得越独立自主，对彼此关系越是投入，危险意识就会越小，而能自在地点燃战火。在最后"真正的"坦诚变得十分安全时，我相信终有一天所有人都会听到他们的坦诚之声。

夫妻两个共同参与面谈有助于巩固他们不再扮演对方治疗师的协议。虽然在大卫与自己的问题苦斗时，会因为下巴颤抖、泪流满面而感到难堪，卡罗琳"无助地"坐在一旁和观察，对她却是很有益处的。她不只发现自己无力协助大卫解决问题，同时也发现她根本不需要这么做。他正在学习做自己的治疗师。

也因为她不再做什么来帮助大卫，所以可以放松自己，仅仅陪伴。卸下对大卫的责任以后，她更能够了解大卫，也能与他更亲近。她不再扮演母亲（或子女）的角色，而成为丈夫的同行者、伙伴。虽然这些变化出现的时机很复杂，但它们的确都发生在夫妻二人身上。大卫也开始将卡罗琳看成简单的是一个"人"，不再是长久以来他赋予她的具有威胁性的形象。

由于旧怨已除，新的怨愤又可以马上处理，因此他们夫妻间的争吵变得简短直接。他们也越来越不能特别激烈地吵上一架。

"如果我们一直忍不住窃笑，那怎么能吵得起来？"

卡罗琳半埋怨着。他们夫妻这种轻松的态度可以归功于卡尔和我，因为我们花了很多时间嘲弄他们在解决问题时太过严肃、太过郑重。

我们也开始在治疗中看到一些意义重大的"小事"：他们更常注视对方、坐在一起、偶尔碰触对方的手。任何人都可以想象，他们最亲密的谈话是在非治疗时间吐露的，但确实有种温馨的感觉伴随着他们前来治疗。他们并没有做什么戏剧性的改变，但他们就是不一样了。如同太阳升起，房间里渐渐亮堂了起来。

我们一直无法邀请到卡罗琳的家人来参加面谈。她去看过他们几次，试着以个人的立场和他们谈，之后她也继续和母亲书信来往。但我们很遗憾始终未能与她的家人直接接触。大卫的家人后来又来过两次，他们从面谈中得到了很大的收获。

最后，大卫对面谈厌烦起来，他对他的生活满意了，而且他还有其他事要做。甚至连卡罗琳对他也没有抱怨，他现在已经从工作中匀出了更多的时间，对她更加关爱。他们两个现在开始在周末单独旅行，这样不带孩子的旅行对他们夫妻的性生活大有帮助。自从大卫和丹发现他们都喜欢摄影时，父子之间的关系也开始更亲密了。

我不记得是什么时候或怎么决定的，大卫不必再来参加治疗，并且答应卡罗琳的请求，继续为她进行个人的治疗。大卫看来很好，他们的婚姻看来也维持得不错，孩子的生活也没有什么明显的问题。一切都感觉很好。

20.2　让沮丧出来

卡罗琳选择了和我合作，我和她进行了两个月的治疗。这些谈话大部分都相当随意，几乎越来越琐碎，但还会出现紧张和悲伤落泪的时刻。卡罗琳多年来一直想把周期性的沮丧克服掉，我鼓励她停止挣扎，"让它们出来"，我劝她。

起初她很怕自己会被这种突如其来的情绪吞噬。于是步步为营，有连续好几周她都变得非常沮丧，然后有一次她觉得了无生趣，孤独到了极点。她看来好像是被人拖进椅子似的。我记不清到底跟她说了什么，但主要都是些关心的话，像是"你看来真的很悲伤"之类的。

卡罗琳哭的样子和以前那种泪水决堤的模样很不相同。那时候她一直承受着很大的压力，但现在她对每天的生活似乎都还满意。这种忧伤大约难以平息，她的哭泣深远、温和，却极端痛楚。这些莫名的痛苦，可能是由童年时期遭受到并且已经刻意遗忘的伤害造成。她并没有将这些情绪、一波又一波深沉的哀痛完全流露出来，好像不允许自己去充分体验这个长久压抑的自我。

事情发生的时候，我什么也不能做，陪伴在一旁，默默、无力，静坐在那里看她哭，只能关心而已。最后，哭声终于停止，她抬起头来，我伸过手拍拍她，说："总有结束的一天。"

那天以后卡罗琳似乎不再那么害怕表现悲伤了。那些低沉的情绪还是盘旋不去，但她已经学会允许自己沮丧、哭泣、被这种情绪压倒，最后从另一头解脱出来，这些沮丧的情绪不再经常出现，也不复那么强烈。

"你知道，"有一次面谈快结束时她说，"有时候我觉得我挺享受这种沮丧的感觉的。它好像一个季节，如果没有降临，我就很想念。"

卡罗琳和我最后决定停止治疗，因为她觉得已经好多了。她了解，一个童年时期受到父母强烈攻击的人，终其一生都将陷入沮丧和不断挣扎中。但现在她觉得对问题已经有了更进步的观点，她也能针对问题采取一些措施行动。我们说再见时彼此都有点伤感，因为知道我们会想念对方。就像其他人一样，卡罗琳的治疗并非尽善尽美，她离开时仍带着问题。但她离去时也怀着骄傲，这是她和家人共同努力的成果，她也知道他们任何一个人随时都可以再回来。

20.3 离开家庭，互相独立

离我和卡罗琳最后一次面谈大约一年，也就是离我们初次和布莱斯家见面约两年半之后，克劳迪娅进了大学，有天她顺路到卡尔办公室来了一趟。卡尔半小时后有约，但时间已绰绰有余。

刚开始卡尔以为克劳迪娅来是因为有事需要帮忙，甚至可能是再来治疗。她刚度过大学第一个学期，过得不是很顺利。她一直很急着进大学，所以逼自己提早完成了高中学业，但事实证明她对大学生活的梦想不切实际。班级太大，她在里面迷失了。她想家，却又讨厌自己每个周末都待在家里，她也不知道自己想要什么。

"我不知道我为什么要上大学。"她说。

在折腾了一阵子，和家里谈过多次之后，克劳迪娅有了一个计划。大卫由于工作的关系，曾经到过欧洲好几趟，他和巴黎一个生意人一家变得很熟，他们家刚好有个女儿和克劳迪娅年纪相当。克劳迪娅打算到巴黎和这家人一起同住一个学期和一个暑假，而大卫的朋友也答应帮她找一份工作。克劳迪娅兴高采烈地谈着这个计划，还有她努力学法语的事。

"太棒了！"卡尔说。"那还有什么可烦恼的呢？这计划听来很令人向往。"

接着他猜想了一下，"不用说，你爸爸很热衷，但你妈却冷冷的！"

"正是如此。"克劳迪娅说。

"那有什么好稀奇？"卡尔问，"你总是和你爸一起策划。你为什么不干脆做你想做的，让他们两个自己去烦恼？"

"嗯，事情不光是这样。"克劳迪娅说，"我妈有点担心，但她还是愿意让我去。我也不知道到底是怎么回事，也许我只是觉得害怕。"

"那是肯定的。"卡尔答道，"换作我也会啊。"

他略带戏弄地看着她，"你对抛弃你可怜的父母有罪恶感是吗？"

"也许吧。"克劳迪娅怯怯地说。

卡尔："用不着。他们会想你的，但他们说不定会偷偷高兴可以摆脱你哩。"

克劳迪娅笑了，笑声洪亮，透露出内心的激动和喜悦，她很高兴能独自前往巴黎。

他们聊了一会关于她家的情况，没有什么特别的事。卡罗琳决定不修社会福利工作方面的课，因为她觉得对她而言当一个治疗师甚至社会工作者，都是不太好受的。她改而投入妇女运动，同时也在大学里修了一些感兴趣的课，艺术史、妇女心理学、现代诗。克劳迪娅提到她母亲，语气里带着欣赏，和治疗之初她对母亲那种尖刻的感觉判若云泥。克劳迪娅冒险远行的做法，显然是在模仿她母亲近来不断探索家庭以外世界的行动。

克劳迪娅觉得父亲已经变得更温和更轻松了，虽然偶尔还会有点儿沮丧。他似乎放弃了一些野心，更能够享受人生了。

大卫一直都是克劳迪娅的偶像，但此时卡尔感觉得出他们父女间有了新的距离。克劳迪娅显然为她和父亲之间的关系有点不安：她如果要争取自由，就得和他保持距离，而她怀疑也许那才是她要去巴黎的真正原因。

丹进入高中，参加了摇滚乐队，和往常一样，他的成绩平平，也没惹什么麻烦。

"他挺规矩的，我想我父母对很多事情都放宽了。他们开始明白一些事，所以很少跟他唠叨。"

想到自己高中时代有多烦恼，她的脸上有点悲伤。

克劳迪娅说劳拉是"好得有点过分"，她在学校的成绩很好，大家都喜欢她。

"劳拉还是太依赖我妈，也有点被我们大家宠坏了。不过我妈在外面的事倒挺有帮助的，劳拉被逼得要独立一点才行。"

婚姻呢？

"他们的关系没有治疗刚停止时那么好，"克劳迪娅说，"可是大致上还好。他们会吵架，但有谁不吵架呢？在治疗以前我们都觉得吵架是不对的，现在我们几乎都不这么想了，那不过是生活的一部分而已。"

卡尔听到下一个和他约好的家庭已经在门外了。

"听你讲这些实在很有意思，"他说，"我得开始工作了。"

他经常用这样的话结束晤谈，这话很可能意味着起头很难，结束也同样困难。克劳迪娅站起来，把她的书收拾好。她看起来很满足，她刚从一个"父辈"那里得到许可，可以从家中逃离了。

卡尔忍不住给她一点忠告："现在，世界上唯一需要对之忠实的人就是你自己。"

他们相视而笑。

克劳迪娅紧紧抱住卡尔。

"再见，卡尔。"然后就离开了。

听卡尔说她来过，我很遗憾没能见到她。可是我不太知道我是否需要在场，就像我和卡罗琳面谈时卡尔也不在场一样。有过这样的治疗经验，我们到哪里都会带着它——一个可以携带的、内在的家庭，近在眼前。无论我们每个人发生什么事，这些都会使我们感触良多。

第 21 章 讨 论
——谁来治疗，谁做治疗

走过以布莱斯家为案例的漫长治疗旅程之后，作者以问答对话的方式对全书进行了总结，讨论了家庭治疗的源流发展与未来瞻望。无论如何，期盼系统治疗法能够在家庭、在社会、在国家，甚至在整个世界都产生影响。一旦人与人更懂得彼此善待，生命的潜能就会被不断激发，家庭也会成为人类成长中最富创造力的场所。

任何理念一经提出，不论如何周全，都不免会带来一些特别的问题，甚至怀疑。怀疑对任何主张而言都是良性的反应，可因此而建立有意义的对话。在这一章里，我们想要回答一些各方的质问和怀疑，问题来自那些听过我们演讲的专家及一般听众、学生，以及看过本书草稿的人士，其中一些问题可能也在读者心中出现过。

家庭治疗在何时才是适当的治疗方式？何时则否？现今有太多种"治疗"，要决定哪一种方式切合需要似乎很困难。

答：在谈治疗的种类之前，我们应先对治疗师的类型做根本的区分。一名治疗师在面对一个人的问题时，如何将这个问题概念化？这名治疗师对心理因果变化的看法引导着他的每一个行动，塑造着他使用的每一种特定方法和技巧。事实上，他对问题的看法决定了他想改变的是什么。如果他认为问题主要来自个体本身，他就会着手帮助那个人。如果他认为问题牵涉几种关系网络，他就很可能想对这个关系网络中的很多人有所影响。

我们觉得个别治疗取向的主要问题在于忽视了家庭成员之间力量很强大的互相依赖关系。即使这个家很不快乐，家庭成员仍会极度忠于它的世界——它的情绪抑扬、规则、精神，甚至潜意识里对未来拟订的"计划"。如果家庭依然如故，个体要改变并且保持这种改变便很困难。与整个家庭一起工作不仅可以避免挑战家庭成员对彼此的忠诚度，同时也可以使我们将全家的参与当作治疗的力量来源。

依我们的观点，与家庭系统合作永远是最好的治疗方式，而且参与的家庭成员越多，效果就越好。是何人的问题或何种问题并不重要——孩子尿床、丈夫酗酒、夫妻考虑离婚、妻子沮丧、青春期孩子离家出走，或优等生成绩突然一落千丈，"症状"只不过是家庭巨大压力的冰山一角。治疗最大的力量在于处理家庭这个最亲密的团体人际间的束缚、冲突、误解、不公平及种种渴望，我们相信与其帮助个体洞察他的过去，倒不如协助他重建目前的家庭关系来得有效。

系统取向的治疗方式并未指定参与治疗的成员。举例来说，穆雷·鲍文在进行治疗时虽不断想到整个家庭系统，但时常轮流与家庭的成员单独面谈。他之所以会成为一名家庭治疗师就是因为他的目标是协助整个家庭改变。

有些治疗师会将注意力集中在夫妻身上，认为他们是家庭里最重要的次级系统，甚至某一个子女是病人，他们也只是将他（她）带进治疗短短几次而已。这些治疗师认为，家庭最主要的动力在婚姻关系，如果父母改变，子女就可以得到帮助——有时甚至不必参与治疗。有些治疗师一次会治疗一大群人。佛蒙特州一位精神科医师彼得·拉奎尔（Peter Laqueur）就会同时治疗四五个家庭，将这些家庭组成一个"治疗社区"，彼此继续好几年的面谈。费城的精神科医师罗斯·史佩克（Ross Speck），则将病人周围的人联结成一张"关系网"，有时会因为这些额外的参加者——老师、朋友、邻居、远近的亲戚——而让人很难辨认出核心家庭来。

卡尔、我与大多数的家庭治疗师都赞成以核心家庭为我们工作的重心。这个团体从一个较大的家族分离出来，成员间彼此强烈互相依赖，组成一个自然的单位。虽然我们发现让家族或其他与此核心家庭接近的人参加治疗极其有用，但核心家庭仍是我们真正的重心。

家庭一定得由父母和子女组成吗？难道没有其他有效的家庭形式？例如同居一年的男女？或是婚后没有生养子女的夫妻？或离婚后的单亲家庭？家庭治疗与上述情形有何关联？

答：我们并未严格规定家庭应该如何建构，然而关于谁该出席面谈的问题可能会变得很复杂。大致而言，我们初始进行治疗的对象是由一群住在"同一屋檐下"的人所组成。这个团体通常是含有两代人的核心家庭，我们当然把没有小孩的夫妻也看成一个家庭。住在一起的家人也许还包括姑姑或叔叔、年迈的双亲，或者单亲家庭中可能存在的一个同居情人。在确保住在一起的每个成员都会参加治疗之前，卡尔和我均不愿展开治疗。

另外次要的团体，由对核心家庭的生活有重要影响的一群人组成。我们视他们为与核心家庭工作时的顾问，在很多情况下必须衡量何时该让他们参加进来。比如我们知道，在与核心家庭建立良好的关系之前，我们不太可能将家族带进治疗；但某些情况下，例如祖父母就住在核心家庭的隔壁，并且一直在经济上支援这个家庭，那我们会坚持他们必须从一开始就参加治疗。一个家庭没有可以在治疗期间提供重要帮助的"外围"关系的情况，一般而言，是非常罕见的。

离婚后的家庭常会使我们面临谁该出席面谈的难题。离婚而有两个孩子监护权的母亲，可能只要求为她和孩子做治疗，但如果她和前夫想终止彼此通过孩子而延续的隐形战争，那就有必要请她前夫也参加治疗。虽然离婚的夫妻一开始会抗拒碰面的提议，但有很多人仍愿意为了孩子的利益而一起合作。

我们也和同居的人一起工作过。这类问题有很多如婚姻般的特质，包括强烈的情感转移，但他们之间没有任何法律束缚，这种束缚可以让许多夫妻历经暴风雨般的治疗后仍然能够维持婚姻。由于意识到本身缺乏这种正式契约的"支持"，许多没有结婚的同居者在寻求治疗时会格外谨慎。

治疗开始时，你如何决定家族中谁该参加治疗？决定之后接下来通常有什么样的程序？

答：理论上，我们希望尽可能地使其聚在一起，从最大的系统开始，然后再逐渐缩小，与次级系统工作。举例来说，如果我们发现夫妻双方的原生家庭正在交战，那最好就从原生家庭这个层次开始。我们希望先与整体的系统建立关系，然后再转向较小的系统。待家庭两个分支之间的战争停止之后，我们便将注意力集中在最初与我们联系的核心家庭上。子女从父母的问题中解脱出来之后，我们便会专门为夫妻进行一段时间的治疗。等到令人喘不过气的人际战争消失，而我们也与整个家庭建立良好的工作关系之后，接下来就可进行个别治疗了。个别治疗如同博士学位一样，应该是最后阶段的训练。个别治疗是提供给已经学会如何与他人一起生活，而现在想更进一步与自己更好相处的人的治疗方式。

在实践中，治疗的过程通常不会如此井然有序。例如，我们常常必须先与核心家庭工作一段时间，直到对我们有所信赖，他们才愿意将原生家庭带进治疗；或直到感到这么做确有益处，他们才肯继续。在布莱斯家的治疗过程中有不同的成员"团体"参加，便是相当典型的例子。而我们偶尔也会碰到一开始就愿意将庞大的关系网带进来的家庭。我们最近治疗的一对夫妇，第一次面谈时就愿意将双方都相当庞大的原生家庭带进来，总共有二十人之多。

你谈到首先应解决人际冲突，然后才进入个别治疗。我的看法不太一样——只有先与自己建立关系，才有能力和别人建立关系。

答：这是个别治疗师所持的假设。他们假设前来寻求治疗的是一个个体，一个可以自由自在跳入改变历程的人。然而，对于这个被认为应该接受治疗的人，我们家庭治疗师仅视之为表面上独立的个体，骨子里则是家庭系统的代理人兼替罪羊。在一般人在心理上可以做个别治疗之前，首先必须将他从这个高压力的共生系统中解放出来。

我们认为个别治疗如果安排在家庭治疗之前，结果很有可能会支离破碎。例如夫妻有严重的婚姻问题，而其中一方去做个别治疗，那么这个治疗不仅会使另一方起疑，甚至会给这桩婚姻制造更严重的不平衡。婚姻是夫妻刻意平衡的产物，双方任何不对等的成长都将增加疏离感和距离感。

我们想要促进夫妻平衡的成长。我们尝试帮助家庭中的"每一代"成员达到独立自主，借着让个体从他与家人彼此互损的纠缠关系中挣脱出来，我们希望在家庭中创造出"个人意识感"。就如读者所见，这不是一个简单的过程，我们可能会花上好几个月才能解开某一个特殊的结，而婚姻通常是整个过程中最后且最难的环节。

总有那么一刻，整个家庭都已经放弃了强迫别人改变的意图，并且也准备好利用治疗师来改变自我。这个阶段有点像是并行或是轮替的个别治疗，家庭成员此时直觉地轮流"担任病人"。这些病人与治疗师之间"公开的"个别接触，也会深化及强化家庭成员之间的接触。随着逐渐发展出适当的亲密及分离的模式，面谈的气氛也会变得亲切而自由。

治疗结束时，家庭应该已经解决了他们主要的人际关系冲突，而个体在心理意识上也应该是一个真正的个人。此时剩下的冲突是属于心理内在的，是依然困扰个体的过去经验的残余部分。例如丈夫想要解决内心强迫性的自我怀疑，那么我们就很有必要与他进行单独面谈，如果妻子想一起来，也很好。此时，个别治疗已不具有导致家庭破碎的危险，因为基本的坦诚和信任感已经建立起来，前来治疗的人最后是以一个真正的个体（不再是家庭代理人）的身份而来的。

整个家庭的成长过程需要花费多少时间？听起来好像必须永远持续下去。是否有很多家庭在治疗中途就停止？

答：治疗时间的长短因家庭而异。有些家庭只面谈一次，即因为这唯一的一次接触就会产生显著的改变。其他家庭则会先经过四五次面谈来解决当前的危机。有些家庭有可能会花一年或三四年的时间在治疗上。有很多变量影响家庭治疗时间的长短：问题的严重性、家庭有多大勇气或决心、逼迫他们改变的烦恼有多少、他们前一次治疗的性质、治疗师对他们的问题认同的程度，以及距离问题第一次出现的时间。我们尽力回应家庭最迫切的需求，并且尽量按其所愿深度探讨他们的问题。卡尔喜欢将他自己比喻成钢琴老师，协助家庭掌握他们所选择的任何程度的"技巧"。很多家庭只求弹奏流行乐曲，有些则希望演奏贝多芬。后者可能得花上一段时间。

家庭如何知道什么时候能结束治疗？又通常会如何收场？

答：治疗近尾声时，治疗师和家庭的关系会变得不再那么有专业色彩，更像是人对人的。气氛会转为轻松，甚至幽默。治疗师深深投入这个家庭中，并将一些感受公开与大家分享，但有时仍隐隐约约会出现尖锐的时刻，他也可能会将生命中很重要的一些东西表露出来。最后，那种必须"致力于某件事"的感觉会消失，面谈的间隔也会拉长，或变成不定期举行。

治疗结束的一刻心里常会有一股悲伤的感觉，因为即将失去一种重要的关系。卡尔和我总会将收场完全交到家庭的手里，同时也向他们表示必要时我们很愿意再把他们聚集一起，我们的大门永远敞开。

家庭治疗的方式很吸引我，但万一我的家人不愿参加治疗呢？我是否很不幸？

答：纵使有些家人方面的问题会复杂到需要治疗师加以协助，这也很难说是幸或不幸。以下是一些初步的指引。

如果你的家人拒绝参加治疗，很可能是他们害怕受到责备，或恐惧严密"隐藏"的问题曝光。父亲常是最抗拒的人，因为他对"分享感受"感到不自在，他也可能认为孩子会站在母亲那一边。

有些治疗师可能愿意和核心家庭的部分成员展开面谈，但卡尔和我相信，如果家庭成员尚未全部到齐就开始面谈，会是一个错误的决定。第一次面谈时等候并力争全家人都出席是很值得的。举例而言，如果第一次父亲没来，那他就有可能变得比以前更有防御性，也更猜疑，如此一来治疗师对此家庭的知觉就可能产生严重的偏差。

将你的问题坦白告诉家人——"我一直很沮丧，而我不知道为什么"——并且要求他们协助你解决问题。他们如果自认为是在帮助你，就不太会那么自我防备。随着时日渐长以及关系的建立，治疗师就可以让这家人扩大他们的计划，将改变整个家庭系统也纳入其中。

期望治疗师主动劝导家人参加治疗并不切实际，但是他（她）可以在电话里为心存疑惑的家庭成员解答问题。有时候，光是在电话里听到治疗师的声音，也足以疏解家人的一些焦虑。

如果你的家人断然拒绝参加治疗，那么你就真的陷入了恼人的僵局。家人拒绝协助，足以令你痛苦万分。现在你得衡量一下是否要单独寻求援助这个复杂的抉择。如果你决定单独接受治疗，便可以确定，一旦你开始改变，家人一定会既难过又振奋。接下来他们可能会重新考虑他们的决定。对家人改变的可能，要保持开放的态度。如果变成家庭治疗，由于原来的治疗师已经偏向你的观点，故必须再加入一个辅助治疗师，或者你必须找另一位立场中立的治疗师重新开始。这些都是十分有必要的事。

万一我并没有一个完整的家庭，或我家的人住得很远呢？

答：如果你的家庭因分居或离婚而破碎，将他们重新聚集起来以便结束一些悬而未决的问题通常也很重要。已经离婚的夫妻可能会为了子女的利益而在治疗中合作无间，重要的是要让他们明白这样的安排是为了改善现有的关系，而并非重新恢复旧有的关系。

如果家庭里几位重要的成员都已过世，你和他们相处的经验通常也可以重建——把找得到的家人都带进治疗。如果父亲已经过世，他的兄弟也许可以帮助你用新的角度来看你的家庭。找出剪贴簿、日记以及过世家人的朋友，治疗师通常会协助建构某些重要的场面，或以其他方式"创造"已故的家人。

如果你的家人住得很远，那么有几个变通的办法。也许家人可以来看望你一次，看望的时间愈久愈好：大多数的治疗师都愿意为此腾出时间。与家人举行一两天"马拉松"式的面谈常具有极其重大的意义，价值相当于几个月分散的工作。与家族的接触愈早愈好，最好在家庭开始担心被人品头论足，或在治疗师对此家庭产生刻板印象之前。如果家庭在治疗之初就给予"治疗许可证"，那么参加治疗的家人就不会有觉得自己不忠于家庭潜规则的罪恶感。

不必理会一般的说法，你尽管再回到原生家庭中，这个举动十分重要。对治疗中的夫妻或个人而言，最好不必带你的配偶一起回去，并刻意放松自己，体验重回童年的感觉。冒着再度对家庭感到依赖的危险，你可能会焦虑不安，但这同时也会重燃起与家人亲近的重要意念。如果你是回去与他们同住，那你一定会了解到一些有关你与家人之间的事，尤其在事先与治疗师讨论过回去该寻找什么的情况下，帮助就更大。别担心，你不会一直依赖家人的。

逐渐认识原生家庭中的成员就是一般的"人"是很重要的，因为他们是你许多其他关系的模式来源。能够请他们来治疗最好，退而求其次则是你亲自回家探望，现代科技也可以提供一些变通的做法——你可以买一部不太贵的盒式录音机寄回家。

将你感兴趣的问题告诉他们，并要求他们谈谈这些问题。你出生前你父母的生活如何？（用这种方式问，他们就无须为你婴儿时期他们对你做的一些事感到愧疚）母亲的家庭是什么样子？父亲的家庭呢？也可以将录音机寄给祖父母，问他们同样的问题。如果你不持批判的态度问问题，一般人通常都会超乎预料地很乐意谈谈自己，你听的时候，有可能会改变心中盘结多年的、对家人的刻板印象。

不要忘了电话，虽然费用很昂贵，但建立一个电话会议让不能出席的家人也可以参加治疗，也是十分值得的，治疗师可以用扩音器让每个人都能听到其他人讲的话。千里外的家人会因此感激能够参与治疗。

如果你决定让家人参加面谈，通常一定有办法能做到。

将团体治疗用在那些家人无法参加的患者身上，你的看法如何？家庭治疗和团体治疗到底有何相关？团体中表现的互动难道不是和家庭中表现的互动一样有意义吗？

答：这两种治疗主要的不同是，家庭所具有的生物性及法律上的束缚，使得家人对治疗的参与投入远比团体治疗来得深，"电压"也更大。特别成立的治疗团体可以在成员间发展出强烈的忠诚感，同时团体中的互动模式也具有实质的意义。但是团体却得花费许多功夫和相当长的时间，才能开始具有像家庭那样的感觉，何况大部分的团体都达不到这种境界。然而，团体和家庭治疗师在尝试了解病人时，可能都会用到类似的概念。在两种治疗方法中，团体的历程以及无可避免的分裂和扭曲应予以特别注意。团体治疗师必须不断牢记，团体成员间的互动很可能是他们家庭经验的转移。正如以往一贯强调的，家庭的影响无所不在。

家人实在无法来参加治疗时，卡尔和我会选择与另一种非家庭的系统一起工作：由朋友、同事，甚至是与此有困扰的个人曾定期接触的专业人员所串联的关系网。如果一个大学生可以说服他的室友、女朋友，以及介绍他来此求助的老师一起参加治疗，那么他等于是在一个他已忠诚及投注心血的系统下开始工作的，这个系统对他具有强烈的象征意义。他可以立即运用这些替代家庭的力量。与这种系统合作的主要理由是可以获得额外的治疗资源，同时我们认为，将一个自然生成的社会系统带入治疗，远比尝试通过团体治疗建立的关系更为有利。

是否总是家庭去见你们？你们到病人家中做过治疗吗？

答：有些治疗师一直都是在病人家中做治疗，对于害怕进入专业办公室的家庭而言有其价值。然而这样的场合有一些缺点：电话铃响、邻居突然顺路进来看看，还有治疗师也可能会对置身家庭势力范围内感到不自在。卡尔和我虽然在绝对必要时也会到家庭中和他们见面，但都比较喜欢在办公室里面谈，在那儿我们比较能控制情势发展，也比较有安全感，家庭拥有很大的威力，我们需要一些专业的小道具来帮助我们放松，以便执行我们的工作。我们同时也相信，在治疗之初，将治疗与病人日常的社会现实隔绝是很重要的。只有在那种情况下，治疗才比较可能是一种象征的经验，能够触及潜意识较深的层面。也因此，我们会要求家庭不要在家里谈论有关治疗的事，而将他们对家庭的想法和感觉保留到面谈的时间来表露。基本而言，我希望所有改变家庭的努力都集中在面谈的时刻。

集中在面谈时间谈，即使有可能办到，难道不会太牵强吗？

答：一开始当然很困难。但经过一阵子，家庭便会习惯于一种节奏，争吵和冲突会不知不觉配合面谈而组织起来。夫妻会在前往治疗的途中彼此激怒对方，并且把争吵带进面谈中。这种情形不断出现在布莱斯家的案例上，而且这样是很适当的。这使家庭可以有一个演出冲突的安全舞台，同时也让治疗师可以直接接触家庭生活情绪的层面。

除了在哪里与家庭面谈的问题外，家庭治疗师之间有无其他不同取向？家庭治疗师有没有派别？

答：最早的一批家庭治疗师都是特立独行的人——坚强、极富创造力，而且彻底叛逆。由于他们必须团结在一起对抗整个精神医学界，因此其间的差异就变得模糊不显。随着家庭治疗逐渐被广泛接受，同时随着各个"开山祖师"开始训练自己的后继门人，我们便终于有了余裕发掘和讨论彼此的差异，全国性的家庭治疗会议上常常争议不断，每个团体都会提出他们自己的方法。这个领域所具有的竞争性和多样性是很有益处的，正是创造力的好素材，但不幸的是，它们有可能会使未来的委托人更加困惑。以下就描述一下家庭治疗的几个重要派别。

就像所有其他的治疗方法，心理分析运动也影响家庭治疗。心理分析导向的家庭治疗以已故的内森·阿克曼为代表，他被许多人认为是家庭治疗的创始人。这种方法主要是帮助家庭深入洞察他们的问题，特别是了解由过去经验所造成的扭曲及其"残余"部分。他开启与家庭成员间一对一对谈的方式，治疗师始终居于枢纽的地位，有时甚至会阻碍家庭成员彼此直接交流的历程。这种心理分析导向的方法在东岸最为盛行，尤其是波士顿、纽约及费城等地。

　　大约是想弥补心理分析取向的不足之处，崛起于加州的帕洛阿尔托心理研究中心的"沟通"（communications）学派，并不重视过往的行为及家庭中象征意义性的问题。此学派的治疗师强调家庭成员之间目前的互动，特别是沟通的形式。很多杰出的临床工作者都属于这一学派，其中包括已故的唐·杰克逊，另外维吉尼亚·萨提亚、格雷戈里·贝特森、杰伊·哈利、儒勒·里斯金（Juler Riskin）、保罗·瓦兹拉维克以及约翰·贝尔（John Bell）等都在内。他们提出了一些非常有用的概念，例如"家族体内稳定"（family homeostasis）、"家庭规则"（family rules）及"双重束缚"（double bind）等。虽然这批治疗师中有些在这几年已转向其他治疗法，维吉尼亚·萨提亚仍是沟通治疗学派极具影响的代表人物。她的"沟通型态"（communication types）——超理智型、指责型、讨好型、打岔型——成为所有治疗师很容易辨认的角色。帮助家庭发展明确、一致、非指控式的沟通技巧确实非常有必要，这个团体的贡献如此卓著，可以说所有的家庭治疗师都从他们那里受益良多。

　　录影机普及后，又给协助家庭学习更有效的沟通带来了新方法。家庭可以倒带重新检视自己在特定的几秒钟内的互动表现，治疗师可以指出其正面交流与负面交流的趋向。运用录影带已逐渐成为家庭治疗师的普遍工具，一些执业者如伊恩·阿尔杰（Ian Alger）、诺曼·保罗（Noman Paul）、弗瑞德·杜尔（Fred Duhl）及邦妮·杜尔（Bunny Duhl）致力于开发使用这种令人振奋的新工具的复杂技巧。

　　有时候语言会阻碍家庭真情的流露和分享，因此有些沟通学派治疗师正使用一种所谓"家庭雕塑"（family sculpting）的新技巧来超越家庭成员的理性化和防御心理。这些治疗师中以佩姬·派普（Peggy Papp）最广为人知，她要求每个家庭成员通过姿势呈现他们对家庭的体验，为家庭定位。这种非语言的运用可以协助"封闭"的家庭开始开放，并且可以协助过于理性的家庭转向表达情感的新境界。

　　"结构治疗法"（structural family therapy）则以费城儿童辅导诊疗中心为代表，此机构是评价最高的家庭治疗中心之一。这些以萨尔瓦多·米纽庆[①]为主导的治疗师，工作重点在于改变家庭刻板的人际关系"习惯"。举例而言，如果母亲一直反复地与女儿激烈争吵，他们可能就会指导父亲暂时接下管教女儿的工作，或者建议他常与女儿接触。随着母女冲突中止，原先被母亲与子女战争所遮掩的婚姻问题就可以自由显现。母亲开始与父亲吵起来，然后治疗师转而协助夫妻解决他们之间的问题。这个例子很简单，但仍说明了治疗师是有计划地介入家庭，及侧重改变较大的关系模式，特别是三角冲突的治疗取向。此学派在解决儿童问题上有卓著的贡献，尤其在治疗神经性厌食症上，这是一种自我强迫饥饿的病症，如果治疗不当，常会导致死亡。他们使用的技术都是"可教导的"，对新一代的家庭治疗师造成了很大的影响。

　　穆雷·鲍文的工作受到普遍推崇。他提出"家庭自我混乱"（family ego mass）概念描述一个家庭具有低自我评价及明显的共生特性。鲍文运用许多不同的技巧协助家庭成员完成自我分化

---

① 萨尔瓦多·米纽庆（Salvador Minuchin, 1921—　），美国结构家庭治疗之父。受内森·阿克曼训练成为儿童精神科医生，后加入费城儿童辅导诊疗中心，著有《家庭与家庭治疗》一书，详细阐述了他的结构家庭治疗理念。——编者注

（self-differentiation），并使家庭中的各种关系化为个体对个体的本质。如同许多治疗师一样，鲍文的工作也致力于打破三角冲突，将它简化成两个人之间的关系和对话。

行为学派的特色在于极其强调家庭成员的行为方式，相对不太关心他们如何感觉和思考。行为学家所关注的是，借由改变一些助长家庭毁灭性关系模式的增强行为，来扭转这些既定的毁灭性关系的模式。例如，母亲可能会因为在孩子生气时对他格外注意，不觉间助长孩子发脾气的行为。如果她能学习注意孩子的正面行为表现，并且在他（她）发脾气时故意忽略，那么孩子就很可能会放弃任性发脾气的行为。行为治疗向来大都用来治疗儿童，但同样的原则现在也可以运用在夫妻身上。例如，丈夫同意停止咆哮以换取妻子停止闹别扭，这两种行为原来都容易使夫妻双方动怒。许多家庭治疗师对行为治疗法都表示批评，认为这方法太机械化，同时这种单纯的概念架构也不足以适应家庭无限的复杂性。

在亚特兰大精神病医院时，卡尔和他同事发展出一种个别心理治疗方法，同业称之为"经验性"（experiential）治疗。此方法假设仅仅洞察内在世界是不够的，病人必须在治疗中得到有意义的情绪经验，一种触及内心最深层的经验。治疗被视为有意的回归，治疗师也参与其中，虽然介入的程度不及病人来得深。

卡尔将这种治疗取向扩大运用到家庭，运作时仍保留一些个别治疗形式：强调个别会心接触、允许家庭在治疗时回归到过去的经验中、治疗师直觉地亲身投入"父母抚慰"的历程，并且在治疗结束时，缔造家庭各次级系统间相互关爱及个体对个体的关系。治疗师运用其个人，特别是其自我的直觉，这一点，使得这个方法变得很难。然而几乎一整代治疗师都受到了卡尔在研讨会及座谈会中才气纵横的发言的启发，同时他的治疗工作也驰名国际。我很荣幸能成为他的辅助治疗师，与他一起合作。我从他那儿学到了很多东西，其中包括如何创造自我风格。

尽管出现了许多派别的家庭治疗，年轻的家庭治疗师常趋向折中，从各种学派资源中借用有用的技巧和观念。家庭治疗是极富挑战性的工作，我们没法只拘泥一套观念或墨守成规。为了确实对家庭有所帮助，治疗师一定得随着家庭一起成长。

家庭治疗的费用有多高？我是特别考虑到你总是与一位辅助治疗师合作这一点，这么一来治疗的费用岂不是贵得吓人？

答：我们是按时间而非按病人的人数来收费的。虽然每个家庭治疗师收费的情形不同，但平均下来并不比个别治疗的费用高。

布莱斯家的经济情况相当好，而且也有保险，所以卡尔和我便按一般的标准向他们收费，其中有一半由保险公司支付，另一半则由他们自行负担。

健康保险是否涵盖家庭治疗，各地区的规定都不同。有些保险公司十分保守，保险范围只限定个人住院治疗，而且也只在使用药物治疗及电疗时才付费。有的保险机构会支付充裕的家庭治疗费用，甚至还允许按每个家庭成员的治疗情形付费，这样对家庭比较有利。有些保险公司不愿支付家庭治疗费用给诸如维吉尼亚·萨提亚这样卓越的合格社会工作者，但如果家庭再去看其他未受过家庭治疗训练的普通医生，他们反而会付费。保险公司与整个心理卫生组织之间的关系并不和谐且时常有冲突发生，但在缺乏全国性保险系统的情形下，近期内改善的希望并不大。

遇到经济不宽裕的家庭，治疗师可以有几种选择。卡尔和我常常选择与训练中的辅助治疗师、心理实习医师或精神科住院医师一起工作。虽然学者不是理想的辅助治疗师，但他们显然对治疗仍有额外裨益。另一种可以免去双倍费用的方式是顾问咨询。例如，我可能会在卡尔与某个家庭第二次面谈时出现，然后每隔一个月左右他会要求我回来，如此就可以对他介入家庭的情形保持正确的观察。治疗师也可以暂时延缓收费或减少费用，若家庭的治疗情况允许，也可将面谈的间隔拉长。

但即使是单一的治疗师，或已有一些折扣的私人收费，许多家庭仍然负担不起。心理治疗费用的问题已经与其他医疗服务收费问题一样麻烦和复杂，低收入和贫穷的人能得到的照顾十分有限。幸好一些公立服务机构，如心理卫生中心、社会福利部门、药物滥用中心，以及少年法庭都已开始开发出了家庭治疗方面的专门领域。事实上，卡尔和我到全国各地演讲及做各种训练计划的顾问时，看到许多以贫穷家庭为主要服务对象的机构都已经有了卓越的工作成效。但在目前，家庭治疗就如其他治疗一样，最能惠及的还是中产阶级家庭。

你和卡尔的合作看起来很顺利。要形成良好的辅助治疗关系需要哪些条件？是你们所受的训练不同更重要，还是个人的特质更重要？你们意见不合时会怎么处理？

答：我们有时候确实会意见相左，只是替布莱斯家治疗时似乎不常发生。在我们感到彼此的目的不一致时，常会暂时停下对家庭的治疗，转而先解决我们俩的分歧。在家庭面前表现我们意见不一，有时会很紧张。但事实上，家庭观察我们如何沟通协调、解决问题也是很有用的。

辅助治疗是一种复杂的关系，很像婚姻。两人之间有一种契约般的束缚，即帮助家庭，而且双方必须规划出一片空间，可容纳两个个体既保持原来的自我，同时又能发展出一致的步调。相对而言，两个治疗师的专业训练背景就显得不那么重要了，重要的是两个治疗师彼此喜欢对方，同时可以带进互补的人际技巧，例如，其中一个很有幽默感，而另一个比较严肃，擅长逻辑的推论。如果两个治疗师在不同性质的家庭长大，对治疗工作将会很有帮助，这种不同的背景恰好可以防止治疗师过分介入病人家庭。

谈到治疗师的训练，家庭治疗的发展岂不是在强烈暗示未来心理学和精神科医师训练的趋向？例如，我就看不出家庭系统取向治疗有哪一点需要用到卡尔所有的医疗训练？

答：回顾过往，每一个家庭治疗师都会发现，他们所受的专业训练有很多不是必要的，虽然一些不相干的训练可能会产生"迁移"的学习效果。卡尔并未直接用上医疗训练的素养，但这个训练却使他对身心之间的关系有了正确的判断，一旦情况紧急马上可以采取有力的措施。临床的医疗经验也使医生对死亡有敏锐的感觉，一旦心理治疗出现这类问题，这种认知会使精神科医师难以视而不见。

从另一方面来看，精神科医师花费许多时间所学的医疗技巧，在任何心理治疗中都派不上用场。于是他们变得偏向于以疾病和症状学的观点考量事情，这种态度是他（她）想了解社会系统并且要与它工作时必须束之高阁的。我们提到家庭时多半习惯称呼他们为"病人",但这是一个非常坏的习惯。这种将人类的心理挫败看成生理疾病的偏见,常有害而无益。

成为家庭治疗师的心理学家也发现,他(她)所受的训练有很多都是旁枝末节甚至不相干的。花很多时间学习的统计学、研究设计、神经生理学,以及学习理论等也许偶尔会与家庭有点关系,但我得绞尽脑汁才找得出其中关联。不过,从研究训练培养出来的质疑精神使我得以保持客观。另外花在学习如何对个体进行心理测验上的工夫,使我能够仔细审视思考行为深奥微妙之处。但是与家庭有效工作所需要的技术,大部分要靠我自己主动去学,而且多半是在"必要的"训练结束之后才摸索出来的。

社会工作者所受的教育有可能是最适合家庭治疗的训练,因为这一领域直接的重点就是社会系统。然而,目前社会工作训练日益着重教导行政技巧的教学现象实在令人困惑,可能会使未来的社工人员无法像如今的毕业生那样足以胜任治疗的工作。

如果系统治疗取向成为治疗情绪困扰的主要方法,同时国内的研究所也能认真接下训练的工作,那么将会带来治疗训练或实践上的一次重大革新。这种转型对精神医学界来说最困难,他们过分依赖医药模式——借以维持医疗在社会中的优越地位——必须有所修正。种种为转型所做的努力目前已有进展,仗已经开打了。

令我们这些辛苦取得研究所学位的人感到泄气的是,家庭治疗并不需要任何正式的学术训练也能做得很有成效。一些出身费城只有高中学历的年轻人,成功地被训练成为家庭治疗师。他们在机构里继续接受指导和训练,工作很有效率。家庭治疗师需要适当的训练,但很多训练都是从工作中学习来的。任何能干、肯付出关心、有敏感度的人，只要愿意努力工作、愿意与家庭接触，就有可能成为家庭治疗师，包括社会福利工作人员、实习工作者、牧师、家庭医师，以及有养育经验，现在自己想有一份工作的家庭主妇。一些极端的情况可能会需要精神科医师的意见或介入，但即使这一点也可以借助其他办法做到。

你提到"相信""信念""可预期"这些词，但关于家庭治疗效果的事实呢？你可否引用一些研究来比较一下你们的方法与其他治疗方法？

答：截至目前，还没有任何治疗方式可以证明自己一定优于其他治疗法。心理学对人类的研究遭遇了不少困难，而心理治疗结果的研究问题更大，因为有太多的变量必须加以"控制"。我们应该考量行为上的改变还是态度上的改变？是什么构成了成长？我们该如何估量？接着还有一个最麻烦的变量——治疗师本身。家庭治疗研究，以家庭为一个研究单位，所增加的复杂度，更是研究者挥之不去的梦魇。

虽然现在下断言还太早，但近来有研究指出，家庭治疗确实比个别治疗有效。现有的研究争论有很多，但大多数比较家庭治疗与个别治疗的研究都发现，前者优于后者。目前正刊印的报告中，有一项统计资料指出，米纽庆博士对60个神经性厌食症病例进行长期治疗，最终有94%是成功的，另外6%则在配合个别治疗后取得了成功。在这之前的数据资料显示，这种很容易诊断的系统失常病症，如果没有加以治疗，死亡率则高达60%！

有许多研究正在进行，但要对各种治疗法提出具有公信力的比较时机还不成熟。因为这个领域还很新，工程也很浩大，而且目前对这类研究的赞助并不多。一些像卡尔和我这样的临床工作者虽然希望进行这类研究，却不一定有自己来做的冲动；而一些真正认真的研究者一旦面临各种困难，常会转而选择研究比较简单也比较容易处理的问题。不过，目前家庭治疗已经引起了全球各地心理治疗师的兴趣，或许不久将引起更多研究者的注意。而现在想要找治疗师的人，多半得根据主观的判断来做决定。

但是也得承认：家庭治疗师仍有一定比例的治疗案例是失败的。卡尔和我目睹过一些家庭由于觉得我们没有帮助到他们而失望离去，也见过一些家庭认为家庭治疗大幅改变了他们的生活，大部分的家庭则在两者之间，觉得家庭治疗的经验挺有帮助，但也不至于震撼人心。我们对自己的失败很在意，希望从中学到东西。对家庭治疗感到振奋，并不是因为它可以解答所有人的问题，而是因为这个方法本身所具有的力量、创意以及持久的切合性。我们并不期待奇迹。在非常复杂的情况下工作，并且试图改变那经过好几代而形成的人际关系形式，无论如何都是很有难度的。

虽然家庭以学习用更富创意、更有效率的历程来调适生活，但他们的命运总是存在着一些不确定性，受制于许多无法预测的力量。期望任何治疗，尤其像家庭治疗这种规模庞大的工程，能造就出"快乐的结局"，不免过于天真。我们若只在某个时空观察某一个个体的进展，大可忘掉这个基本教训；但如果审视家庭几代以来的历史过程，便可以仔细透视人性与盘根错节的问题所做的英勇抗争。家庭治疗在这场持续的生命挣扎中，能带来一些重大的突破和改变。我们期望这个工作在十年内会有比目前更有力、更坚实的贡献。

如果我现在想去看家庭治疗师，要如何就近找到一些足以胜任的人？

答：目前，我们社会所需要的受过完整训练的家庭治疗师网络并未诞生。某些大城市可能有多达三四十位经验丰富的治疗师，很多小的城市却暂付阙如。

下面有一些地方你可以找找看。你住的城市里可能有一些提供家庭治疗的私人家庭治疗机构或大学相关院系。通常你可以询问心理系、精神医学系或社会工作系，但其他一些领域如教育心理系或儿童发展系也可能有致力于家庭治疗的教师。负责训练治疗师的院系也可能有治疗中心，让学生在有人督导的情况下酌情替家庭做治疗。这些院系大概都知道社区里有哪些最优秀的治疗师可以引介。

有些团体，比如全国性的心理卫生协会在各地的分会以及一些牧师，常常都可以提供帮助。离你家最近的社区心理卫生中心也是可以利用的资源，如果它无法提供家庭治疗，也许可以介绍你到别的机构或私人开业的地方。

现在国内唯一一个审查婚姻及家庭咨询人员资格的组织是"美国婚姻与家庭咨询人员协会"（American Association of Marriage and Family Counselors），地址在加利福尼亚州。此组织的会员资格需要某一门行为科学的硕士学位，加上在任何认可的机构或某一位上述协会会员督导下两年的临床工作经验，不过有很多家庭治疗师并非这个组织的成员。

你在寻找家庭治疗师时，可以利用现有的一些关系或是你信赖的一些人：你的牧师、孩子的老师、医生、曾接受过治疗的朋友等。从不同的渠道去获取信息，并且留心那些颇受好评的名字。口碑可说是一个治疗师最好的推荐信。

　　如果你无法就近找到家庭治疗师，那么就把范围扩大到邻近的城镇。花一些时间到稍远的地方找到一个可以合作的治疗师是很值得的。

　　除了名声之外，选择治疗师还可以用哪些标准？首先是不要迷信治疗师的学位，因为大学里所能提供给学生的家庭治疗经验很有限。通常家庭治疗师都得在他们受完一般的学院训练后，才能独自寻求个人实践方面的训练。

　　不过还是要找一个与许多夫妻和家庭有过良好专门经验的治疗师，不要找一个只是偶然从事这种困难工作的人。

　　够格的治疗师可能有过一些家庭治疗方面的密集训练，这些训练也许是私人家庭治疗机构安排的有组织的课程、学院课程的专业经验，或是曾担任过某位经验丰富的家庭治疗师的助理等。

　　和其他疗法的情形一样，治疗师经验的时间长短和深浅都是很重要的变量。研究结果不断显示，具有多年经验的个别治疗师比年轻的同行更能胜任工作，这点在家庭治疗领域也毫无疑问。当然，有些年轻的治疗师对工作的热忱和奉献也足以弥补经验上的不足。

　　在考虑家庭治疗师人选时，最重要的是他（她）这个人，而要评估这个人，你很可能得和他（她）工作一段时间才行。尽可能做最好的选择，然后尝试几次面谈，可能得面谈几次才能对治疗师有正确的印象，因为任何人际关系中的第一印象都有可能具误导性！下面有一些问题是你在评估一位治疗师时可以参考的：

　　他（她）是否够坚强能带领家庭度过艰难的时刻？一个常常犹豫不决和自信不足的治疗师，很可能会基于自己的利益而让家庭继续混乱下去。

这位治疗师看起来是否了解家庭所发生的事？他（她）对家庭的评判是否深入？每次面谈结束后，你是否能学到一些新的东西？

这位治疗师看起来关心别人以及他们的困难吗？治疗师是不是关心他人这一点是评估时最重要的条件，但也是最难评估的地方。

结　语

为一本研究新领域的书做结论，最好的方式也许就是展望这个领域的未来。我们期待随着家庭治疗日益推广，我们的工作能更加积极活跃。预期在未来一二十年内，某些形式的家庭面谈，能成为治疗所有情绪困扰的例行作业。然而在这样的改变产生之前，我们的社会必须首先逐渐认识到家庭系统有着残害生命和发挥生命潜能的双重强大力量。届时，我们可望投注大规模人力以训练足够数量的合格家庭治疗师。

治疗情绪困扰的系统取向治疗，不能局限于单一的家庭。家庭通常也只是一个高度压力下、竞争激烈的，甚至相当无情的社会的替罪羊。我们不可能在治疗家庭系统时，无视与家庭生活有密切关联的政府系统、学校系统及工作系统的力量。同时，虽然这个专业领域当中大多数人都认为我们的专长是和单一的家庭一起工作，但我们都了解，在人类这个更大的家庭里，有很多是必须加以改变的。有些家庭治疗师或将变成政治家或社会改革者。

治疗永无止境。我们希望看到一个重视家庭情感成长的世界，在这个世界里，一般家庭很乐意寻找顾问来协助他们，以增进创造力、沟通力、亲密度，或适应生活中可预期的危机。这个境界只有在我们都认识到，我们不过是凡人，而且我们都很相像时，才能达到。也许，每个人家庭经验的共通点能给我们上这宝贵的一课。

参考书目

Ackerman, Nathan W., Ed., *Family Therapy in Transition.* Boston, Massachunetts: Little, Brown and Company, 1970. (By one of the founders of family therapy.)

Bloch, Donald A., Ed., *Techniques of Family Therapy: A Primer.* New York: Grune and Stratton, 1973. (Includes an article on problems of the beginning therapist.)

Boszormenyi-Nagy, I., and Framo, James, Eds., *Intensive Family Therapy.* New York: Harper & Row, 1965. (Includes some excellent articles on family theory.)

Boszormenyi-Nagy, I., and Spark, G. M., *Invisible Loyalties.* Hagerstown, Maryland: Harper & Row, 1973. (Difficult going, but an important analysis of the loyalty issue in the family.)

Ferber, A., Mendelsohn, M., and Napier, A., Eds., *The Book of Family Therapy.* New York: Jason Aronson, 1972. (Includes a good deal of autobiographical commentary by family therapists.)

Guerin, Philip J., Ed., *Family Therapy: Theory and Practice.* New York: Gardner Press, 1976. (A fine collection of articles covering the history of family therapy, theory, clinical issues, techniques.)

Haley, Jay, *Strategies of Psychotherapy*. New York: Grune and Stratton, 1963. (A classic text comparing various therapeutic approachcs.)

Haley, Jay, *Changing Families: A Family Therapy Reader*. New York: Gmune and Stratton, 1971. (An excellent collection of articles spanning the history of family therapy.)

Haley, Jay, *Problem Solving Therapy*. San Francisco: Jossey-Bass, 1976. (A practical guide for the family therapist.)

Haley, Jay, and Hoffman, Lynn, *Techniques of Family Therapy*. New York: Basic Books, 1967. (Contains detailed analysis of interviews by four family therapists, including Carl Whitaker.)

Halpern, Howard, *Cutting Loose: An Adult Guide to Coming to Terms with Your Parents*. New York: Simon and Schuster, 1977. (For the general reader.)

Kantor, David, and Lehr, William, *Inside the Family*. San Francisco: Jossey-Bass, 1975; paperback: New York, Harper Colophon Books, 1977. (A systems view of the family.)

Laing, R. D., *Politics of the Family and Other Essays*. New York: Vintage Press, 1972. (A superb collection of lectures.)

Laing, R. D., and Esterson, A., Sanity, *Madness and the Family*.London: Tavistock, 1964. (A portrait of family pathology.)

Minuchin, Salvador, *Families and Family Therapy*.

Cambridge, Massachusetts: Harvard University Press, 1974. (The best work on structural family therapy.)

Minuchin, Salvador, et al., *Families of the Slums*: *An Exploration of Their Structure and Treatment* New York: Basic Books, 1967. (Pioneering work with poor families.)

Satir, Virginia, *Conjoint Family Therapy*. Palo Alto, California: Science and Behavior Books, 1964. (A guide to treating the family, written in outline form.)

Speck, R., and Attneave, C., *Family Networks*. New York: Pantheon Books, 1973. (A description of network therapy by its most prominent practitioners.)

Watzlawick, Paul, et al., *Pragmatics of Human Communication*: *A Study of Interactional Patterns, Pathologies, and Paradoxes*. New York: Norton, 1967. (An excellent analysis of communication strategies.)

Zuk, Gerald H., *Progress and Practice in Family Therapy*. Haverford, Pennsylvania: Psychiatry and Behavioral Science Association, 1974. (Quite readable, provides operational guidelines for family intervention.)

Zuk, Gerald, and Boszormenyi-Nagy, Ivan, Eds., *Family Therapy and Disturbed Families*. Palo Alto, California: Science and Behavior Books, 1967. (The strongest articles are in the theory of family functioning.)

In addition:

Two series of audiotapes (cassette) by Dr. Whitaker are available from Instructional Dynamics Incorporated, 450 East

Ohio Street, Chicago, Illinois 60611. One series on marriage is for the lay person ; another series on family therapy is primarily for the professional.

图书在版编目（CIP）数据

热锅上的家庭：原生家庭问题背后的心理真相 /（美）纳皮尔，（美）惠特克著；李瑞玲译 .—北京：北京联合出版公司，2015.1（2024.5 重印）

ISBN 978-7-5502-3890-9

Ⅰ.①热… Ⅱ.①纳…②惠…③李… Ⅲ.①家庭问题—研究 Ⅳ.① C913.11

中国版本图书馆 CIP 数据核字（2014）第 255259 号

THE FAMILY CRUCIBLE: The Intense Experience of Family Therapy, Copyright © 1978 by Augustus Y. Napier and Carl A. Whitaker. Published by arrangement with HarperCollins Publishers through Bardon-Chinese Media Agency 博达著作权代理有限公司 ALL RIGHTS RESERVED
本书译稿引用自张老师文化事业股份有限公司
Simplified Chinese edition published by Ginkgo (Beijing) Book Co., Ltd.
本中文简体版版权归属于银杏树下（北京）图书有限责任公司

热锅上的家庭：原生家庭问题背后的心理真相

著　　者：〔美〕纳皮尔　〔美〕惠特克
译　　者：李瑞玲
出 品 人：赵红仕
选题策划：后浪出版公司
出版统筹：吴兴元
特约编辑：薛茹月　曹　可
责任编辑：王　巍
营销推广：ONEBOOK
装帧制造：墨白空间·陈威伸

北京联合出版公司出版
（北京市西城区德外大街83号楼9层　100088）
北京盛通印刷股份有限公司　新华书店经销
字数304千字　889毫米×1194毫米　1/32　13.5印张　插页8
2020年4月第2版　2024年5月第25次印刷
ISBN 978-7-5502-3890-9

定价：68.00元

《原生家庭生存指南：如何摆脱非正常家庭环境的影响》

与英国国民心理学家一起拆解自己人生的前6年

☆ 热销英国近20年的经典著作，《卫报》《金融时报》《每日邮报》等多家知名媒体击节叹赏

著　者：［英］奥利弗·詹姆斯
（Oliver James）
译　者：康洁
书　号：978-7-210-11304-1
出版时间：2019.8
定价：68.00元

内容简介 | 家人对你的期待是否让你困扰？
你的生活中充满了嫉妒、竞争或不自信等元素吗？
与别人交往时，你是否总会陷入同一种破坏性的模式中？

作者将多年研究成果整合成本书，将人生最早的6年拆解开，为我们分别展示了一个人因何变得严厉或和善、冷淡或黏人、病态或健康。0~6个月的主题是自体感与自我界限，理应感受到自我价值和能力，否则可能自恋或产生反社会心理；0~3岁的主题是关系模式，理应养成健康的依恋模式，否则可能面临与人相处的问题；3~6岁主要涉及良心，理应学会兼顾自己和他人，否则可能过于墨守成规或叛逆。通过阅读本书，读者可以解读自己的童年经历，认清真实的自己，探索出一套更健康的模式以处理原生家庭问题。

《天生非此：家是如何影响我们一生的》

我们并非生来就和父母一样，但为何会与他们日渐相似？

☆英国《卫报》《泰晤士报》力荐的国民心理学家奥利弗·詹姆斯向我们讲述，我们何以成为今天的自己

内容简介 | 为什么我们在感受到父母的爱的同时，又常常隐隐地觉得委屈？
为什么我们在性情、处世方面和父母越来越像？
为什么父母非得用一种让双方都难受的方式与我们相处？

先后天因素对人的影响一直是心理学家们关心的问题。本书的作者奥利弗·詹姆斯就对这一方面进行了深入探讨，并给出了自己的答案。他通过考察、引用前沿研究成果，整理分析个人经历和相关案例，向我们生动地说明了心理层面的代际相似性是由后天培养造成的。我们会成长为今天这个样子，是受到父母的言传、身教、关爱、虐待及我们与父母的身份认同等因素共同影响的，幸福和不幸的培养模式像基因一样在家族中世代流淌，想要改变未来，让我们的孩子拥有幸福快乐的人生，我们必须从自己做起。

著　者：［英］奥利弗·詹姆斯
（Oliver James）
译　者：贾萱　魏宁
书　号：978-7-210-10317-2
出版时间：2018.8
定价：52.00元

著 者：［美］布鲁斯·费希尔
（Bruce Fisher） 罗伯特·艾伯
蒂（Robert Alberti）
译 者：熊亭玉
书 号：978-7-220-10689-7
出版时间：2018.12
定价：49.80元

《分手后，成为更好的自己》
（35周年纪念版）

从别人的另一半，变成独立完整的自我

☆ 亚马逊畅销书，销量逾百万，家庭治疗先驱
维吉尼亚·萨提亚作序推荐

内容简介 | 翻开本书之际，你很有可能正因刚
刚结束的恋情而伤心。也许你的恋情稳定，也许
你早就注意到了问题的苗头。你可能有小孩，也
可能没有小孩。也许是你提出的分手，或者你收
到了只有寥寥几语的短信，被告知分手了。
那么该如何从恋情结束的痛苦中恢复，并走过
这段艰辛的旅途呢？
这本书详细讲解了走出过往恋情，直至获得新
生的19个步骤，不仅剖析了每个步骤出现的原
因和意义，而且提供了切实可行的方法。在本
书中，作者详细分析了有些感情为什么注定会
终结，什么是真的爱，一段看似不错的感情中
会隐藏哪些危机，如何开始一段健康的关系。
通过成长，我们能处理掉那些负面情绪，悦纳
自己，真诚而自由地开启以后的生活。